# निबंधों की दुनिया
## निराला

# निबन्धों की दुनिया

# निराला


प्रधान सम्पादक

**निर्मला जैन**

सम्पादक

**रामेश्वर राय**



वाणी प्रकाशन

वाणी प्रकाशन
*4695, 21-ए, दरियागंज, नयी दिल्ली 110 002*

शाखा
*अशोक राजपथ, पटना 800 004*

फ़ोन : +91 11 23273167 फ़ैक्स : +91 11 23275710

www.vaniprakashan.in
vaniprakashan@gmail.com
sales@vaniprakashan.in

NIBAṆDHON KI DUNIYA : NIRALA
*Chief Editor* : Nirmala Jain
*Editor* : Rameshwar Ray

ISBN : 978-93-5000-051-9
Literary Essays



संस्करण 2009
आवृत्ति 2017

मूल्य : ₹ 395



*सिटी प्रेस, दिल्ली-110 095 में मुद्रित*

*वाणी प्रकाशन का लोगो मक़बूल फ़िदा हुसेन की कूची से*

# भूमिका

बीसवीं सदी की हिंदी कविता की आत्मा और उसकी काया गढ़ने वाले कवियों में निराला की भूमिका बहुत महत्त्वपूर्ण है। उनका जन्म 28 फरवरी 1899 को पश्चिम बंगाल के मिदनापुर जिले के महिषादल में हुआ--जहाँ उनके पिता पं. राम सहाय तिवारी वहाँ के राजा के यहाँ सिपाही थे। निराला के पिता की जन्मभूमि गढ़ाकोला थी जो अवध के बैसवाड़ा क्षेत्र का एक गाँव है। केवल ढाई वर्ष की उम्र तक निराला को अपनी माँ का प्यार और साहचर्य नसीब हुआ। माँ की मृत्यु के बाद वे महिषादल में अपने पिता के साथ रहे। तेरह वर्ष की उम्र में उनका विवाह ग्यारह वर्ष की मनोहरा देवी से हुआ। दांपत्य-जीवन के नाम पर दो संतानें हुईं। पुत्र रामकृष्ण का जन्म 1914 ई. में और पुत्री सरोज का जन्म 1917 में हुआ। 1918 में मनोहरा देवी का देहांत हो गया। अपनी दोनों संतानों को उनकी नानी के घर छोड़कर निराला गढ़ाकोला आये। महामारी में पिता सहित परिवार के अनेक सदस्यों की मृत्यु भी इसी वर्ष हो गयी। यह निराला की ज़िंदगी का कठिन दौर था। वे शिक्षा में एन्ट्रेस पास नहीं कर सके थे। राजा की नौकरी से त्यागपत्र दे दिया था। जीविका के लिए कोई आर्थिक स्रोत नहीं था। रामविलास शर्मा ने निराला की जीवनी में लिखा है--"ज़िंदगी का यह दौर भयानक सपने जैसा था। सारा कुनबा ही उजड़ गया। अब सर पर किसी का साया नहीं...कोई ऐसी पाठशाला नहीं जहाँ ऐसी परिस्थिति का सामना करने की शिक्षा आदमी को पहले से दी जा सके।" इन्हीं परिस्थितियों में वे रामकृष्ण परमहंस के शिष्य प्रेमानंद के संपर्क में आये और उन पर अद्वैत वेदांत का गहरा प्रभाव पड़ा। विचार और चिंतन के धरातल पर निराला अद्वैतवादी थे लेकिन ज़िंदगी अद्वैत-दर्शन से बेख़बर संघर्षों से भरी थी। दर्शन और ज़िंदगी की फाँक से पैदा हुए इस अंतर्विरोध की छाया निराला की रचनाओं में भी मौजूद है।

कवि-जीवन से पूर्व निराला का नाम सुर्ज कुमार तिवारी था। 1920 में मातृभूमि पर लिखे एक गीत से उनकी कविता-यात्रा की शुरुआत हुई और उन्होंने अपना नया नाम रखा--सूर्यकांत त्रिपाठी। मतवाला पत्रिका से जुड़ने के बाद उन्होंने 'निराला'

अपना उपनाम रखा। इस तरह सुर्ज कुमार तिवारी का नया नाम हुआ—'सूर्यकांत त्रिपाठी निराला।'

निराला का रचना-समय 1920 से उनकी मृत्यु-पर्यंत 1961 ई. तक फैला हुआ है। उनके रचना-संसार में चौदह काव्य-संग्रह, आठ उपन्यास, तीन कहानी-संकलन, पाँच निबंध-संग्रह और आलोचना की एक पुस्तक 'रवींद्र-कविता-कानन' शामिल है। आधुनिक हिंदी साहित्य में निराला की पहचान एक महाकवि के रूप में है। उनके काव्य में वस्तु एवं रूप की अपार विविधता है। निराला के काव्य-परिसर में जूही की कली, वसंत, बादल, भिक्षुक, विधवा, असमय काल कवलित बेटी सरोज के साथ 'शक्तिपूजा' के राम, हिंदी के शिखर कवि 'तुलसीदास', इलाहाबाद के पथ पर पत्थर तोड़ती साँवली युवती और नवाब के बाग में उगा हुआ कुकुरमुत्ता भी है। काव्य-वस्तु की इस विविधता को अंतःसूत्रित करता है—निराला के जीवन का असमाप्य संघर्ष, अकेलापन और पराजय-बोध जिससे बाहर निकलने के लिए वे प्रार्थनाओं की दुनिया में जाते हैं।

अपने दौर के गद्य-लेखन को निराला गुणात्मक रूप से कितना प्रभावित और समृद्ध करते हैं—इस पर बहस हो सकती है, लेकिन यह निर्विवाद है कि उनके गद्य-लेखन की अनदेखी नहीं की जा सकती। कथा-साहित्य को उन्होंने चतुरी चमार, देवी, कुल्ली भाट तथा बिल्लेसुर जैसे चरित्र दिए जिनसे निराला के व्यापक जीवनानुभव एवं उनकी यथार्थ-चेतना का प्रमाण मिलता है। निराला के लेखन का एक महत्त्वपूर्ण क्षेत्र उनके निबंध, आलोचना एवं टिप्पणियाँ हैं। निराला के निबंध भारतीय नवजागरण, स्वाधीनता-आंदोलन तथा बीसवीं सदी के पूर्वार्द्ध की साहित्यिक बहसों के साथ उनकी काव्याभिरुचि एवं रचनात्मक संघर्ष के वातायन भी हैं। इन निबंधों से यह भी पता चलता है कि निराला अपने समय के सामाजिक-सांस्कृतिक एवं राजनैतिक परिदृश्य को किस तरह देख रहे हैं, उनकी पक्षधरता की दिशाएँ क्या हैं। इन निबंधों की एक बड़ी सार्थकता इस बात में है कि ये छायावाद के अपेक्षाकृत एक जटिल कवि के उस नेपथ्य को उद्‌घाटित करते हैं जो उसकी सृजनात्मकता की उत्प्रेरक भूमि है। ये निबंध मुख्यतः तीन पत्रिकाओं—'सुधा', 'समन्वय' एवं 'मतवाला' में प्रकाशित हुए जिन्हें पुस्तकाकार रूप में पाँच संग्रहों में संकलित किया गया—'प्रबंध-पद्‌म' 'प्रबंध-प्रतिमा', 'चाबुक', 'चयन' तथा 'संग्रह' शीर्षक से।

'निबंधों की दुनिया' शृंखला में निराला के निबंधों का चयन इस दृष्टि से किया गया है कि वे उनके साहित्य-विवेक, विश्व-दृष्टि तथा सामाजिक-सांस्कृतिक सरोकारों को प्रतिबिंबित कर सकें। हालाँकि टिप्पणी एवं निबंध में स्वरूपगत भिन्नता है, फिर भी इस संग्रह में कुछ टिप्पणियों को इस ख़याल से शामिल किया गया है कि वे निराला के वैचारिक-लोक को प्रतिभासित करने के साथ निबंधों के अनुपूरक की

भूमिका निभाती हैं। निबंधों एवं टिप्पणियों को मिलाकर ही निराला का वैचारिक मानचित्र पूरा होता है।

भारतीय और पश्चिमी काव्य शास्त्र में कविता को परिभाषित करने के प्रयासों का एक लंबा इतिहास है। कविता की कोई भी मुकम्मल परिभाषा मुमकिन नहीं, क्योंकि वह उस मनुष्य की सृष्टि है जिसे परिभाषाओं की सरहदें घेर नहीं पातीं। परिवर्तन और आदिम स्थिरता की मायावी मिट्टी से बना हुआ यह मनुष्य जब स्वयं एक रहस्य है तो उसकी भाव-सृष्टि यानी कविता परिभाषाओं के लिए इतनी आसान कैसे हो सकती है! निराला कविता पर विचार करते हुए उसकी अपरिभाषेयता की चर्चा करते हैं–"कविता करने की अनेकानेक परिभाषाएँ हुई हैं, अनेक नाम-रूप जो दिए गए हैं, वे विभागात्मक ही हैं। उनसे कविता के व्यापक स्वरूप का निर्माण नहीं होता।" तो क्या कविता के बारे में कोई राय बन ही नहीं सकती? कवि पर देश-काल और समाज का प्रभाव पड़ता है, इसलिए कविता अपनी रचना-प्रक्रिया में स्थानीय होने के साथ अपने वर्तमान से भी प्रभावित होती है। लेकिन वह अपने कलात्मक मिजाज में स्थानीयता और वर्तमान का अतिक्रमण करते हुए सार्वभौमिक और शाश्वत भाव में परिणत होती है। यही उसकी मुक्ति है, सार्थकता का अंतिम सोपान है। ऐसी पूर्णता कविता को भावों की गहराई से मिलती है। निराला के अनुसार काव्य-कला से बढ़कर उसके भाव होते हैं। इसलिए बड़ा कवि शब्दों का जादूगर नहीं होता। उसके शब्द 'हृदय के स्वाभाविक उद्‌गार होते हैं' और इसलिए जनता के हृदय को छूते हैं। मनुष्य के भाव-जगत को संबोधित करने वाली कविता ही कालयात्री हो सकती है। वाल्मीकि, तुलसीदास, ग़ालिब और रवींद्रनाथ की कविताएँ इसका प्रमाण हैं। सहृदय, सौंदर्य और संगीत–को निराला कविता के स्थायी घटक मानते हैं और इन्हीं के आधार पर उन्होंने अच्छी कविता के प्रतिमान गढ़े हैं। रीतिकालीन काव्य अपनी कलात्मक प्रभा के बावजूद भावों की आंतरिकता और अध्यात्म से शून्य है। इसलिए यह कविता तात्कालिक मनोरंजन और अलंकृति की दृष्टि से चाहे जितनी आकर्षक हो–उसका कोई स्थायी मूल्य और महत्त्व नहीं है। बिहारी और रवींद्रनाथ की तुलना करते हुए निराला ने रवींद्र को इसलिए बड़ा कवि कहा है क्योंकि उनकी कविताओं में प्रभाव की दीर्घता है जो संगीत और रहस्य के समन्वित प्रभाव से पैदा हुई है। बिहारी की कविता का प्रभाव स्फुलिंग की तरह क्षणिक होता है जबकि रवींद्रनाथ की कविताएँ पाठक की चेतना में देर और दूर तक गूँजती रहती हैं। चंडीदास की तुलना में विद्यापति इसलिए बड़े हैं कि उनमें 'धैर्यपूर्वक सौंदर्य-निरीक्षण' की अपूर्व क्षमता है जबकि चंडीदास में आवेश की अधिकता है। 'विद्यापति एवं चंडीदास' नामक निबंध में निराला ने विद्यापति की तन्मयता एवं भावों की मार्मिकता के साक्ष्य रूप में उनके पद की दो पंक्तियाँ उद्‌धृत की हैं–

**जनम अवधि हम रूप निहारनु, नयन न तिरपित भेल।**
**लाख लाख युग हिये हिया राखनु तऊ हिया जुड़न न गेल।**

उम्र भर रूप निहारने के बाद भी आँखों की प्यास नहीं बुझी और लाखों वर्षों तक अपने हृदय में रखने के बाद भी छाती शीतल नहीं हो सकी। प्यास और दाह की इस निरवधि यातना को झेलना ही प्रेम की नियति है। विद्यापति की इन पंक्तियों पर निराला की टिप्पणी है–''ये पंक्तियाँ संसार के शृंगार साहित्य में सर्वोत्तम स्थान अधिकृत करने की शक्ति रखती हैं।'' भावों की मार्मिकता, संगीत का रूहानी स्पर्श और व्यथा की अदृश्य नियति को साधने में समर्थ कवि ही कालजयी होता है।

वेदांत निराला के जीवन-दर्शन एवं उनके सांस्कृतिक चिंतन की केंद्रीय धुरी है। भारत की सांस्कृतिक एकता एवं मानवीय मुक्ति का आधार वेदांत ही हो सकता है। निराला वेदांत को एक ऐसे समावेशी दर्शन के रूप में पाते हैं जिसमें समूची भारतीय परंपरा का नैरंतर्य सांस्कृतिक बहुलता एवं विराट विश्व-बोध समाहित है। यह वेदांत भी निराला के लिए कविता की श्रेष्ठता की कसौटी है। वेदांत को कसौटी बनाकर उन्होंने तुलसीदास, ग़ालिब एवं रवींद्रनाथ की कविताओं की व्याख्या और इनके महत्त्व को निर्धारित किया है। इस दृष्टि से 'दो महाकवि : गोस्वामी तुलसीदास और रवींद्रनाथ' शीर्षक निबंध उल्लेखनीय है। रवींद्रनाथ निराला के प्रिय कवि हैं–'संसार के प्राचीन साहित्य से लेकर अब तक के कवियों में एक अद्भुत प्रतिभावान महाकवि...।' निराला के शब्दों में ''कविता में जिस किसी विषय पर रवींद्रनाथ ने लेखनी चलाई है, वहीं उन्होंने अद्भुत चमत्कार पैदा कर दिया। लेकिन रवींद्र में तुलसी जैसी दार्शनिक भावभूमि और मानवीय परिस्थितियों के चित्रण की विलक्षण रचनात्मक क्षमता का अभाव है।'' दोनों महाकवियों की कविताओं के गहन विश्लेषण के बाद निराला का निष्कर्ष है–''वे (रवींद्रनाथ) शुद्ध साहित्य के जितने बड़े कवि हैं अच्छे कवि हैं, दर्शन मिश्रित साहित्य के उतने अच्छे नहीं...हमारे विचार से गोस्वामी तुलसीदास साहित्य और सत्य-दर्शन के पारंगत महाकवि हैं।'' तुलसी की कविता वेदांत की उच्चतम भावभूमि पर भी सहृदयता का निर्वाह करती है, इसलिए वे रवींद्र से बड़े कवि हैं।

वेदांत की भूमि पर धर्म, संस्कृति एवं भाषा की सरहदें मिट जाती हैं। यह भारतीय दर्शन की वह जमीन है जिस पर हमारी परंपरा की श्रेष्ठतम प्रतिभाएँ एक साथ खड़ी नज़र आती हैं। निराला की दृष्टि में हिंदू और मुसलमान–दोनों दर्शन की उच्च भूमि पर एक ही हैं। इस विचार की पुष्टि के लिए उन्होंने एक महत्त्वपूर्ण निबंध लिखा–'मुसलमान और हिंदी कवियों के विचार-साम्य।' निराला को ग़ालिब में ही नहीं, मीर और नज़ीर में भी वेदांत की छाया नज़र आती है। संसार की असारता, ब्रह्म और जीव की एकता और ज्ञान की महत्ता–दोनों तरह के कवियों में समान

रूप से मौजूद है। यह वेदांत ग़ालिब को तुलसीदास से जोड़ता है। ग़ालिब का मशहूर शेर है–

> **"न था कुछ तो ख़ुदा था, कुछ न होता तो ख़ुदा होता;**
> **डुबोया मुझको होने ने, न होता मैं तो क्या होता।"**

निराला की व्याख्या है–"जब कुछ नहीं था, तब खुदा था। यदि कुछ न होता तो खुदा होता। मुझे होने ने (भव ने, संसार ने, 'हूँ'–इस भाव ने) डुबा दिया। मैं न होता, तो क्या (अच्छा) होता! महाकवि ग़ालिब के ये भाव हर्फ़-हर्फ़ वेदांत से मिलते हैं। जब कुछ नहीं था, तब खुदा था–यही वसंत की तथा हिंदू आस्तिक और नास्तिक दर्शनों की बुनियाद है। जहाँ ईश्वर की सत्ता है, वहाँ संसार नहीं। इसी पर गोस्वामी जी लिखते हैं–'जिहि जाने जग जाय हेराई।' यहाँ दोनों के भाव एक ही हैं।"

निराला के चिंतन में एक सार्वभौमिक मानवीय संस्कृति का आग्रह है। संस्कृति की जड़ें एकदेशीयता में होती ज़रूर हैं, क्योंकि उसके अवयव देश काल के विशिष्ट ढाँचे में ही निर्मित और विकसित होते हैं, लेकिन उसकी मानवीय अंतर्वस्तु सार्वभौमिक होती है। संस्कृति की शुद्धता की धारणा एक ग़ैर-सांस्कृतिक या संस्कृति विरोधी मानस में ही बनती है। जीवित और उदार संस्कृति अन्य के साथ संवाद करती है और भिन्नता के प्रति एक सहिष्णु विवेक की क्षमता से संपन्न होती है। कोई भी संस्कृति अंतःक्रियात्मक होकर ही अधिक गतिशील और मानवीय मूल्यों से संपन्न हो पाती है। सांस्कृतिक आत्मघात के जीवाणु उसका शुद्धता और एकरूपता के आग्रह में ही होते हैं। 'नवीन साहित्य और प्राचीन विचार' शीर्षक टिप्पणी में निराला ने लिखा है–"विजातीय भावों के मिश्रण से ही संस्कार हो सकता है। यदि किसी सृष्टि को प्रगतिशील रखना है, तो उसकी शक्ति बढ़ाने के लिए विजातीय भावों का उसमें समावेश करना अत्यंत आवश्यक है।" समकालीन भारत में सांस्कृतिक शुद्धता की उन्मादी विचारधारा इस बहुलतावादी देश की एकता के लिए बड़ी चुनौती है। निराला की सांस्कृतिक समझ शुद्धता के आग्रही संगठनों एवं राजनीति के निहितार्थों को उद्‌घाटित करने के साथ हमें सावधान भी करती है।

छायावादी कवियों में संपादकों की उपेक्षा और आलोचकों के प्रहार का सबसे अधिक सामना निराला को करना पड़ा था। इसलिए अपनी समकालीन आलोचना एवं आलोचकों के प्रति निराला का रुख बेहद आक्रामक है। 'सुधा' के जुलाई 1933 अंक के संपादकीय में निराला ने लिखा–"हिंदी का आलोचनात्मक वर्तमान साहित्य देखकर किताब फाड़ कर फेंक देने की तबियत होती है वह मानवीय मन से इतनी दूर है, इतना स्थूल, इतना जड़ है।" यह टिप्पणी उस दौर की है जब आचार्य रामचंद्र शुक्ल की सर्वोत्तम आलोचना प्रकाश में आ चुकी थी...'हिंदी साहित्य का इतिहास' प्रकाशित हो चुका था, हिंदी जगत में उनकी स्थापनाएँ आप्त सत्य की तरह स्वीकृत

होने लगी थीं। वस्तुतः निराला के निशाने पर आचार्य रामचंद्र शुक्ल और 'विशाल भारत' के यशस्वी संपादक बनारसीदास चतुर्वेदी ही हैं। छायावाद का सबसे मुखर विरोध इन्हीं के द्वारा हो रहा था। छायावाद की सर्जनात्मकता और उसके गहरे भावबोध को अनदेखा करके उसे रहस्यवाद और उक्तिवैचित्र्य में अवमूल्यित करने वाले आचार्य शुक्ल पर निराला का आक्रमण निष्कंप है—"पं. रामचंद्र शुक्ल की 'काव्य में रहस्यवाद' पुस्तक उनकी आलोचना से पहले उनके अहंकार, हठ, मिथ्याभिमान, गुरुडम तथा रहस्यवादी या छायावादी कवि कहलाने वालों के प्रति उनकी अपार घृणा सूचित करती है। ऐसे दुर्वासा-समालोचक कभी भी किसी कृति-शकुंतला का कुछ बिगाड़ नहीं सके, अपने शाप से उसे और चमका दिया है।" कबीर और जायसी के प्रसंग में आचार्य शुक्ल द्वारा भारतीयता-अभारतीयता की की गयी चर्चा को निराला ने सिरे से खारिज करते हुए लिखा—"उन्हें मालूम होना चाहिए कि आलोचना में भारतीय-अभारतीय कोई रंग नहीं, वह केवल आलोचना है जिसके साथ मनुष्य मात्र के मन का संबंध है...।"

निराला के चिंतन में एक अच्छी आलोचना का स्वरूप स्पष्ट है। रचना के मर्म का उद्घाटन आलोचना का मुख्य दायित्व है। रस, अलंकार और नायिका-भेद के औजारों से नयी रचनाशीलता की व्याख्या संभव नहीं। निराला मानते हैं कि समालोचक को कृति के साथ रहना चाहिए। विचारधारात्मक और सांस्कारिक पूर्वग्रहों से मुक्त होकर ही एक रचना के सौंदर्यात्मक एवं मानवीय आशयों का उद्घाटन हो सकता है। लेकिन निराला को लगता है कि ऐसी आलोचना का हिंदी में अभाव है और इस अभाव की पूर्ति के लिए उन्होंने कुछ महत्त्वपूर्ण आलोचनात्मक निबंध लिखे जिनमें 'पंतजी और पल्लव', 'महाकवि रवींद्रनाथ की कविता', 'मेरे गीत और कला' तथा 'काव्य साहित्य' विशेष रूप से उल्लेखनीय हैं। 'खड़ी बोली के कवि और कविता'—मूल्यांकन परक आलोचना का प्रतिनिधि निबंध है जिसमें आलोचक प्रवर आचार्य रामचंद्र शुक्ल की कविता की मीमांसा निराला इस तरह करते हैं—"कविता में पक्षियों के पंख आपने खूब नोचे!!! और अगर यही Nature को Personify करने का आपका तरीका है, तो निस्संदेह यहाँ Wordsworth भी मात हैं। यह सब इतना अत्याचार करके आप एक ही उछाल में मेंड़ पार कर जाते हैं...ऐसे हैं शुक्लजी हिंदी के कवि।" इस कथन में निराला का आचार्य शुक्ल के प्रति गहरा आक्रोश व्यंग्यात्मक शैली में व्यक्त हुआ है। निराला हिंदी साहित्य में योद्धा रचनाकार हैं। वे प्रत्याक्रमण में कोई रियायत नहीं बरतते। हिंदी साहित्य की दुर्दशा के लिए वे पत्रों के संपादकों एवं विश्वविद्यालयों में पढ़ाने वाले हिंदी अध्यापकों को जिम्मेदार मानते हैं। उनकी दृष्टि में हिंदी पत्रों के संपादक और हिंदी प्राध्यापक—दोनों ही न्यूनतम साहित्यिक संवेदनशीलता से रहित, जड़, अनपढ़ और क्षुद्र हैं। संपादकों के लिए उनकी टिप्पणी है—"पत्रों के संपादकों और वृद्ध साहित्यिकों की हास्य-क्रूर-वक्र दृष्टि से ईश्वर साहित्य

की रक्षा करे। ये लोग तीन पुश्त तक दाँव चुकाने की हिंसा धारण कर सकते हैं।" विश्वविद्यालयों के अधिकांश हिंदी प्राध्यापक नयी पीढ़ी की सर्जनात्मकता के अवरोधक, मृत शास्त्रीयता के उपासक और युग-बोध से रहित हैं। इनके संपर्क में आने वाला कोई भी विद्यार्थी चिंतन और रचना की योग्यता का विकास नहीं कर सकता। निराला की टिप्पणी है–"काम करने वाले जितने हैं, उन्हें सौभाग्य से कॉलेजों में अध्यापकों के हाथ से तैयार होने का दुर्योग नहीं मिला। यह हिंदी के अध्यापकों के लिए कम लज्जा की बात नहीं।" आलोचना निराला का मुख्य क्षेत्र नहीं है, लेकिन प्रत्याक्रमण और प्रतिक्रिया से अलग उन्होंने जो कुछ लिखा है, वह अनेक दृष्टियों से मूल्यवान है। 'मेरे गीत और कला' नामक निबंध में अपनी कविताओं की व्याख्या जिस बारीकी, गहराई और सहृदयता के साथ की है वह समकालीन आलोचकों के लिए प्रेरणास्पद है और अध्यापकों के लिए पठनीय। एक आलोचक में वैदुष्य के साथ जीवन की व्यापक समझ एवं संवेदनशीलता की गहराई अपेक्षित है। निराला की कुछ चमकदार स्थापनाएँ उनकी आलोचकीय मेधा को प्रमाणित करती हैं। मसलन–"आलोचना अच्छी वह है–जो कृति के पीछे न रहे, चाहिए कि बढ़ जाये।" पंत के संबंध में उनका यह कथन स्मरणीय है–"हिंदी में जब से खड़ी बोली की कविता का प्रचार हुआ तब से आज तक उसमें स्वाभाविक कवि का अभाव ही था...उसका स्वाभाविक कवि अब इतने दिनों बाद आया है, और हिंदी का वह गौरव-कुसुम श्री सुमित्रानंदन पंत है।" इसी तरह हिंदी के विवादास्पद साहित्यकार पांडेय बेचन शर्मा उग्र के संबंध में निराला की धारणा है–"उग्रजी भी बर्नाड शॉ होते यदि उनका समाज अँग्रेजों की तरह शिक्षा तथा सभ्यता की उतनी ही सीढ़ियाँ तय किए होता।" 'कला के विरह में जोशी-बंधु' निराला का चर्चित निबंध है। यह लेख उनकी स्थापनाओं या सहृदयता के कारण नहीं, उनके पांडित्य, बहुज्ञता और वैचारिक युद्ध-कौशल के कारण चर्चित हुआ था। कुल मिलाकर निराला के आलोचनात्मक निबंध पाठक के रचना-विवेक का विकास करने के साथ निराला को समझने में भी मददगार होते हैं।

'आदर्श' और 'जनता'–राष्ट्रीय स्वाधीनता आंदोलन के बीज शब्द हैं। त्याग, बलिदान और मनुष्य के उज्ज्वल पक्ष में आस्था–आदर्श के घटक हैं जिनका व्यापक प्रभाव तत्कालीन राजनीति एवं साहित्य पर था। दिवेदी युगीन कविता में जिस 'उचित उपदेश' की अपील थी वह नवजागरण और स्वाधीनता-आंदोलन के महायुग से उपजी हुई सात्विकता ही थी, जो आदर्श का ही एक रूप है। मनुष्य की अच्छाई में निष्कंप आस्था लेकर गाँधी राजनीति में और प्रेमचंद साहित्य में आये। निराला ने 'साहित्य का आदर्श' नामक टिप्पणी में यह सवाल उठाया कि क्या समाज और राजनीति में आदर्श का जो रूप है, साहित्य में भी वही होना चाहिए या साहित्य में आदर्श की अवधारणा भिन्न होती है? साहित्य से बाहर मनुष्य एक सपाट तथ्य है इसलिए उसका

औसतीकरण संभव है। लेकिन साहित्य में मनुष्य अपनी समूची जटिलता और अंतर्विरोधों के साथ मौजूद रहता है। आदमी को निर्धारित मूल्य-सरणियों में क़ैद नहीं किया जा सकता। शास्त्र और धर्मों में निर्दिष्ट पाप-पुण्य, उचित-अनुचित, नैतिक-अनैतिक मनुष्य की ज़िन्दगी में आ कर एक नया समीकरण बनाते हैं। यहाँ आ कर उनका अर्थ तयशुदा फैसलों से नहीं बल्कि संबंध और परिस्थिति की सापेक्षता से तय होता है। इसलिए निराला का मानना है कि साहित्य का बुनियादी आदर्श राजनीति, धर्म या समाज से आयातित नहीं होता। उसका मूल धर्म है–मनुष्य को विश्वसनीय ढंग से चित्रित करना। केवल मनुष्य की अच्छाई में भरोसा करने वाला साहित्य अधूरा और अविश्वसनीय होगा। निराला की दृष्टि में आधुनिक हिंदी साहित्य में मनुष्य की छबि बाहरी है, उसका अंतर्लोक अनुपस्थित है। इसलिए हमारे साहित्य में वह गहराई नहीं है जो पश्चिमी साहित्य में देखने को मिलती है। इस संदर्भ में निराला का यह कथन विचारणीय है–"हमारे यहाँ सदाचार के साथ अनाचार को जगह नहीं मिली, इसलिए लोग जबान पर सदाचार रखकर पेट में असदाचार ही भर रखते हैं–परिणाम यह हो रहा है कि पर्दे में पाप बढ़ता ही जा रहा है। जब यह पर्दा उठेगा, तब पाप भी इतना न रहेगा। सत्साहित्य की सृष्टि के लिए जीवन की सभी दिशाएँ आवश्यक हैं, क्योंकि कोई गिर जाता है, तो उसके गिरने के कारण हैं, वे साहित्य के लिए उतने ही ज़रूरी हैं, जितने उठाने वाले कारण।"

'जनता'–एक रूढ़ि की तरह हिंदी आलोचना में विद्यमान है। आचार्य शुक्ल ने अपने 'हिंदी साहित्य का इतिहास' में साहित्य को जनता की चित्तवृत्ति का संचित प्रतिबिंब बताया। आगे जब प्रगतिवाद का प्रभाव बढ़ा तब 'जनता' की चर्चा अधिक व्यापक हुई। नागार्जुन ने एक कविता में लिखा–'जनता मुझसे पूछ रही है...।' प्रगतिवाद में जनता-साहित्य के स्रोत एवं सार्थकता का आधार बनी। कोई भी महान साहित्य जनता के भरोसे नहीं लिखा जाता। 'जनता' एक अमूर्त धारणा है, क्योंकि इस शब्द से जीवन की जटिलताओं, वैविध्य और ठोस वास्तविकता का पता नहीं चलता। यदि जनता का एक अर्थ हम समूह मान लें तो निराला के अनुसार–"साहित्यिक यदि किसी समूह के साथ चलता है तो वह उच्चता प्राप्त नहीं कर सकता।" 'साहित्य में जनता' के हित पर बल देने वाली दृष्टि उपयोगितावादी है। संसार का महान साहित्य इस बात का साक्षी है कि वह अपने समय का जनप्रिय साहित्य नहीं रहा है। सर्जक की चेतना और जनता में जो फ़ासला है उसके कारण श्रेष्ठ साहित्य उपेक्षित भी होता है। निराला का यह कहना बिल्कुल सही है कि–"कोई भी बड़ा, नया प्रचलन अपने प्रथम चरण-क्षेत्र से ही जनता के हृदय से सहानुभूति प्राप्त कर सका हो, ऐसा देखने में नहीं आया। यहाँ तक कि जो पौराणिक कथाएँ जनता के प्राणों में प्रवेश कर गयी हैं, उनके लिए वह एक रोज बिल्कुल तैयार न थी।" इसलिए अच्छे साहित्य

की कसौटी जनता की रुचियों एवं सौंदर्य बोध का संस्कार है। इतिहास की गति और सामूहिक जीवन के ठहराव के बीच जो सनातन द्वंद्व है, उसकी साक्षी और समाधान होता है साहित्य। 'जनता' को नारा बनाने वाली साहित्यिक राजनीति के सूत्रधारों के लिए निराला की यह मान्यता मूल्यवान होनी चाहिए—'जनता' साहित्य के साथ नहीं रहती, साहित्य के साथ लायी जाती है।

प्रेमचंद और प्रसाद—निराला के अग्रज साहित्यकार हैं। इन दोनों के प्रति निराला में आदर का भाव है। प्रसाद की आलोचना करने वाले किसी भी आलोचक को निराला ने नहीं बख्शा, चाहे वे रामचंद्र शुक्ल ही क्यों न हों। प्रेमचंद की रचना-दृष्टि और उनकी आदर्शपरकता को लेकर निराला में असहमति है। यह भी आश्चर्यजनक है कि संसार के महान उपन्यासकारों में वे प्रेमचंद को याद नहीं करते। क्या इसकी वजह उपन्यास संबंधी निराला की धारणा है? इस संग्रह में 'उपन्यास साहित्य और समाज' तथा 'हिंदी के गर्व और गौरव प्रेमचंदजी'—शीर्षक दो टिप्पणियाँ शामिल की गयी हैं। इनसे निराला की उपन्यास संबंधी समझ पर रोशनी पड़ती है। उपन्यास आधुनिक साहित्य की सबसे लोकप्रिय और प्रभावशाली विधा है क्योंकि उसमें नये मानवीय संबंधों एवं जीवन की वास्तविकताओं की पहचान को प्रस्तुत करने की क्षमता है। दुर्भाग्य से हिंदी उपन्यासकारों में दृष्टि की वह नवीनता नहीं है जो इस शक्तिशाली विधा के लिए अपेक्षित है। निराला के मुताबिक उपन्यास में हमारे यहाँ पुराने संस्कारों का प्राबल्य है, दृष्टि की नवीनता गायब है। शरच्चंद्र एवं रवींद्रनाथ के कुछ उपन्यासों में संभावना ज़रूर दिखती है, लेकिन वे पश्चिमी उपन्यासकारों के समकक्ष नहीं हैं। शरच्चंद्र बहुत कुछ सुधारवादी हैं और रवींद्रनाथ 'सुधारवादी भी हैं, और केवल चित्रण कलावादी।' क्या हमारे यहाँ महान उपन्यासकार के अभाव का कारण यह है कि कुछ ऊपरी सुधारों को छोड़कर व्यापक रूप से कोई बड़ा परिवर्तन नहीं हुआ। हमारे उपन्यासकार स्थूल विचारधारा का सहारा लेकर सुधारवाद तक ही पहुँच सके। निराला के अनुसार—"उपन्यास जीवन की सूक्ष्म विचारधारा का आधार होता है। पर हमारे यहाँ विचारों का स्थूलतम रूप ही है रूढ़ियों की पूरी पाबंदी।" यह सूक्ष्म विचारधारा समाज की नवीनता और परिवर्तन की ऊर्जा से पैदा होती है। भारत में बड़े उपन्यासों का अभाव सामाजिक जड़ता और संस्कारों की प्राचीनता के कारण है। 'हिंदी के गर्व और गौरव' श्री प्रेमचंदजी में निराला ने बहुत क्षोभपूर्वक अपने हिंदी समाज पर टिप्पणी की है। यह ऐसा समाज है जिसमें सत्ता और धन के प्रति ललक तो है, लेकिन जो संस्कृति और अपने महान साहित्यकारों के प्रति क्रूरता की हद तक उदासीन है। मीडिया और राजनीति किसी समाज की मनोरचना की छायाएँ भर होते हैं। मीडिया की जिस सांस्कृतिक अनपढ़ता का रोना हम आज रो रहे हैं, वह 1936 में भी ऐसा ही था। यानी बीसवीं सदी के चौथे दशक से लेकर आज तक हिंदी समाज की सांस्कृतिक विमुखता के अँधेरे में कोई कमी नहीं आयी है। कहा जाता है कि महान रचना के

अमरत्व का रहस्य उसमें निहित शाश्वत वर्तमान में होता है...कुछ टिप्पणियाँ भी इतिहास का अतिक्रमण करके हमारे समकालीन परिदृश्य को, उसकी विडंबनाओं को प्रभावशाली ढंग से उद्‌घाटित करती हैं। प्रमाण स्वरूप निराला की यह टिप्पणी द्रष्टव्य है–"कितने दुख की बात है–हिंदी के जिन पत्रों में हम राजनीतिक नेताओं के मामूली बुखार का तापमान प्रतिदिन पढ़ते रहते हैं, उनमें श्री प्रेमचंद की–हिंदी के महान उपकार करने वाले प्रेमचंदजी की अवस्था की साप्ताहिक खबर भी हमें पढ़ने को नहीं मिलती। दुख नहीं, यह लज्जा की बात है, हिंदी भाषियों के लिए मर जाने की बात है।"

औपनिवेशिक भारत में चिंतन के तीन मुख्य बिंदु थे--पश्चिमी सभ्यता, स्त्री और हिंदू जाति की आत्ममीमांसा। इन तीनों बिंदुओं पर भारतीय मनीषियों, समाज-सुधारकों, राजनेताओं एवं साहित्यकारों में मत-भिन्नता है। इन बिंदुओं पर निराला ने भी विचार किया है। वे विवेकानंद से प्रभावित हैं। 'बाहर और भीतर' शीर्षक लेख में निराला ने पश्चिमी सभ्यता को जड़वादी विज्ञान से संचालित और भोगवादी माना है। जड़वादी विज्ञान से संचालित सभ्यता देह-केंद्रित होने के कारण उपभोग और विलास को ही जीवन का चरम लक्ष्य मान लेती है। इससे आत्मकेंद्रिकता, विषमता और सामाजिक अशांति का अँधेरा फैलता है। ऐसी सभ्यता आत्मघाती जीवन-पद्धति को प्रोत्साहित करती है। भोगवाद मनुष्य की स्वाधीनता को बाधित करता है और उसकी आत्मा को विपन्न बनाता है। इस पश्चिमी दृष्टि की परिणति ध्वंस में ही होगी, क्योंकि उसमें विकास की समूची अवधारणा प्रकृति के बर्बर उपभोग पर टिकी है। इस जड़वादी चिंतन और सभ्यता को निराला इस तर्क पर खारिज करते हैं–"जड़ विज्ञान से संसार में और अभाव की सृष्टि हुई है। एक आदमी करोड़ों रुपयों का मालिक बन बैठा है और लाखों भूखों मरते हैं। जड़वाद का प्रभाव अशांति और संघर्ष को ही बढ़ाता है और अंत को स्वयं नष्ट हो जाता है।" इस जड़वाद को निराला ने बाहर कहा है। भीतर मनुष्य की आंतरिकता है। यह आंतरिकता मानवीय संकल्पों और शक्ति का स्रोत है। सहनशीलता, धैर्य और स्वतंत्रता जैसे मूल्य मनुष्य की इसी आंतरिकता के भीतर से प्रस्फुटित होते हैं। 'बाहर' मनुष्य को पशुता के धरातल की ओर ले जाता है, भीतर से आध्यात्मिक संभावनाओं की उड़ान की ऊर्जा मिलती है–निराला भीतर के महत्त्व को रेखांकित करते हुए भारतीय सन्तों की भाषा और मुहावरों में प्रवेश कर जाते हैं–"बाहर के संघर्ष से मन हटा कि शांति मिलने लगी...इंद्रियों के द्वार से मन को बाहर भागने से रोकना चाहिए...जो बहिर्मुख मन का गुलाम है, वह स्वतंत्रता का अधिकारी नहीं है। वह विपत्तियों से बच नहीं सकता...हमारे सारे शास्त्र भीतर की इसी शांति या स्वतंत्रता के पथ-प्रदर्शक हैं।" पश्चिम मनुष्य का बहिर्मुखी मन है और भारत उसका आत्म। क्या मन और आत्म का कोई समन्वित बिंदु हो सकता है? इस प्रश्न के उत्तर की खोज में समूची बीसवीं शताब्दी खर्च हो गयी।

'कामायनी' और 'राम की शक्ति पूजा' जैसी कालजयी रचनाएँ इसी उत्तर की खोज का हिस्सा हैं। क्या इक्कीसवीं सदी में हम उस खोज के प्रति पहले की तरह जागरूक और संवेदनशील बचे हैं?

भारतीय समाज और धर्म की मूल संरचना स्त्री-विरोधी है। स्त्री-विरोधी होने का अर्थ है कि उसे बुनियादी मानवीय अधिकारों और अवसरों से वंचित रखा है। 'स्त्री' के व्यक्तित्व की कोई धारणा नहीं है भारतीय धर्म या समाज में। वह माया है या पुरुष की छाया है। उसकी समूची पहचान पारिवारिक रिश्ते से बँधी है। सेवा, समर्पण ही उसके जीवन के चरम मूल्य हैं। वह शिक्षा, संपत्ति और धर्म के अधिकारों से वंचित है। क्या जो समाज स्त्री को दासता और यातना के अँधेरे में सदियों से रखने का अपराधी हो, क्या वह नैतिक रूप से राजनीतिक स्वतंत्रता या आध्यात्मिक उन्नयन का अधिकारी है? भारतीय नवजागरण पितृसत्तात्मक समाज की आत्म स्वीकृति का परिणाम है। निराला के सामाजिक चिंतन में नवजागरण की रोशनी है और स्त्री जाति के प्रति सम्मान का भाव। 'बाहरी स्वतंत्रता और स्त्रियाँ' शीर्षक लेख में निराला ने धर्म को स्त्री-पराधीनता का मूल कारक माना है। धार्मिक संस्कारों ने पुरुषों के चित्त को पराधीन बनाया है और पराधीन पुरुष-समाज स्त्री को आज़ादी कैसे दे सकता है? निराला के शब्दों में "धार्मिक सस्कारों के चक्र की प्रदक्षिणा करते रहने के कारण ही हम पराधीन हैं...हम लोग स्वयं जिस तरह गुलाम हैं उसी तरह अपनी स्त्रियों को भी गुलाम बना रखा है।" स्त्री को गुलामी में क़ैद रखने वाला समाज न तो धार्मिक हो सकता है और न ही मुक्ति जैसी सार्वभौमिक स्वतंत्रता का अधिकारी। स्त्री की स्वाधीनता को सुनिश्चित किए बिना राजनीतिक आजादी अधूरी होगी। इसलिए धर्म की रूढ़िग्रस्त धारणा को खारिज करते हुए निराला एक जीवंत, नये और वास्तविक धर्म की प्रस्तावना करते हैं—"सच्चा धर्म इस समय स्त्रियों के सब प्रकार के बंधन ढीले कर देना, उन्हें शिक्षा की ज्योति से निर्मल कर देना ही है।" एक समृद्ध-संपन्न और सभ्य राष्ट्र के लिए शिक्षित, स्वाधीन और स्वावलंबी स्त्री-समाज का होना ज़रूरी है। स्त्री को मनुष्य होने का सम्मान दिए बिना न तो धर्म का कोई अर्थ है, न राष्ट्र का। निराला का यह सवाल वाज़िब है—"राष्ट्र की स्वतंत्र-भावना कैसे पैदा हो? घर की देवियाँ आँसू बहाएँ और आप बहादुर हो जायँ?"

निराला के समाज-संबंधी चिरंतन में अंतर्विरोध तो हैं, लेकिन अपनी समग्रता में वे परिवर्तन के पक्ष में हैं। एक तरफ वे वर्णाश्रम धर्म को एक चिंतन सामाजिक स्थिति मानते हैं तो दूसरी तरफ उन्हें लगता है कि आधुनिक युग-परिवेश में यह व्यवस्था जर्जर हो गयी है क्योंकि उच्च वर्णों के लोगों ने अपने धर्म को छोड़ दिया है। उच्च वर्ण का धर्म क्या है जिसे छोड़ा गया—निराला इसका उल्लेख नहीं करते। विवेकानंद की तर्ज पर उन्हें लगता है कि सवर्ण अपना तेज़ खो चुके हैं और समय के नेतृत्व की क्षमता से वे वंचित हो गए हैं। अब भविष्य के समाज की संचालन

डोर शूद्रों के हाथ में होगी। 'वर्तमान हिंदू समाज' शीर्षक लेख में निराला ने गहराई से हिंदू समाज के पतन के कारणों पर विचार किया है। उनकी मूल स्थापना है कि वर्तमान हिंदू समाज गंदगी से भर गया है...उसकी जीवन-प्रणाली और विश्वासों में सदियों का कूड़ा-करकट भर गया है। एक समय ऐसा था जब हिंदू समाज उन्नत था। ब्राह्मणों में आचार निष्ठा थी–जातियों में कटुता नहीं थी। इस समाज का पतन क्यों हुआ? निराला की दृष्टि में हिंदू समाज के पतन का पहला कारण तो वैष्णव धर्म का प्रचार है। एक तरफ वैष्णव धर्म ने हिंदू समाज को उदार बनाया तो दूसरी तरफ उसमें ऐंद्रिय सुखों की लिप्सा भी पैदा की। भाग्यवाद और संसार को नश्वर समझने की प्रवृत्ति ने भी हिंदुओं को कर्म-विमुख बनाया। आत्मदंभ के कारण अन्य देशों की अच्छी बातों के ग्रहण की क्षमता भी उसने खो दी। दूसरी जातियों के प्रति नफ़रत के भाव ने इस समाज को खोखला कर दिया। मुसलमानी और अंग्रेजी शासन की पराधीनता इस समाज की जर्जरता एवं खोखलेपन का परिणाम थी। निराला की दृष्टि में पराधीन भारत की सबसे बड़ी समस्या औपनिवेशिक शासन से मुक्ति की है। जब तक देश पराधीन है तब तक न 'भारत में ब्राह्मण हैं, न क्षत्रिय, न वैश्य।' पराधीन देश की जनता शूद्र होती है। इस पराधीनता से मुक्त होना सबसे बड़ी चुनौती है। स्वाधीन होकर ही एक नये भारत का निर्माण संभव होगा। इस नये भारत की भारतीयता को सवर्ण शक्तियाँ नहीं, बल्कि शूद्र शक्तियाँ परिभाषित करेंगी। निराला के समाज-चिंतन की अपनी सीमाएँ हैं, लेकिन उनकी दृष्टि अग्रगामी है। स्त्री एवं शूद्र के सम्मान एवं संभावनाओं को केंद्र में रखकर ही वे अपने चिंतन का आधार तैयार करते हैं।

निराला ने गद्य को जीवन-संग्राम की भाषा और आलोचना को साहित्य का मस्तिष्क कहा था। उनके निबंधों में संघर्ष और विवेक की ऊष्मा आद्योपांत विद्यमान है। आक्रमण के प्रसंगों में निराला की भाषा व्यंग्य और आक्रोश से दीप्त होती है। संस्कृति और भारतीयता को शुद्ध या अमिश्रित मानने वालों पर निराला की यह फटकार द्रष्टव्य है–"हमारे साहित्य में क्या हो रहा है–यह भारतीय है, यह अभारतीय, असंस्कृत। धन्य है, हे संस्कृति के बच्चो!–नस-नस में शरारत भरी, हजार वर्षों से सलाम ठोंकते-ठोंकते नाक में दम हो गया, अभी संस्कृति लिये फिरते हैं।" निराला की गद्य-भाषा की जीवंतता ऐसे ही आक्रामक प्रसंगों में प्रकट हुई है। कहीं-कहीं उनकी भाषा में चुहल और बेफ़िक्री की अविस्मरणीय मुद्राएँ हैं तो कहीं आत्मविश्वास की निष्कंप दीप्ति। 'क्षमा याचना के लिए धमकी' शीर्षक टिप्पणी का अंत निराला ने इस तरह किया है–"अब रही बात मेरे क्षमा माँगने की। दोष करने पर क्षमा-प्रार्थी होना गुण कहलाता है। इस गुण के ग्रहण के लिए मैंने कोशिश की पर इससे मुझे ऐसी पैरालिसिस हुई कि क्षमा चाहने की शक्ति जाती रही–हाथ जुड़ने को नहीं उठे। कारण आप लोग समझें।" लेकिन कविताओं की व्याख्या या कविता के मूल्यांकन

में निराला की भाषिक सर्जनात्मकता अपने उफ़ान पर होती है—''भावुकता की मादक शक्ति विद्यापति में भी है, और बड़ी ही तीव्र, जैसे नागिन का ज़हर।'' निराला का संघर्ष चौतरफा था। वे रचना, समाज, अर्थ और अपने मन के मोर्चों पर एक साथ जूझ रहे थे। इस संघर्ष की सबसे अधिक आँच उनकी कविताओं में है, लेकिन निबंधों में भी उसकी लपटें कहीं-कहीं दिखाई पड़ जाती हैं। इस संघर्ष ने निराला को विचलित तो ज़रूर किया, लेकिन आत्म विश्वास की ऊर्जा भी दी। तभी तो वे लिख सके—''अगर मैं हिंदी के मैदान से खदेड़ा हुआ मनुष्य हूँ तो राष्ट्रभाषा के स्वयंवर के समय महारथियों के मुकाबले में अक्षय शब्दास्त्र-शिक्षा के बल पर मत्स्य-लक्ष्य का भेद करने वाला दूसरा और कौन है।''

आशा है—प्रस्तुत संग्रह में संकलित निबंधों एवं टिप्पणियों से निराला की कविताओं, उनके वैचारिक सरोकारों एवं औपनिवेशिक भारत की महत्त्वपूर्ण चिन्ताओं को समझने का मार्ग प्रशस्त होगा। इस संग्रह में शामिल मूल्यांकनपरक निबंधों से आज की आलोचना, साहित्य पढ़ाने वाले शिक्षक एवं पढ़ने वाले विद्यार्थी कविता के पाठ-विश्लेषण को सीख लेने के लिए स्वतंत्र हैं।

**—रामेश्वर राय**

# अनुक्रम

# कवि और कविता

He murmurs near the running brooks a music sweeter than their own.

—Wordsworth.

आदिकाल से लेकर आज तक कवि की कितनी ही परिभाषाएँ हो चुकी हैं और कविता-कुमारी को महाकवियों की वर्णना में भिन्न-भिन्न कितने ही स्वरूप मिल चुके हैं। कवि की परिभाषा एक दूसरे ढंग से, महाकवि बिहारीलालजी यों करते हैं–

**'तन्त्री-नाद, कवित्त-रस, सरस-राग, रति रंग।**
**अनबूड़े बूड़े, तिरे जे बूड़े सब अंग॥'**

यहाँ कविवर बिहारी पार उन्हीं को पहुँचाते हैं जो कवित्व-रस का तलस्पर्श कर चुके हैं–जो कविता-मर्मज्ञ हैं–कवि हैं–तन्त्री-नाद का कवित्व रस सरस राग रति रंग में जिनका सर्वांग निमज्जित हो चुका है। इस कवित्व-रस-सरिता में गोते लगाने के साथ ही जिन्हें चिरकाल के लिए डूब जाने और इस तरह अपने अस्तित्व के ही खो जाने का भय है, जो तटस्थ रहना चाहते हैं, कविवर बिहारीलाल उन्हें पार नहीं ले जाते, वे अर्धनिमज्जितों को डूबा हुआ ही सिद्ध करते हैं। कवि सम्राट् गो. तुलसीदास, कवि उसे कहते हैं जिसे सच्चे अर्थ और अक्षरों का बल है–'कविहिं अर्थ आखर बल साँचा।' कवि के लिए कविवर मैथिलीशरण कहते हैं–

**'मग्न बने रहते हैं मोद में विनोद में,**
**क्रीड़ा करते हैं कल कल्पना की गोद में**
**शारदा के मंदिर में सुमन चढ़ाते हैं,**
**प्रेम का ही पुण्य पाठ सबको पढ़ाते हैं।'**

महाकवि शेली उस कवि की रचना को श्रेष्ठ बतलाते हैं, जिसके कवित्व में दुःख के एक-एक दल प्रस्फुट हो जायँ। वे कहते हैं–

'Our Sweetest Songs are those that tell of saddest thoughts.'

कवि शेली सहृदय कवियों की कृति में करुणा की क्षीण ध्वनि सुनना चाहते हैं। कवि के व्यथित उद्‌गारों को अपना मधुर संगीत मान इस महाकवि ने बहुत कुछ भारतीय ढंग की परिभाषा कर दी है। आदि और अद्वितीय कवि महर्षि वाल्मीकि ने सती शिरोमणि सीता के चरित्र-चित्रण में इसी सिद्धांत का पोषण किया है। दुःख की दीन ध्वनि में ही उन्होंने संसार को संगीत का अविनश्वर प्रभाव दिखाया है। उनकी कारुण्यामृत वर्षिणी सीता आज भी संसार को अपने करुणा आवर्त में क्षुब्ध, चंचल अतएव सजीव कर देती है। 'जिन पाया तिन रोय' इस कवि-कथन में भी करुणा का प्रभाव प्रत्यक्ष हो रहा है। प्रियतम को रोकर प्राप्त करने में ही आनंद है। कविता इसी में है। कविवर शेली की तरह भारतीय कवि भी अपने शब्दों की हिलोर में विश्व-वेदना के तार झंकृत कर देना चाहते हैं। उनका भी यही आदर्श है...सुख की अपेक्षा दुःख में अधिक सौंदर्य है। कविवर सनेही कृषक क्रंदन, शैव्या का विलाप, दीनों की आह, आँसू आदि दुःख की कविता में ही अपने कवित्व का विकास अधिक कर सके हैं। वे कहते हैं–

**अश्रु जो आये कपोलों पर ढलक,**
**मोतियों की है भरी उनमें झलक;**
**बुंद ही में सिंधु है सौंदर्य का,**
**पर पलक भर में गया वह तो छलक!**

एक बूँद में ही कवि का कविता-सिंधु उमड़ रहा है। यहाँ कवि के हृदय में बिंदु छलककर सौंदर्य-सिंधु के लिए इंदु का काम कर रहा है। कविवर सुमित्रानंदन कहते हैं–

**'वेदना में ही तपकर प्राण**
**दमक, दिखलाते स्वर्ण हुलास।'**

महाकवि रवींद्रनाथ की गीतांजलि, जिसकी कविता संसार के एक छोर से दूसरे छोर तक प्रसिद्ध हो चुकी है–वह भी अपने हृदय में दुःख को स्थान देती है। उद्धव के ज्ञान का उत्तर गोपियों ने आँसुओं ही से दिया था। आँसुओं की धारा में उनकी ज्ञान-गरिमा–उनके विरक्तिमूलक धर्म का अहंकार चिरकाल के लिए प्लावित हो गया था। यहाँ हमें मस्तिष्क और हृदय–ज्ञान और प्रेम, विज्ञान और कविता में श्रेष्ठ कौन है इसका पूरा पता मिल जाता है। इसी प्रसंग में द्विज बलदेव कवि कहते हैं–

**मति अति आपकी अबल अबला सी लगै,**
**सागर-स्नेह कहौ कैसे पार पावैगी।**
**खोलिये न जीह अरु लीजिए न नाम इत,**
**'बलदेव' ब्रजराज जू की सुधि आवैगी॥**

सुनतहि प्रलय-पयोधि माहिं एक ऐसी,
कहर करन हारी लहर सिधावैगी॥
राधे-दृग-सलिल-प्रवाह माहिं आज ऊधो,
रावरे समेत ज्ञान गाथा बहि जावैगी॥

दुःख की कसौटी में कविता का भाव पूर्ण विकसित हो गया है। गोस्वामीजी की अमर लेखनी ने इस विषय पर तो और भी गजब कर दिया है। श्रीरामचंद्रजी कहते हैं–

कहहूते कछु दुख घटि होई।
काहि कहौं यह जान न कोई॥
तत्व प्रेम कर मम अरु तोरा।
जानत प्रिया एक मन मोरा॥
सो मन रहत सदा तोहिं पाहीं।
जानु प्रीति रस इतनेहि माँहीं॥

यह आँसुओं का शृंगार है। यहाँ गोस्वामीजी श्रीरामचंद्रजी के मुख से दुःख का वर्णन नहीं कराते, किंतु एक विचित्र युक्ति से उसका वहीं अंत कर देते हैं। वह युक्ति के नाम से तो नीरस है, परंतु अर्थ बड़ा ही मधुर, इतना मधुर कि प्रिया के लिए उससे अधिक सुखद–अधिक अभीप्सित और कुछ भी न होगा। इन चौपाइयों में गोस्वामीजी दो युक्तियों से काम ले रहे हैं। पहले तो वे श्रीरामचंद्रजी से कहलाते हैं–प्रिये, कह देने से दुःख का भार हल्का हो जाता है परंतु मैं किससे कहूँ?–कोई समझनेवाला भी तो हो। समझनेवाले के अस्तित्व तक को लोप करके दुःख के साथ शृंगार और प्रेम को गोस्वामीजी कितना ऊँचा उठा देते हैं, यह देखते ही बनता है। फिर सीता के हाथों वे श्रीरामचंद्रजी का मन भी सौंप देते हैं और यह एक अनुकूल युक्ति की योजना करके! अस्तु कविवर शेली की तरह भारतीय कवियों ने भी करुणा की मलिन दीप्ति में कविता-कामिनी के विरह-विधुर सौंदर्य को कला की पराकाष्ठा तक पहुँचा दिया है। इसके अतिरिक्त, भारत में करुणा एक अलग रस ही है।

रवींद्रनाथ अपनी मान सुंदरी कविता-कामिनी का आवाहन एक दूसरे ही ढंग से करते हैं। यह ढंग जितना ही नवीन है, उतना ही सुंदर है। हाँ, कविकुल-चूड़ामणि कालिदास के लिए यह ढंग नवीन नहीं। वे, बहुत पहले ही, अपने रंग-मंच की अलोक सामान्य सुंदरी शकुंतला की वर्णना में–उसके चरित्र-चित्रण में इस कला पर कारीगरी करके, पूर्ण सफलता प्राप्त कर चुके हैं। यह कला निराभरण सौंदर्य की है। रवींद्रनाथ अपनी कविता को इन शब्दों में आमंत्रित करते हैं–

**आज किछू काज नाई सब छेड़े दिये।**
**छंद-बंध-ग्रंथ-गीत, ऐसो तुमी प्रिये॥**
**आजन्म साधनधन सुंदरी आमार।**
**कविता – कल्पना – लता,–**

रवींद्रनाथ कविता से छंद, बंध, गीत सब कुछ छोड़कर आने के लिए प्रार्थना करते हैं। वे अपनी साधना की संपत्ति कविता-कामिनी को न छंद के रूप में देखना चाहते हैं, न उसका किसी बंधन में जकड़कर आना ही उन्हें पसंद है, न वे उसके हाथ में कोई ग्रंथ देखना चाहते हैं, न उससे संगीत सुनने की ही उन्हें अभिलाषा है। वे उसे बुलाते हैं, परंतु किसी काम से नहीं बुलाते। रवींद्रनाथ के इस बिना कार्य के आवाहन में भी एक कविता है, और उनकी आजन्म साधनाधन कविता-सुंदरी के निराभरण सौंदर्य में तो कविता का पूर्ण विकास हो गया है।

अन्यान्य कितने ही कवियों ने अपनी रुचि के अनुकूल कवि की परिभाषाएँ और कविता का चित्र-चित्रण किया है। हिंदी संस्कृत के अनुसार कवि का एक खास अर्थ करती है; कभी-कभी कवि का धातुगत अर्थ भी काम में लाया जाता है। कविता की परिभाषा, रसात्मक वाक्यं काव्यम् कहकर समाप्त कर दी जाती है। सूत्र रूप में कवि और कविता का यह परिचय बहुत अच्छा है। परंतु इसके विश्लेषण की बड़ी आवश्यकता है। अमुक विद्वान ने अमुक विषय पर यह कहा है, अतएव यह मान्य है ऐसी प्रथा का विद्वत्मंडली में भी प्रचार है। यह कुछ अंशों में अच्छा है परंतु कुछ अंशों में बुरा भी है। इस प्रकार के उदाहरणों का आधार अंधविश्वास न होकर एक अनुकूल और सबल युक्ति होनी चाहिए।

प्रमाणस्वरूप कवि शब्द को ही लीजिए। व्याकरणाचार्य कवि का धातुगत अर्थ निकालकर उसे नाचनेवाला नट अथवा नर्तक बतलाते हैं। और पिंगलाचार्य की एक दूसरी ही राय देखने को मिलती है, वे उसी शब्द का अर्थ अपने शस्त्रास्त्र से छिन्न-भिन्न करके, अपने ही अनुकूल उसे छंदों की लड़ियों पर चलनेवाला बतलाते हैं। इस तरह कवि की स्वतंत्र सत्ता को छुपाकर कोई उस पर व्याकरण का बोझ लाद देता है और कोई छंदों का गुलाम बना डालता है। कवि शब्द को लेकर साहित्यिक महाशय अपनी खिचड़ी अलग पकाते हैं। वे उसी शब्द का एक तीसरा ही अर्थ करते हैं।

'कविर्मनीषी परिभूःस्वयंभूः।' यहाँ कवि के परिचय में मनीषी, परिभू और स्वयंभू ये तीन शब्द आये हैं। हम देखते हैं, परिभू और स्वयंभू के स्वरूप जिस तरह अक्षरों में एक-दूसरे से नहीं मिलते उसी तरह ये अपना एक अलग अर्थ भी रखते हैं। कवि में मनीषी, परिभू और स्वयंभू इन तीनों भावों का कुछ साम्य भले ही हो, कवि क्यों मनीषी होने लगा? कवि एक स्वतंत्र शब्द है अतएव इसका अर्थ भी स्वतंत्र है। मनीषी एक पृथक् शब्द है, उसका भी अर्थ पृथक् है। अपरञ्च 'मनीषी', 'परिभू' और 'स्वयंभू'

ये कवि के प्रतिशब्द भी नहीं। फिर क्यों इस 'कवि' के लिंग, वचन और कारक के साथ 'मनीषी', 'परिभू' और 'स्वयंभू' की समता देखकर, कवि के साथ उसके अर्थ का भी साम्य मान लें? दूसरे व्याकरणाचार्य के अनुसार, कवि का नाचनेवाला अर्थ न 'मनीषी' में है, न 'परिभू' में, न 'स्वयंभू' में। तो फिर कैसे 'कवि' मनीषी, परिभू और स्वयंभू बन सकता है? यहाँ कवि को मनीषी बतलाने में हम भले ही न विरोध करें परंतु यदि आपके पड़ोस में कोई व्याकरणाचार्य महाशय रहते हैं तो हम अवश्य कहेंगे। आप अगर 'कविर्मनीषी परिभूः स्वयंभूः' रटकर ही शांत रह जायेंगे उसकी अनुकूल व्याख्या न करेंगे तो यह वेदवाक्य आपके लिए इन्फ्लुञ्जा से भी ज्यादा खतरनाक हो जायेगा, क्योंकि व्याकरणाचार्य महाशय आपको ऐसे ही न छोड़ देंगे वे महाभाष्य से लेकर क्षुद्र घण्टिका तक के सूत्र और साधनिका रटते हुए आपके नाकों दम कर देंगे। वे कहेंगे—कवेर्नैतन्माननीयं प्रमाणम्। धात्वर्थोऽस्ति कश्चिदन्यः। उस समय आप—साहित्यिक किस उपाय से उन्हें समझाकर शांत करेंगे? यही दशा पिंगलाचार्य भी कर सकते हैं।

यहाँ किसी शास्त्र का विरोध करना अन्याय होगा। हमें एक ऐसी युक्ति देनी चाहिए जो स्वतंत्रता और मौलिकता भी सिद्ध करती रहे। 'कवि' का अर्थ नाचनेवाला ठीक है। यह नर्तन ताल-ताल पर पैरों का उठना और गिरना नहीं, किंतु भावावेश में हृदय का नर्तन है। भावावेश में हृदय के नर्तन के साथ ही, शब्द भी निकलते रहते हैं। यदि शब्दों का अस्तित्व लुप्त कर दिया जाय तो भाव का भी लोप हो जाता है, क्योंकि भाव और शब्द परस्पर संबद्ध हैं। हृदय का नर्तन शब्दों की गति से ही होता है, अन्यथा वह जड़ और निष्प्राण सिद्ध होगा। इस तरह व्याकरणाचार्य के अनुसार, कवि का अर्थ नाचनेवाला हम प्रमाणित कर देते हैं? पिंगलाचार्य के अनुसार शब्दों की लड़ियों पर चलनेवाला कवि है, यह भी सिद्ध हो जाता है। क्योंकि, भावात्मक शब्द हृदय के स्पंदन या नर्तन के साथ ही, जब तक परिमित वृत्त में घूमते रहते हैं तब वह वृत्त या शब्दावर्त छंद कहलाता है—फिर वह वृत्त चाहे शार्दूलविक्रीड़ित हो या इंद्रवज्रा, शिखरिणी हो या वीर। यहाँ, पिंगलाचार्य भी 'कवि' की उदार परिभाषा में आ जाते हैं—उनसे भी कोई विरोध नहीं रह जाता। हम पिंगलाचार्य के संबंध में एक बात और कहेंगे।

आजकल कुछ नये कवि पैदा हो गये हैं। उनकी रचनाओं में पिंगल के नियम का पालन नहीं होता, अथवा यह कहना चाहिए कि वे जानबूझकर अपनी मौलिकता के अभिमान से प्राचीन नियमों का अनुसरण नहीं करते। उनकी इस स्वतंत्र गति को बाधा पहुँचाने के उद्देश्य से कितने ही कवि कितने ही लेखक कितने ही समालोचक और कितने ही पिंगलाचार्य गद्य और पद्य दोनों ही में उनकी समालोचना करते हुए, अपने शिष्टाचार और अपनी मनुष्यता की हद कर देते हैं। किसी-किसी पत्र ने तो उनकी माँ-बहन तक की खबर ली है। उनके प्रति हिंदी संसार के इस व्यवहार से

सिद्ध है कि उनकी रचनाएँ उसे पसंद नहीं, उनका तिरस्कार करना ही उसका उद्देश्य है। ठीक है। परंतु किसी विषय की मीमांसा अधिसंख्यक मनुष्यों की राय पर छोड़ देना विवेचक का काम नहीं। अधिसंख्यक मनुष्यों की राय संभव है निराधार हो—रीति-रिवाज़ रूढ़ि या अब तक ऐसा होता आया है अतएव ऐसा ही होना चाहिए, यही उसका एकमात्र कारण हो। हिंदी-संसार ने उन कविताओं की आलोचना करते हुए प्रथम आक्षेप उनके छंद पर किया है। उसे उन कवियों के छंद पिंगलपोथी में नहीं मिले। उन कवियों में किसी का छंद विषममात्रिक है। कोई-कोई उसे स्वच्छंद छंद कहते हैं, कोई-कोई छंद सममात्रिक होने पर भी पिंगल के वर्णित छंदों की संख्या में नहीं आते। दोष का कारण मुख्य इतना ही है। अच्छा पिंगलाचार्य और हिंदी के विरोधी संसार से हमारा विनयपूर्वक यह प्रश्न है—क्या आप प्रमाण दे सकते हैं कि आपका परमसिद्ध घनाक्षरी छंद 2000 वर्ष पहले भी भारत में प्रसिद्ध था। चार वेद, छः शास्त्र और अठारह पुराणों की सीमा में क्या कहीं भी आप उसका उल्लेख दिखा सकते हैं? सवैया, दोहा आदि जितने अधिकांश वर्णवृत्त और मात्रिक छंद जो आपके साहित्य में इस समय प्रचलित हैं, इनके लिए भी हमारा यही प्रश्न है। सारा संस्कृत छंदशास्त्र आप देख जाइए, यदि उसमें कहीं आपको अपने प्रमाण की पुष्टि में कुछ न मिले, यदि आप असफल हों तो आपको जिस तरह यह मान लेने में हानि न होगी कि संस्कृत युग के पश्चात् चन्द कवि के हो जाने पर जब हिंदी का युग आया तब तत्कालीन भाषा-प्रवाह की सुविधा के विचार से हिंदी के कवियों ने इन नवीन छंदों की सृष्टि की थी, उसी तरह अपनी ही विचारधारा के अनुसार यदि आप यह भी मान लें कि वर्तमान युग के नये कवि वर्तमान शैली की सुविधा के विचार से नवीन-नवीन छंदों (सम और विषम) की सृष्टि कर रहे हैं तो इससे आपकी क्या हानि होती है? क्या आप सृष्टि का क्रम रोकना चाहते हैं? या छंदों के पुराने आवर्त में ही कवियों को पेरकर उनसे कवित्व रूपी तेल निकालना चाहते हैं।

इस संबंध में हम अभी कुछ और कहना चाहते हैं। पहले हम कह आये हैं, छंद शब्दों का आवर्त है। इसे साफ करके यों कहना चाहिए कि छंद स्वर का तार है वह शब्दों की माला है, अर्थात्मक वाक्यों की एक परिमित लड़ी है। चौताल में कोई चाहे भैरवी गाये या गौरी, विहाग गाये या तिलककामोद, मुलतान गाये या कान्हरा, सबमें वही—धाधा धिन्ता कत्तिक धिन्ता किटतक् गदगिन्—बजता है। संगीत की उतनी ही स्थिति में बजानेवाला अपने वाक्य को दून भी कर देता है और दून में भी वाक्य की स्वरस्थिति उतनी ही रहती है जितनी 'ठा' में। अक्षरों से इसका तात्पर्य यों कहा जाता है—चार दीर्घ वर्णों की उच्चारणस्थिति जितनी होगी उतनी ही आठ ह्रस्व वर्णों की। इससे हमें यह सूचित होता है कि संगीत के ताल में जिस तरह शब्दों की एक परिमित लड़ी होती है, छंद में भी उसी तरह स्वर का एक परिमित बहाव होता है। उस परिमित बहाव में यदि छंद मात्रिक है तो हरएक लड़ी की मात्राएँ बराबर होंगी

और यदि वह गणात्मक है तो हर एक पंक्ति में गणों की समान संख्या रहेगी, और यदि वह वर्णवृत्त है तो प्रत्येक तार के अक्षर बराबर होंगे। बस यही छंदःशास्त्र का मूलमंत्र है फिर चाहे कोई लड़ियों के करोड़ों भेद बना डाले, किसी लड़ी में यगण, मगण और नगण के संयोग से मदन-दहन छंद की सृष्टि करे और चाहे किसी में सोलह मात्राएँ रखकर उसका नाम उलूकमोहन रक्खे; यह कोई वैज्ञानिक बात नहीं।

ये सब छंद नियमों में बँधे हुए हैं, अतएव इन नियमों में बँधकर जो कविता की जायेगी वह मुक्त काव्य नहीं हो सकेगी। जिस तरह मुक्त पुरुष संसार के किसी नियम के वशीभूत नहीं रहते, किंतु उन नियमों की सीमा पार कर सदा मुक्ति के आनंद में विहार करते रहते हैं उसी तरह मुक्त कवि भी अपनी कविता को पिंगल के बंधन में नहीं रखना चाहते। भारती के सूक्ष्म भांडार के अधिकारी वे अमर कवि उसे संपूर्ण नियमों से मुक्त कर देते हैं। उनकी कविता परिमित नहीं–अमित है। वह पराधीन नहीं स्वाधीन है। वह एक संकीर्ण सीमा में विहार करनेवाली नहीं अनंत और असीमः ब्रह्मांड उसका क्रीड़ा-स्थल है।

मुक्त काव्य के संबंध में विशेष ध्यान देने योग्य एक बात और है। वह यह कि किस तरह मुक्त महापुरुष, नियमों और बंधनों से स्वतंत्र रहने पर भी, दुराचारी या अत्याचारी नहीं कहला सकते किंतु वे पुरुष की यथार्थ सत्ता का बोध कराते हैं, उसी तरह कवि के मुक्त काव्य में नियमों और बंधनों का अनुशासन न रहने पर भी वह काव्य का यथार्थ रूप है, किंतु उससे उच्छृंखलता, दुराचार या किसी अन्य दोष की उद्भावना नहीं हो सकती। यह बात मुक्ति से भी प्रमाणित की जा सकती है। पहले हम कह आये हैं कि भावावेश में कवि जब छंदोबद्ध कविता करता है, तब वह अपने हृदय-नर्तन, स्फूर्ति, शब्द-विकास या कविता को किसी छंद में परिमित कर लेता है। इस तरह उसकी कविता एक परिधि में चक्कर लगाया करती है। परंतु जो कवि मुक्त काव्य करने की अभिलाषा रखते हैं वे भाव के आने पर अपने शब्दों को किसी निर्दिष्ट छंद में न बाँधकर उन्हें अनर्गल रूप से–ज्यों-ज्यों वे निकलते आते हैं उसी रूप में–लेखबद्ध कर लेते हैं–वही मुक्त काव्य कहलाता है। इसके तार टुकड़ों में बँटे हुए नहीं होते। भावों की भिन्नता रहने पर भी वह शुरू से अखीर तक एक बहुत सुहावना साम्य चित्रित कर देता है। यदि वह यथार्थ ही हृदय का उद्गार है तो उसमें दोष तो रही नहीं सकता है। इस ढंग की कविता अर्थात् मुक्त काव्य इस समय संसार की प्रतिष्ठित सभी भाषाओं में प्रचलित हो गया है। इसका अभाव हिंदी में ही है। छंदोबद्ध काव्य में कृत्रिमता की कलई चाहे कुछ देर से खुले, परंतु मुक्त काव्य में तो वह तत्काल पकड़ में आ जाती है। दुःख के साथ कहना पड़ता है, हिंदी में कविता का मुक्त स्वरूप देखने के लिए अभी हमें बहुत दिनों तक अपेक्षा करनी

होगी।

हम संक्षेप में पिंगल संबंधी अपने विचार प्रकट कर चुके। 'कवि' के विषय में हमें अभी कुछ और निवेदन करना है। यदि कवि, मनीषी, परिभू और स्वयंभू परमात्मा के परिचय में आये हुए, एक-दूसरे से संबंध न रखनेवाले शब्द हैं तो फिर तर्क की जगह नहीं रह जाती, परंतु यदि यह मनीषी, परिभू और स्वयंभू 'कवि' के परिचायक हैं तो परिभाषा लिखनेवाले ने जिस तरह 'कवि' को मनीषी बतलाया है, उसी तरह हम गणितज्ञ, विज्ञानवेत्ता, भूगर्भशास्त्री, वैद्य, साहित्यिक, समालोचक, राजनीतिज्ञ, किंबहुना जिस किसी विषय के विद्वान् को मनीषी कह सकते हैं, और उसके परिचायक शब्द के रूप में 'मनीषी' शब्द का व्यवहार कदापि दोषदुष्ट नहीं कहा जा सकता है। 'कवि' के परिचायक जो तीन शब्द–मनीषी, परिभू और स्वयंभू–आये हैं–इस तरह के प्रयोगों को अंग्रेजी में Same Case (समान कारक) कहते हैं–उनमें स्वयंभू सबसे जोरदार है। हम इसी स्वयंभू शब्द पर विचार करेंगे।

इस 'स्वयंभू' शब्द का अर्थ बहुत ही व्यापक है। अंग्रेजी की कहावत 'Poet is born not made' इस स्वयंभू शब्द की मानो व्याख्या ही है। पश्चिम भी कवि को स्वयंभू मानता है। यहाँ इस 'स्वयंभू' शब्द की अवतारणा हमने एक विशेष उद्देश्य की सिद्धि के लिए की है। इस उद्देश्य का आधार दर्शन है। दर्शन-शास्त्र के अनुसार 'कवि' को स्वयंभू कहना जितना अर्थसंगत है उतना ही अर्थ-विरुद्ध; 'यादृशी भावना यस्य सिद्धिर्भवति तादृशी' यह दर्शन-वाक्य पश्चिम में प्रचलित नहीं अतएव वे यदि कवि के लिए Poet is born not made कहें तो उनकी दर्शन विषय की अज्ञता के कारण उनका यह कथन बालक-वाक्य की तरह मान लिया जा सकता है। वे पूर्व जन्मार्जित संस्कारों को भी समझना, अतएव मानना नहीं जानते। रही भारत की बात सो यहाँ 'कवि' को 'स्वयंभू' कहिए तो, दार्शनिक विद्वान् सृष्टि की प्रत्येक वस्तु को पुष्ट युक्ति के सहारे स्वयंभू प्रमाणित कर देंगे। जो मनुष्य पूर्वार्जित संस्कारों को लेकर अधिक प्रयास के बिना ही प्रतिभाशाली कवि हो जाता है, उसे बहिर्दृष्टि से देखकर कोई उसके परिचय में स्वयंभू शब्द भले ही लगा दे, परंतु दार्शनिक विद्वान् उन्हें पूर्वार्जित संस्कारों से ही प्रतिभाशाली कवि हुआ सिद्ध करेंगे। यह भी कहेंगे कि दृढ़ मनःशक्ति को प्राप्त कर–सच्ची लगन लगाकर–कविजनोचित संस्कारों को प्रबल करके इस जन्म में ही मनुष्य प्रतिभाशाली कवि हो सकता है। इस जन्म में जिस कवि को थोड़े प्रयास में ही अच्छी सफलता मिल जाती है, समझना चाहिए उसने पूर्वजन्म में कविताविषयक संस्कारों को प्राप्त कर लिया था। दर्शनशास्त्र कहते हैं, प्रत्येक मनुष्य के केंद्र में ब्रह्म अवस्थित है जिसका अस्तित्व ब्रह्मांड की सभी वस्तुएँ और मनःशास्त्र के सभी विषयों में है। यही कारण है कि मनुष्य जिस विषय की कामना करता है–जिसके लिए सच्ची लगन लगाता है, उस विषय की कामना हृदयस्थित ब्रह्म तक पहुँचकर, प्रबल संस्कारों की सहायता से, बीज से समुद्गत वृक्ष की तरह

विशालकाय होकर, उसी ब्रह्म से कार्य अतः पर-सिद्धि को लेकर उपस्थित होती है। कविता संबंधी संस्कारों के लिए भी यही बात है। कोई कवि हो या न हो, यदि वह चाहे तो कभी महाकवि अवश्य हो सकता है। कारण उस ब्रह्म से उसकी वासना की पूर्ति अवश्य होगी। इसीलिए ब्रह्म को मनस्काम कल्पतरु कहते हैं। स्वयंभू ब्रह्मा के सिवा और कोई नहीं। शास्त्रकारों या विद्वानों ने जहाँ 'कवि' की परिभाषा में 'कविर्मनीषी परिभूः स्वयंभूः' लिखा है, वहाँ समझना चाहिए, कवि वे किसी मनुष्यविशेष को नहीं मानते, किंतु मनुष्य के अंतस्तल में अवस्थित ब्रह्मा को ही इन शब्दों द्वारा निर्वाचित करते हैं। गीता में भी भगवान श्रीकृष्ण ने कहा है, जहाँ विभूति, प्रतिभा और ऐश्वर्य का विकास हो उसे मेरा ही विकास समझो। प्रत्येक वस्तु और प्रत्येक विषय के सारतत्त्व तक पहुँचकर उसकी व्याख्या करना भारत का ही काम है, और यदि उसकी जाँच-पड़ताल--ढूँढ़-तलाश में कोई कसर रह गयी होती तो पतन के इस भयानक युग में भारत और भारतीयता का अस्तित्व भी लुप्त हो गया होता। अस्तु, कहना पड़ता है, कवि की परिभाषा में भारतीय मस्तिष्क ने अपनी सूक्ष्मदर्शिता का पूर्ण परिचय दिया है। सच है–'कविर्मनीषी परिभूः स्वयंभूः।' पहले किसी जगह हमने 'मनीषी' को साधारण (Common) शब्द बताया है, परिभूव्यापक। 'स्वयंभू' का यथार्थतत्त्व जब तक न कहा जाय तब तक उन्हें उसी दशा में रखना हमें उचित जान पड़ा था। यदि कवि को केवल 'स्वयंभू' कहकर परिभाषाकार शांत रह जाते तो अर्थ में एक महाअनर्थ की सृष्टि हो सकती थी, कवि की महत्ता कंकड़-पत्थर और पेड़-पौधों से बढ़कर न समझी जाती; कारण, कंकड़-पत्थर और पेड़-पौधे भी स्वयंभू हैं। वे भी कवि की तरह अपनी ही प्रकृति से उगते और फूल-पत्ते लेते हैं, अंतर यही है कि कवि की तरह मनीषी नहीं। उनमें चेतनता का बहुत ही थोड़ा आभास है। वे अपनी ही कृति को विकसित करते हैं, दूसरों की सुदर्शन कृति का न उन्हें बोध है, न वे उसका वर्णन कर सकते हैं। मनीषी और व्यापक परिभू कवि की इसी विशेषता को प्रकट करते हैं। परिभू का प्रयोग व्याप्ति अर्थ के अतिरिक्त वाक्य सौष्ठव के लिए भी किया गया है।

हम अब वर्तमान कवियों के संबंध में भी कुछ कहना चाहते हैं। यह निर्विवाद है कि कवि पर देश, काल और समाज का प्रभाव पड़ता है। कवि ही पर क्यों संपूर्ण मनुष्यजाति पर यह प्रभाव पड़ता है। जिन कार्य-कारणों के घात-संघातों से मानवीय मस्तिष्क के विचार बदलते हैं, चाल-चलन, वेश-भूषा में उलट-फेर होते रहते हैं, स्मृतियाँ और व्यवस्थाएँ परिवर्तित होती रहती हैं, वही कार्य और कारण भाषा और साहित्य के रूपांतरित होने के कार्य और कारण कहे जाते हैं। हम देखते हैं मनुष्य तो क्या, भगवान बुद्ध जो मनुष्यत्व और देवत्व की पदवी को पार कर अमर ब्रह्मपद पर आरूढ़ हो गये थे वे भी देश, काल और समाज का विचार नहीं छोड़ सके। उसका साहित्य उस समय की प्रचलित भाषा पाली में निर्मित हुआ था। बहुत पुरानी बात जाने

दीजिए। मुसलमानी जमाने की बात लीजिए। तत्कालीन हिंदू समाज पर मुसलमान वेश, मुसलमान भाषा, मुसलमान रीति-रिवाज़ किंबहुना, मुसलमानों के प्रत्येक विषय का प्रभाव पड़ा है। उस समय के हमारे हिंदी साहित्य में आधे से अधिक शब्द और प्रायः सभी मुहावरे मुसलमानों की दी हुई भीख है अथवा यह कहिए कि मुसलमान कवियों से मुसलमान साहित्य से स्पर्धा और प्रतिद्वंद्विता करने के लिए हमारे विद्वानों और कवियों ने उनके शब्दों और मुहावरों को अपने साहित्य में स्थान दिया है, अथवा मुसलमान आधिपत्य के कारण, उनकी भाषा, उनके शब्द आप-ही-आप हमारे समाज में आ कर हमारी संपत्ति बन गये हैं, 'खलल खलक ही', 'गजब गुजरात गरीबन की धार पर' ऐसी कविताओं में आपके कितने शब्द हैं? 'Either sword or koran' का वेग तो किसी तरह हिंदू रोक भी सकते थे, परंतु भाषा का उद्दाम वेग नहीं रोक सके। रोकते कैसे? भाषा प्राणों की वस्तु जो है। वह निर्जीव हिंदू जाति के प्राणों के साथ स्पन्दित, प्रतिध्वनित और प्रतिमुहूर्त स्फुरित होकर उसकी अपनी वस्तु बन गयी थी। एक तो उसे समय का बल मिला था, दूसरे वह स्वमदगर्विता थी। हिंदुओं ने उसे अपनाया।

एक भूषण को छोड़ और जितने कवियों ने उसे अपनाया, उन्होंने उसका प्रवाह पतन की ओर ही बहाने की चेष्टा की। अएतव व्रजभाषा पर हम फिर कभी निवेदन करेंगे। अभी हमारे इस कथन का इतना ही तात्पर्य है कि कोई समाज समय का प्रवाह नहीं रोक सकता है। आजकल भारत में जागृति का युग है। जाति में भी और साहित्य में भी। भारत के अपर प्रांतों की भाषाएँ और उनके साहित्य इस समय बहुत ही उन्नत हैं। बंगाल की भाषा और उसका साहित्य संसार में प्रसिद्ध हो रहा है। भारत का सबसे बड़ा विज्ञानवेत्ता, सबसे बड़ा दार्शनिक, सबसे बड़ा पुरातत्त्वज्ञ, सबसे बड़ा कवि, सबसे बड़ा रसायनज्ञ, सबसे बड़ा साहित्यिक, सबसे बड़ा चित्रकार, सबसे बड़ा राजनीतिज्ञ, सबसे बड़ा चिकित्सक, सबसे बड़ा वक्ता, सबसे बड़ा नट आपको बंगाल में ही मिलेगा। एक बहुत बड़े विद्वान का कथन है, What Bengal thinks today, India thinks tomorrow अर्थात् बंगाल आज जिस विषय पर विचार करता है, संपूर्ण भारत कल उसपर विचार करेगा। यद्यपि हमारे शास्त्रों का यह कथन है–

**"श्रद्धधानो शुभां विद्यामाददीता वरादपि।"**

तथापि हम आपको बंगाल के पैरों पड़कर शिक्षार्जन करने की सलाह नहीं देते। इस उद्धरण से हमारा उद्देश्य केवल यही है कि आप सोचें, वह कौन-सा कारण है जिसके कार्यरूप में बंगाल आज इतना उन्नत हो रहा है। आप देखेंगे, उसकी इस उन्नति का कारण बस यही है कि उसने आपसे बहुत पहले ही वर्तमान

युग को पहचाना था और आपसे बहुत पहले ही अपने को तदनुकूल तैयार कर लिया है।

रवींद्रनाथ यदि समय का प्रवाह न देखते तो उन्हें शायद ही इतनी प्रसिद्धि मिलती। ब्रजभाषा के युग में हमने फारसी-साहित्य को अपने ढंग पर अपने साँचे में ढाल लिया था और इस तरह अरब से लेकर अफगानिस्तान तक की भूमि को अपने हृदय में मिला लिया था। अब हमें पूर्व और पश्चिम को एक करना है और इस तरह समस्त भूमंडल को हृदय से लगाना है। इस बार हमें और भी बृहत् कार्य करना होगा। यही समय की सूचना है।

समय की इस सूचना को देखते हुए हमें कहना पड़ता है, कवि और कविता की परिभाषा में अब कुछ परिवर्तन हो गया है। यह परिवर्तन क्या और कैसा है इस पर हम अगले अंक में विचार करेंगे।

**['कवि', मासिक, कान्पुर, पौष, संवत् 1981 (वि.)**
**(दिसंबर, 1924–जनवरी, 1925)। असंकलित।]**

# सौंदर्य-दर्शन और कवि-कौशल

कला की कोई ऐसी एकदेशीय परिभाषा नहीं की जा सकती; परंतु कोई कला ऐसी भी नहीं, जो संसार की तमाम आँखों को एक ही-सी लगे। जब कला परिभाषा की जंजीर से जकड़ दी जाती है, तब वह हमेशा किसी खास विचार या किसी खास मजहब की हो जाती है। इस संकीर्णता से अलग करने के लिए ही उसे सत्य, शिव और सुंदर के आवरण से ढँकने की कोशिश की गयी है। विश्व के लोग उसी कविता का आदर करेंगे, जो भावना में विश्व-भर की कही जा सकेगी। उसके बाहरी उपकरण तो एकदेशीय होंगे ही। देश की जनता में जहाँ अनेक प्रकार की संकीर्णताओं का शासन है, वहाँ एकदेशीय भावना का ही आदर रहता है।

यदि कविता सजीव है तो वह कैसी भी हो, पठित समाज के लिए आदरणीय अवश्य है। हिंदी पर जब से अंग्रेजी सभ्यता का प्रभाव पड़ा, तब से इस छानबीन में एक विचित्र तरीका इख्तियार किया गया है। अब तक कवित्व-कला के जितने समालोचक हिंदी में रहे, सब प्रायः पुराने ढंग के। आचार्य पंडित महावीर प्रसाद द्विवेदी, साहित्याचार्य पंडित पद्मसिंह शर्मा और माधुरी-संपादक पंडित कृष्णबिहारी मिश्र हिंदी के लब्ध-प्रतिष्ठ समालोचक हैं। इधर काव्य-कला पर पश्चिमी ढंग से, पर विशेष संतोष कर विचार (यह मैं पश्चिमी ढंग से कह रहा हूँ) जोशी बंधु भी प्रगट करने जा रहे हैं। मैं इन पूर्वीय और पश्चिमीय दोनों तरीकों के बीच में रहना पसंद करता हूँ। दोनों की खूबियों की परीक्षा बिना किये, ऐसा होता है, जैसे समालोचना या काव्य के सौंदर्य-प्रकाशन को लकवा मार गया हो, एक अंग परिपुष्ट होता है तो दूसरा कमजोर हो जाता है।

अस्तु, हिंदी के द्विवेदी-युग के कवियों में सौंदर्य-प्रकाशन की शक्ति कहाँ तक विकसित हुई थी, इसका एक साधारण विचार 'सुधा' में मैं प्रकट कर चुका हूँ। हिंदी की वह प्राथमिक अवस्था थी। कविता के वसंत के आवाहन-मंत्र ही उसमें विशेष रूप से सुनायी पड़ते थे। अब हिंदी-साहित्य के उस युग के पतझड़ में नवीन पल्लवों की हरियाली दिखायी देने लगी है।

जिस समय द्विवेदी-काल का साहित्य-सरोज अंतःपूत सलिला 'सरस्वती' के वक्षस्थल पर प्रभात की किरणों को पूर्व-मार्ग की ओर अर्द्धनिमीलित ध्यान-नयनों से निरीक्षण कर रहा था, मुझे आश्चर्य है, निस्संग, निस्सहाय, हिंदी के इस नवीन युग के तपस्वी कवि का उस समय काशी में प्रभाती द्वारा स्वागत-गीतियों का रचनाक्रम आरंभ हो चुका था। यदि कुछ और कवि अपने समय के स्वागत के लिए बढ़ न आये होते, तो, आश्चर्य नहीं, 'प्रसाद' को कविता के प्रासाद में उचित आसन मिलने में अभी कुछ और देर लगती। देखिए, प्रसादजी की उसी समय की एक मनोहर रचना—

**"विस्तृत तरु-शाखाओं के ही बीच में
छोटी-सी सरिता थी, जल भी स्वच्छ था;
कलकल ध्वनि भी निकल रही संगीत-सी;
व्याकुल को आश्वास वचन-सी कर रही।
ठहरा फिर वह दल उसके ही पुलिन में
प्रखर ग्रीष्म का ताप मिटाता था, वही
छोटा-सा शुचि स्रोत, हटाता क्रोध को
जैसे छोटा मधुर शब्द, हो एक ही।
अभी देर भी हुई नहीं उस भूमि में
उन दर्पोद्धत यवनों के उस वृन्द को,
कानन घोषित हुआ अश्व-पद-शब्द से
लू-समान कुछ राजपूत भी आ गये।"**

जब तक मैंने 'प्रसाद' जी का पूरा संग्रह नहीं देखा था, मैं कल्पना भी नहीं कर सका था कि दस-बारह वर्ष पहले भी हिंदी के हृदय-पट पर इतनी मार्जित, इतनी कोमल रेखाएँ खींची जा चुकी हैं। एक बात और—मैं समझता था—लड़ी के बीच में वाक्य को विराम देने का कायदा शायद मुझे ही मालूम है, दूसरों को अभी यह ज्ञान नहीं हुआ; परंतु मेरे क्षुद्र अहंकार को 'प्रसाद' जी की इन पंक्तियों ने आसानी से नष्ट कर दिया। वाह, कैसी संस्कृति से मिली, बिलकुल खिली हुई हिंदी है। इस श्रेणी में इनके सिवा और दूसरा नहीं। सबसे बड़ा आश्चर्य तो यह है कि जिस समय खड़ी बोली के लिए विशेष साधन उपलब्ध न थे, उस समय 'प्रसाद' जी ने कैसे इतने मार्जित और मनोहर शब्दों के आभूषणों से अपनी कविता को अलंकृत कर दिया! उद्धृत पंक्तियों में जाह्नवी की ग्रीष्मकालीन निर्मल वारिधारा की तरह प्रसाद गुण से पूर्ण, चंचलता-रहित, सौंदर्य धीरे-धीरे प्रवाहित हो रहा है। न कोई दर्प है, न कोई दुर्बलता! वर्ड्सवर्थ की तरह कवि अपनी रचना से किसी दूसरे को मुग्ध करना नहीं चाहता। जो दृश्य आँखों के सामने रहता है, धीर लेखनी से धीर चित्रण करता

चला जा रहा है। लड़ियों में इंद्रजाल नहीं, जैसे पच्चीस वर्ष का अचंचल युवा अपनी शक्ति के विश्वास में स्थिर हो।

इधर 'प्रसाद' जी का एक पद्य 'माधुरी' में मैंने देखा। पूरा पद्य मुझे याद नहीं है। कुछ आकर्षक पंक्तियाँ मुझे याद हैं, वे ये हैं–

**''आह! वेदना मिली बिदाई!**

**चढ़कर मेरे जीवन-रथ में**
**प्रलय चल रहा अपने पथ में**
**मैंने निज दुर्बल पद-बल पर**
**उससे हारी-होड़ लगाई।**
**आह! वेदना मिली बिदाई।''**

इसकी प्रथम पंक्ति में कितना निर्मल सत्य है। भग्न हृदय की कवि-प्रतिभा से मिली हुई कितनी सजीव भाषा है! प्रिय को अपने प्रिय से बिदाई में वेदना मिली जो बड़ी ही करुण तथा सहृदय-द्राविणी होती है। फिर एक दार्शनिक सत्य का दर्शन कीजिए। जीवन के रथ पर बैठा हुआ प्रलय अपने पथ पर अबाधगति से चला जा रहा है। द्रष्टा या कवि कहता है, मैंने अपने दुर्बल पदों के बल का भरोसा रखकर उसके साथ बाजी बदी!–उसे पराजित करने का प्रयत्न–यह कितना हास्यास्पद है! अभी कुछ दिन हुए, कहीं मैंने पढ़ा था, किसी योरोपीय विद्वान ने लिखा है, मनुष्य की शक्ति के अंतरतम प्रदेश में एक विराट शक्ति वर्तमान है। वास्तव में वही अपना कार्य करती है। मनुष्य के क्षुद्र अहंकार से कोई कार्य नहीं होता। 'प्रसाद' जी की इन पंक्तियों में यही सत्य किस खूबी से विकास प्राप्त कर रहा है।

'प्रसाद' और 'पंत' मेरे लिए दोनों ज्योतिर्नयन, हिंदी के प्रियदर्शन कवि हैं। एक ओर प्रसाद की संस्कृत की योजना हिंदी के 'धवल वेश्मनि, रत्नदीप-माला-मयूख पटलैर्दलितान्धकार', दूसरी ओर पंत में अंग्रेज़ी का विद्युत-प्रवाह, शीर्ण कंकाल-शब्द-राशि पर जीवन का अजस्र-अमृत-निर्झर! देखिए–

**''पलक-यवनिका के भीतर छिप**
**हृदय मंच पर छा छविमय**
**सजनि, अलस के मायावी शिशु**
**खेल रहे कैसा अभिनय?''–**
**''मीलित नयनों का अपना ही**
**यह कैसा छायामय लोक?**
**अपने ही सुख, दुख, इच्छाएँ,**
**अपनी ही छवि का आलोक!''**

पलकों की यवनिका के भीतर छिपे हुए, हृदय-मंच पर, मायावी शिशुओं का अभिनय, गद्य में गतिक्रम के रहित हो जाने से, सौंदर्य से च्युत, स्वर्ग से स्खलित त्रिशंकु की तरह, नेपथ्य में ही टँगा रह जाता है। पंतजी के छंदों के तालों में मायावी शिशुओं का अभिनय कितना अभिनंदनीय है! दूसरे पद्य में जान पड़ता है, निराभरण सुंदरी आप ही अपने नृत्य की मधुर मुखरता में मुग्ध हो रही है, अपने अंतःसौंदर्य के वासंती प्रभात में अकेली विहार कर रही है, सर्वस्व की प्राप्ति से उज्ज्वल उसके कथन जैसे किसी दूसरे की शोभा की ओर दृक्पात भी नहीं करते। रूपगर्विता का कैसा सम्मोहन चित्र है! प्रत्येक शब्द से अमृत-क्षरण हो रहा है। परंतु यह जरूर है कि भावना का हार टूट जाता है। जैसे, पारदर्शी सरोदिया किसी महफिल में आज्ञानुसार कभी सारंग और पीलू, कभी भैरवी और कभी गौरी सुना रहा हो? रागिनी की कोई एक ही दीर्घ झंकार कानों में स्थायी रस का संचार नहीं करती।

दूसरी जगह पंतजी कहते हैं—

**"अब शशि की शीतल छाया में**
**रुचिर रजत-किरणें सुकुमार**
**प्रथम खोलतीं नव-कलिका के**
**अंतःपुर के कोमल द्वार,**
**अलि बाला से सुन तब सहसा—**
**'जग है केवल स्वप्न असार'**
**अर्पित कर देती मारुत को**
**वह अपने सौरभ का भार।"**

सौंदर्य में वैराग्य के प्रदर्शन से, जान पड़ता है, इन पंक्तियों में कण्व के तपोवन की विभूति-मूर्ति आजानु-कुंतला शकुंतला का चित्र सामने आ गया है। वैराग्य की वह्नि में तपकर जैसे ज्योति की एक मूर्ति निकली हो। कल जब अपने सौरभ का भार मारुत को देकर रिक्त दृष्टि से आकाश की ओर देखती है, तब तपस्या की उस मूर्ति के चरणों में सौंदर्य अपना सर्वस्व समर्पण कर जाता है और उस कलिका के रूप को देखने के लिए लोगों को आमंत्रित करता है।

**"अंग-भंगि में व्योम-मरोर**
**भौंहों में तारों के झौंर**
**नचा, नाचती हो भरपूर**
**तुम किरणों की बना हिंडोर।"**

'वीचि-विलास' पर लिखते हुए पंतजी ने शब्दों की वीचियों—ताल-ताल पर लहरों की जो क्रीड़ा दिखायी है, उसे देखकर हृदय कह उठता है कि अपने काव्य-कौशल

के बल से पंतजी हर तरह की सजीवता की मूर्ति चित्रित कर सकते हैं। वीचियों की अंग-भंगियों में कवि का यह कथन कि जैसे नील आकाश ही मरोर दिया गया हो, नील सलिल की चक्राकार आवर्तित भँवर का कितना सजीव चित्र है! फिर छोटी-छोटी वीचियों पर प्रतिफलित ताराओं की भौंहों के मुक्ताकार तबक से कल्पना करना भी कितना मधुर है! किरणों को हिंडोर की 'ज्योतियाँ' बतला उनमें वीचि की चंचल बालिकाओं को झुलाने से सौंदर्य कितना आकर्षक हो रहा है! और लीजिए—

**"कौन, कौन तुम परिहत-वसना**
**म्लान-मना भूपतिता-सी,**
**वात-हता विच्छिन्न-लता सी**
**रति-आभा ब्रज-वनिता-सी?**
**नियति-वंचिता, आश्रय-रहिता**
**जर्जरिता, पद-दलिता-सी,**
**धूलि-धूसरित, मुक्त-कुन्तला,**
**किसके चरणों की दासी?**
**कहो, कौन हो दमयन्ती-सी**
**तुम तरु के नीचे सोई?**
**हाय! तुम्हें भी त्याग गया क्या**
**अलि! नल-सा निष्ठुर कोई?"**

इन पंक्तियों में छाया को निराश्रया नारी कल्पना कर कवि अनेक दृष्टियों से देख रहा है। प्रत्येक शब्द में जीवन है। सौंदर्य की सजीव मूर्ति कविता के प्रत्येक चरण को अपने हाथों सँवार रही है।

नवीन युग की रचना का एक और उदाहरण लीजिए। इसके रचयिता स्वर्गवासी मयंकजी हैं।

कविवर 'मयंक' क्षत्रिय लक्ष्मणसिंहजी 'अंत' शीर्षक एक ही कविता लिखकर अपने अंत के साथ हिंदी के सुनहले अंचल में अपनी अक्षय रेखा अंकित कर गये हैं—पत्नी-प्रेम के पावन हृदय की शक्ति का प्रकाश देखकर मन आश्चर्य में पड़ जाता है—

**"हा श्रांत अंत! उद्भ्रांत अंत!!**
**हा! हा! कल-कोमल-कांत-अंत!!!**
**गंगा-माँ के वक्षःस्थल पर,**
**उस दिन शीतल निर्मल जल पर,**
**देखी थी तब स्वर्गीय छटा;**
**फिर सघन घनों की घोर घटा।**

गूँजा था कल-झंकार नया,
दीखा था सब संसार नया।
पुलकी-सी उमड़ पड़ीं आँखें,
भीगीं मन-मधुकर की पाँखें॥

मानस को उथल-पुथल करके,
गंगाजल को उज्ज्वल करके,
तू किधर गया? उड्डीन हुआ!
हा! किस दिगंत में लीन हुआ!!"

हिंदी में आज तक जितनी सुंदर कविताओं की रचना हुई है, 'मयंक' जी का 'अंत' उनमें कला, सौंदर्य-विकास, भाव या भाषा, किसी दृष्टि से भी घट कर नहीं। बल्कि निबाह इतना अच्छा हुआ है कि इस कोटि की बहुत ही कम रचनाएँ मिलती हैं। निबाह देखकर विश्वास हो जाता है कि देवी सरस्वती ने हिंदी संसार में 'मयंक' जी को अमर कर देने के लिए इस कविता में स्वयं ही लेखनी ग्रहण की थी। 'अंत' पर रहस्यमयी इससे अच्छी कविता मैंने नहीं देखी—पढ़ी हैं लगभग सौ कविताएँ।

'मयंक' जी की यह कविता 'प्रभा' में प्रकाशित हुई थी। इसके प्रकाशित होने के मास-दो मास के अंदर ही उनका देहांत हो गया।

कविता के वर्तमान उपासकों में एक गौरव-पद पंडित माखनलाल चतुर्वेदी को भी प्राप्त है। चतुर्वेदी जी की कुछ कृतियाँ मैंने 'प्रभा' में देखी थीं और कुछ इधर-उधर। सारांश, राजनीति-रणस्थल के वीर को कविता के मनोरम उद्यान में अधिक काल तक रहने का शायद समय नहीं मिला। उनकी रचना में एक द्रवीभूत हृदय का परिचय मिलता है। कला की प्रदर्शिनी में जाने से पहले उनकी कविता सहृदयता की ओर चली जाती है। जहाँ कला की चकाचौंध नहीं, आँसुओं का प्रस्रवण जारी रहता है। उदाहरण—

"पथरीले ऊँचे टीले हैं, रोज नहीं सींचे जाते,
वे नागर यहाँ न आते हैं, जो थे बागीचे आते,
झुकी टहनियाँ तोड़-तोड़कर, वनचर भी खा जाते हैं,
शाखा-मृग कन्धों पर चढ़कर भीषण शोर मचाते हैं,
दीनबंधु की कृपा, बंधु
जीवित हैं, हाँ, हरियाले हैं,
भूले-भटके कभी गुजरना,
हम वे ही फलवाले हैं।"

"बाल बिखरे हुए हँस-हँस के ग़ज़ब ढाते हुए
कन्हैया दीख पड़ा हँसता हुआ आते हुए।"

माखनलालजी की इन माखन-सी मुलायम पंक्तियों का लोगों में बड़ा आदर है। अवश्य इन पंक्तियों और उनकी प्रायः सभी पंक्तियों का दूसरा पार्श्व समालोचक की दृष्टि में अंधकारपूर्ण है, परंतु मैं उसकी विशेष आलोचना नहीं करना चाहता। उदाहरण के लिए कुछ ही पंक्तियाँ पेश करता हूँ। जो टीले पथरीले हैं, उन्हें रोज तो क्या, कभी भी सींचने की जरूरत नहीं। फिर बागीचे में आनेवाले नागर वहाँ नहीं जाते तो बुद्धिमत्ता ही प्रकट करते हैं। नागरों के लिए टीले पर क्या रखा है? क्यों जायँ?—बात यह है कि सब पंक्तियाँ असंबद्ध हैं—'झुकी टहनियाँ तोड़-तोड़कर वनचर भी खा जाते हैं।' यहाँ, टीले और नागर दोनों गये, वनचर आये, वनचर के बाद 'भी' कहता है कि वनचर तो खाते ही हैं, किंतु खेचर, निशाचर और न जाने कितने चर खा जाते हैं। अब इन तमाम वाक्यों का संबंध बतलाइए कि एक दूसरे से क्या है—कला के विचार से कुछ नहीं।

जो इने-गिने कवि हिंदी के नवीन युग में हैं, श्रीयुत गोविंदवल्लभजी पंत की गणना भी उन्हीं में की जायेगी। उनकी पंक्तियों में मुझे वही सुकुमारता मिलती है। इनकी रचना में कहीं-कहीं कमजोरी भी मिलती है, परंतु ऐसी कमजोरियों से उनकी, किसी की भी कविता बची हुई नहीं होती। जहाँ सौंदर्य है, चाँदनी की तरह बड़ा ही मधुर, अत्यंत आकर्षक है। सुनिये,—

**"चंचलता! कैसी चंचलता! शासन करती है जग में।
जल में, थल में, अनिल-अनल में, नभ में, मग में, पग-पग में
चंचल पृथ्वी, चंचल दिनकर, चंचल है शशिकर तारा।
चंचल कादंबिनी—चंचला, चंचल है वारिद-धारा॥
चंचल बिंबाधर-तट-अंकित विमल हास्य-रेखा चंचल।
चंचल अंचल-आश्रित अविरल अबला का चंचल दृग-जल॥"**

इन पद्यों में कमजोरियाँ कई हैं, पर वासंती समीर के मंद-मृदु-शीतल झोंकों की तरह हृदय की ज्वाला को प्रशमित कर देनेवाले शब्द और भाव भी अनेक हैं। जिन उपकरणों के समन्वय से एक कवि-हृदय का संगठन होता है, वे उपकरण गोविंदवल्लभजी में अवश्य हैं। अभी-अभी 'सुधा' या 'माधुरी' में एक संगीत आपका छपा था, 'चमक तारिके तम में', इस इतने ही में तारिका की मधुर क्षीण प्रभा दिखलायी पड़ी। सहृदयता में गोविंदवल्लभ समालोचक की दृष्टि में एक ही हैं।

नवीनजी की सहृदयता एक दूसरे प्रकार की है। वे भी कवि हैं, परंतु प्रबल भावों की अधिक उत्तेजना से उनके हृदय के तार जैसे टूट गये हों; वे जो कुछ चाहते

हैं, वह उन्हें जैसे न मिला हो। अधिक रोने से जैसे गला बैठ जाता है, उस ध्वनि से एक असह्य दबाव पड़ने के सिवा, करुणाश्रित रस का उद्रेक नहीं होता, वैसे ही उनकी पंक्तियों का हाल है। नवीनजी का 'विप्लव गायन' उनकी कविताओं में एक उत्कृष्ट रचना और हिंदी की स्थायी संपत्ति है–

"कवि, कुछ ऐसी तान सुनाओ–
जिससे उथल-पुथल मच जाये;
एक हिलोर इधर से आये–
एक हिलोर उधर से आये;
प्राणों के लाले पड़ जायें,
त्राहि-त्राहि रव नभ में छाये,
नाश और सत्यानाशों का,
धुआँधार जग में छा जाये;
बरसे आग जलद जल जाये
भस्मसात्-भूधर हो जायें;
पाप-पुण्य सब सद्भावों की,
धूल उड़ उठे दायें-बायें;
नभ का वक्षस्थल फट जाये,
टूक-टूक तारे हो जायें;
कवि, कुछ ऐसी तान सुनाओ–
जिससे उथल-पुथल मच जाये।"–

निबाह खूब हुआ है। शक्ति का कितना प्रखर प्रवाह है!

पं. मुकुटधरजी एक मार्जित कवि हैं। पर अब जमाना कुछ कदम और आगे बढ़ गया है। इस जमाने के और सनेहीजी के जमाने के संधिस्थल के मुकुटधरजी कदाचित श्रेष्ठ कवि होंगे। मुकुटधरजी की अस्वस्थता के कारण, उनसे हिंदी को जितनी आशाएँ थीं, वे पूरी नहीं हुईं। अब स्वस्थ अवस्था में यदि ये चाहें तो कुछ कर सकते हैं।

"मेरे नयनों की चिर आशा,
प्रेमपूर्ण सौंदर्य - पिपासा,
मत कर नाहक और तमाशा,
आ, मेरी आखों में भर जा!
मृदुल मनोरम–तरु में झूला,
फूल रंग में अपने भूला,
फूल चुका बस जो कुछ फूला,
अब अपनी डाली से झर जा!"

इन पंक्तियों की सफाई देखने लायक है। अंतिम बंध बड़ा ही सुंदर और निर्दोष उतरा है।

श्रीयुत् भगवतीचरण वर्मा बी.ए. की भी कोई कृति समालोचक समाज में आदरयोग्य हुई है।

**"आशाओं के स्वप्न, क्षणिक जीवन के, विषम विषाद बिदा!**
**भावों के सुख-स्वप्न, कल्पना के सुंदर प्रासाद बिदा!**
**बिदा अहं की छलमल छाया, भ्रांतिपूर्ण उन्मत्त अशांति!**
**उद्‌गारों के वेग महत्त्वाकांक्षा के उन्माद बिदा!**
**माया और ममत्व, वासना के मतवाले राग बिदा।**
**विश्वकुसुम के पागल करनेवाले मधुर पराग बिदा।**
**बिदा वेदना और हृदय की करुण कथा के उपसंहार;**
**परिधिरहित परिताप और उस मौन व्यथा की आग बिदा।**
**लोलुप तृष्णा की उतावली-सी उन्मत्त उमंग बिदा!**
**यौवन-मद के दीवानेपन की वह तरल तरंग बिदा!**
**बिदा सुखों के विस्तृत सागर की उच्छृंखल उच्च उठान;**
**और नाश के भाषण-स्वर की ध्वनि-प्रतिध्वनि के व्यंग बिदा!"**

वर्मा जी में कवित्व-शक्ति है, पर सहृदयता का अभाव है। शब्द जितने जोशीले हैं, उतने सरस नहीं! इनकी बहुत-सी कविताओं में केवल शब्दों का ही तूफान है, जहाँ अपना पराया भी नहीं सूझता। परंतु यह कविता सफलता की कुछ सीढ़ियाँ जरूर तै कर चुकी है। स्थानाभाव से पं. लक्ष्मीप्रसाद मिश्र 'श्याम' और जनार्दनप्रसाद झा 'द्विज' का उल्लेख नहीं कर सका। और भी कई कवि छूट गये हैं। इन सब कवियों का विस्तृत विवेचन कभी फिर करूँगा।

ऊपर के अवतरणों से पाठक समझ गये होंगे कि कविता का सौंदर्य-दर्शन भी कला और कौशल से खाली नहीं होता। साधारण लोगों की दृष्टि में और कवि की अंतर्दृष्टि में विशेष अंतर होता है। क्योंकि वह विश्व की प्रत्येक वस्तु को कल्पना की सौंदर्यमयी दृष्टि से देखता है और नीरस-से-नीरस वस्तु को अपने अद्‌भुत कौशल द्वारा सरस और सुंदर रूप देकर संसार के सामने रख देता है। उपर्युक्त कवियों की भावनाएँ विश्व की संपत्ति हैं। उनका बाह्य सौंदर्य एकदेशीय होने पर भी अंतःसौंदर्य सार्वदेशीय है। आजकल का संसार ऐसी ही भावनाओं का भक्त है।

**['सरोज', मासिक, कलकत्ता, ज्येष्ठ, संवत् 1985 (वि.)**
**(मई-जून, 1928)। असंकलित।]**

# खड़ी बोली के कवि और कविता

इस समय देश की जैसी परिस्थिति हो रही है, उसे देखते हुए जब हम खड़ी बोली के प्रसंग पर आते हैं, हमें उसकी सार्थकता के विचार से अपार आनंद की प्राप्ति होती है। खड़ी बोली के घट को साहित्य के विस्तृत प्रांगण में स्थापित कर आचार्य महावीरप्रसाद द्विवेदी ने मंत्र-पाठ द्वारा देश के नवयुवक समुदाय को एक अत्यंत शुभ मुहूर्त में आमंत्रित किया, और उस घट में कविता की प्राण-प्रतिष्ठा की। हिंदी साहित्य की वर्तमान धारा पूर्ण ज्ञान के महासागर की ओर जितना ही बढ़ती जायेगी, लोग उतना ही उसके महत्त्व को समझेंगे। इस देश में उन दिनों उर्दू की जैसी अवस्था थी, शिक्षित लोग जिस प्रकार उसकी ओर खिंचे हुए थे, जिस तरह वह हिंदुस्थान की प्रचलित सजीव भाषा समझी जाती थी और बहुत कुछ श्रेय उसे आज भी प्राप्त है, उसके एक समय राजभाषा होने के कारण—तमाम पश्चिमोत्तर भारत के शिक्षित समुदाय की जबान पर फिरती हुई शिक्षा तथा नाजो-अंदाज की मूर्ति हो रहने के कारण, यह निश्चय था कि आज की अपेक्षा उर्दू को ही लोग राष्ट्रभाषा के मयूरासन पर बैठने के लिए अधिकतर योग्य समझते, जबकि इधर के तमाम शिक्षित समुदाय की प्यारी भाषा उर्दू ही हो रही थी और मुसलमानों की भाषा का एक प्रश्न भी राष्ट्र-मैत्री के सामने आ जाता था। निस्संदेह हिंदी की खिचड़ी शैली ने इस सवाल को हल कर दिया है और उसी तरह खड़ी बोली की कविता ने शिक्षित समूह के हृदय में अपनी तरफ का एक प्रेमजन्य आकर्षण भी पैदा कर दिया है—शिक्षित लोग भी हिंदी लिखने और पढ़ने लगते हैं। ब्रज-भाषा काल में जातिगत विचार जितने प्रबल थे, अपनी संस्कृति की जितनी कट्टरता थी, उतनी व्यापकता संसार की संस्कृति तथा शिक्षा-दीक्षा आदि के संबंध में नहीं थी, बल्कि संसार के साहित्य से लोग अनभिज्ञ ही थे। आज जिस तरह हम किसी भी प्रांत की भाषा के द्वारा विश्व के प्रत्येक देश के विश्वविद्यालय की शिक्षा-दीक्षा तथा उत्कर्ष का विवेचन कर लेते हैं, ब्रजभाषा काल में यह बात न थी। मुसलमान बादशाह धार्मिक कट्टरता के कारण अरब से उधर की शिक्षा ग्रहण ही नहीं करते थे; जैसे कि मुसलमानों के चिरंतन विचार हैं। जिसके

फेर में उन्होंने रोमन तथा ग्रीक सभ्यता की विशाल लाइब्रेरी—शायद उस समय की संसार की सर्वश्रेष्ठ लाइब्रेरी जला दी, कुरान शरीफ में जो कुछ लिखा है, उससे बाहर की बातें व्यर्थ हैं--अनर्थकारी हैं, यह सोचकर इधर इतने प्रकाशमान सभ्य संसार में बच्चा-ए-सक्का की धार्मिक कट्टरता बारहवीं सदी के ही स्वप्न देख रही है, यह प्रायः सभी शिक्षित लोग समझ गये हैं। इसी तरह उस समय उस ब्रजभाषा-काल के हिंदू भी थे। मुसलमानों में फिरके की जो वृत्ति थी, उसका हिंदुओं में भी होना बहुत स्वाभाविक था। धार्मिक संघर्ष के उस Tug of war में यहाँ की हिंदू-मुसलमान दोनों जातियाँ ब्रिटिश आधिपत्य से रस्से के टूटने के साथ ही जमीन देख गयीं। इधर वैज्ञानिक चमत्कार ने ज्यों-ज्यों संसार में अपनी ज्योति फैलायी, जीवन-संग्राम के लिए इस पराधीन देश को अधिक शक्ति-संचय की आवश्यकता आ पड़ी, इससे ब्राह्मणों के हाथों से जपवाली माला छूट गयी और इस प्रकार की सक्रियता द्वारा अर्थोद्गम का द्वार भी बंद हो गया। 'राम बड़े या रहीम' वाला सवाल ही न रह गया। दुलारे पांडेय को पाँच हजार जप करते हुए देखकर भी कोई सेठजी नहीं पसीजे। लाचार, पांडेय जी को माला छोड़कर उन्नाव में मिठाई की दूकान खोलनी पड़ी, और जैसा कि प्रवाह है, हलवाई होकर भी वे ब्राह्मण बने रहे, और बड़े गौर से विलायत यात्रा का विरोध करते रहे। उन्हीं के वंश से छटकर जिन उच्छृंखलों ने विलायत में अध्ययन किया और अपने उत्कर्ष के कारण देश में अच्छी स्थिति पायी, वे धर्म से पतित तथा नास्तिक करार दिये गये—इस तरह जहाँ सार्वभौमिक दासता आ गयी थी, वहीं पर जाति के बुद्धि-संस्कार के साथ-ही-साथ भाषा-संस्कार भी आवश्यक था। यह प्रसार, यह उदारता ब्रजभाषा के द्वारा संभव न थी। वह जिस काल की भाषा थी, जाति को उसी काल के लिए अलंकृत करती है। जिस तरह ब्रजभाषा में कहीं भी केम्ब्रिज का उल्लेख नहीं, यद्यपि उस समय भी केम्ब्रिज सैकड़ों नररत्न पैदा कर चुका था, उसी तरह आज भी विश्व विज्ञान तथा राष्ट्र की मैत्री के लिए वह तैयार नहीं। उसके कवि जो इस समय प्रसिद्धकीर्ति हो रहे हैं, गणेशजी की वन्दना से ही फुरसत नहीं पाते और उनके कद्रदाँ भी वही हैं—उन्नाव में मिष्ठान्न बेचनेवाले। खड़ी बोली की कविता का उद्भव ऐसे समय बहुत ही सार्थक हुआ है। कविता हृदय की सृष्टि है, जहाँ मातृजाति का स्थान है। महाकवि उपाध्यायजी ने लिखा भी क्या खूब है—

**नर है पीवर, धीर, वीर, संयत, श्रमकारी;**
**है मृदुतन, उपराममयी, तरलित उर नारी।**
**नर जीवन है विपुल कार्यमय प्रान्तर न्यारा;**
**नाना-सेवा-निलय नारिता है सरि-धारा।**
**मस्तिष्क-मान-साहस-सदन वीर्यवान है पुरुष-दल;**
**है सहृदयता-ममतावती पयोमयी महिला सकल।**

खड़ी बोली के गद्य में कर्मजीवन के चिह्न और पद्य में हृदय की सुकुमार भावनाएँ व्यक्त कर हिंदी के इस काल के प्राचीन स्तंभ, साहित्यिकों ने अपूर्व दूरदर्शिता दिखलायी है। मृतप्राय मनुष्य के रुकते हुए शोणित-प्रवाह को गतिशील करने के लिए वह जहर उसके खून से मिलाया जाता है, जो उसकी स्वाभाविक अवस्था के बिल्कुल प्रतिकूल होता है। भाषा के लिए भी यही दवा है। मृतप्राय ब्रजभाषा के भीतर से नवीन खड़ी बोली का जो रूप उर्दू के सम्मिश्रण से निकाला गया है यह निस्संदेह भाषा के साथ ही जाति को चिरकाल तक सजीव रखेगा। यही वैज्ञानिक उपाय भी है। विभिन्न गोत्रों का विवाह यहाँ इसी विचार से प्रचलित हुआ था। आज खड़ी बोली में जो कुछ भी कठिन, शुष्क तथा रूढ़ दिखलायी पड़ रहा है, वह केवल भाषा को अधिक काल तक स्थायी रखने के लिए है। ब्रजभाषा की कोमलता पर जितना विचार हो चुका है, अब उससे अधिक हो नहीं सकता। सच तो यह है कि आजकल के प्रख्यात कवि, जो ब्रजभाषा में कविताएँ लिखते हैं, प्राचीन ब्रजभाषा काल के तीसरे दरजे के कवियों का भी मुकाबला नहीं कर पाते, और यह सिर्फ इसलिए कि ब्रजभाषा काल में जाति के भीतर से भाषा की एक ही धारा बहती थी—खड़ी-पड़ी का कोई सवाल न था। यह अब खड़ी बोली पर विचार करके उसे ही कोमल से कोमलतर बनाने का समय है। और यह खड़ी बोली की कठोरता ही अब आगे चलकर सरस कवियों की काव्य-साधना का कारण होगी। भाषा की गति के साथ ही हमारी मातृशक्ति का उत्थान होगा, और उनके मुखों से सुन-सुनकर खड़ी बोली के बालक क्रमशः अपनी भाषा, समाज और राष्ट्र का कल्याण साधन करेंगे। इस भाषा के द्वारा इस जाति के जीवन ने एक दूसरा ही प्रवाह लिया है, जो अधिक-से-अधिक क्षिप्रगामी होता जा रहा है, और कभी ऐसा भी समय आवेगा, जब समस्त भारतवर्ष एक ही भाषा-शक्ति के प्रवाह में बहने के लिए राजी हो जायेगा।

खड़ी बोली की कविता में प्राण-प्रतिष्ठा सौभाग्यवान आचार्य पं. महावीरप्रसाद द्विवेदी ने की है। इनके प्रोत्साहन तथा स्नेह ने खड़ी बोली की कविता के प्रथम तथा दूसरे काल के कितने ही सुकवि साहित्य-सेवक उत्पन्न किये। ब्रजभाषा के पक्षपातियों से इन्होंने लोहा लिया, और बड़ी योग्यता से अपने पक्ष को प्रबल करते गये। नवीन युवक-शक्ति इन्हीं के साथ सम्मिलित हो गयी, और ईश्वर-दत्त इनका साधन भी उस काल में सबसे प्रबल रहा। आज 'सरस्वती' के जोड़ की हिंदी में कई पत्र-पत्रिकाएँ हैं, पर उस समय 'सरस्वती' ही हिंदी की सरस्वती थी। उस समय खड़ी बोली की कविता का श्रीगणेश इस प्रकार हुआ था—

**क्या वस्तु मृत्यु? जिसके भय से विचारे;**
**होते प्रकम्प-परिपूर्ण मनुष्य सारे।**
**क्या वाद्य है? विशिख है? अहि है विषारी?**
**किंवा विशाल-तम-तोप दृढ़ाङ्गधारी?**

**पृथ्वी-समुद्र-सरिता-नर-नाग-सृष्टि;**
**मांगल्य-मूल-मय वारिद-वारि-वृष्टि।**
**कर्तार कौन इनका? किस हेतु नाना–**
**व्यापार-भार सहता रहता महाना?**
**विस्तीर्ण विश्व रच लाभ न जो उठाता;**
**स्रष्टा समर्थ फिर क्यों उसको बनाता?**
**जो हानि-लाभ कुछ भी उसको न होता;**
**तो मूल्यवान् फिर क्यों निज काल खोता?**

—महावीरप्रसाद द्विवेदी

प्रथम काल की इस कविता में प्रांजलता काफी है। द्विवेदीजी संस्कृतज्ञ तथा संस्कृत के पक्षपाती थे, इसलिए इन्होंने संस्कृत-वृत्त ही चुना है। इनकी कविता में हिंदी-वृत्त भी है। आजकल के कवियों के प्रिय वीर छंद में भी इन्होंने कविताएँ लिखी हैं। इस उद्धृत दार्शनिक पद्य में दर्शन की तो दुर्दशा की गयी है, पर इसकी भाषा अवश्य बड़े महत्त्व की है। यह महत्त्व हम इसकी प्राथमिक दशा का विचार करके इसे देते हैं। इस पद्य की अंतिम पंक्तियाँ कहती हैं, विश्व की रचना द्वारा स्रष्टा लाभ उठाता है। यदि ऐसा न होता, तो व्यर्थ ही वह अपना अमूल्य समय क्यों खोता? इन पंक्तियों से सूचित है कि कवि अपनी ही तरह इस विश्व के स्रष्टा को भी कहीं बैठा हुआ समझ रहा है। हमें यहाँ सृष्टि-रहस्य में नहीं पड़ना है। हम इतना ही कहेंगे कि इस पद्य के लेखक के दार्शनिक विचार अधूरे हैं। 'महाना' जिस जगह पर आया है, वहाँ यह निश्चय हो जाता है कि अंतिम वर्ण को दीर्घ बनाने के उद्देश्य ने कवि को ब्रजभाषा की शरण लेने के लिए विवश किया है। दूसरा कारण तुक का विचार है। यों तो संस्कृत का अंतिम वर्ण दीर्घ माना जाता है, परंतु यहाँ 'महान' का हलन्त 'न्' संस्कृत के पक्ष-समर्थक के सामने एक विकट समस्या खड़ी कर देता है, जिसके कारण 'न' को अकारांत मानकर वे दीर्घत्व के विश्वास पर शुद्ध नहीं छोड़ सके, उसे 'महाना' बना ही डाला। 'नाना' के अन्त्यानुप्रास खाना, कमाना, जमाना, चलाना, उठाना, गिराना, आना, जाना, ताना, बाना, ठाना आदि अनेक हैं। पर वहाँ पद्य की लड़ी कुछ ऐसी चल गयी कि निभाना ही कठिन हो गया, अंत में 'महाना' ही की विजय रही। खैर 'महाजनो येन गतः स पन्थाः'। दोष तो सिर्फ छायावादियों के शब्द-विकार पर पकड़े जाते हैं। आचार्य द्विवेदीजी का एक उद्धरण और–

**पाद-पीठ को शोभित करते हुए इंद्र ने इतने पर;**
**जंघा से उतारकर अपना खिले कमल सम पद सुंदर।**
**निज अभिलषित विषय में सुनकर मन्मथ का सामर्थ्य महा;**
**उससे अति आनंदपूर्वक समयोचित इस भाँति कहा।**

भाषा के संबंध में क्या कहना है! परंतु रबड़ छंद को एक आँख न देख सकनेवाले द्विवेदीजी भी कभी-कभी रबड़ छंद के लकड़दादा छंद की सृष्टि कर बैठते हैं। यह हमें आज ही मालूम हुआ। ज़रा अंतिम पंक्ति के 'आनंदपूर्वक' को देखिए, मात्राएँ गिन जाइए, एक घटेगी। छंदशास्त्र की पाबंदी पर चलनेवाले द्विवेदीजी का 'आनंदपूर्वक' बड़ा मजेदार शब्द आया है, 'आनंद-पूरबक' हो तो छंद के तैमूरलंग ज़रा सँभल पावें, परंतु खड़ी बोली के आचार्य का भाषा-विज्ञान बिगड़ जाता है, और जब उन्होंने भाषा को सँभाला, तब छंद-शास्त्र के बागी ठहरते हैं। अब कहिए कि 'आनंदपूर्वक' का निरानंद कैसे मिटाया जाय।

निस्संदेह गलतियाँ सबसे होती हैं, और इनके कारण किसी व्यक्तित्ववाले मनुष्य के महान प्रकाश पर आवरण नहीं पड़ सकता। द्विवेदीजी स्वयं भी स्वीकार करते हैं कि वह कवि नहीं। दूसरे लोग गद्य में उन्हें अप्रतिद्वंद्वी लेखक मानते हैं। यह सर्वांशतः सत्य है। खड़ी बोली में प्राण-प्रतिष्ठा करने के पश्चात् दूसरों से ही द्विवेदीजी ने कविताएँ लिखवायी हैं। द्विवेदीजी के समय 'सरस्वती' में हिंदी की जो कविताएँ निकलती थीं, उनमें द्विवेदीजी का कुछ-न-कुछ संपादन जरूर रहता था। पहले-पहल तो शुरू से आखीर तक उन्हें कविता की लाइनें दुरुस्त करनी पड़ती थीं। आजकल अपने ही प्रकाश से चमकते हुए उस समय के कितने ही कवियों की प्रतिभा की किरणें द्विवेदीजी के हृदय के सूर्य से मिली हुई ही निकली हैं। वे कविगण द्विवेदीजी की इस अपार कृपा के लिए सर्वान्तःकरण से उनके कृतज्ञ हैं। बाबू मैथिलीशरणजी, श्री सनेहीजी, पं. रूपनारायणजी पांडेय, पं. रामचरितजी उपाध्याय, पं. लोचनप्रसादजी पांडेय, ठाकुर श्री गोपालशरण सिंहजी, बाबू सियारामशरण गुप्त आदि सुकवियों की रचनाओं को द्विवेदीजी ने काफी प्रोत्साहन दिया, और ये सब उस काल की 'सरस्वती' ही की स्टाइल के सुकवि हैं।

पंडित नाथूराम शंकरजी शर्मा 'शंकर' को कविता-कामिनी-कांत हिंदीवाले कहते हैं। समालोचक श्री नारायणप्रसाद जी 'बेताब' ने 'शंकर' जी की कविता की मुक्त कंठ से प्रशंसा की है। बल्कि उनके विचार से हिंदी की वर्तमान भूमि के एकच्छत्र सम्राट 'शंकर' जी ही हैं। पं. पद्मसिंह शर्मा जैसे संस्कृत तथा हिंदी-फारसी के पारंगत विद्वान् भी 'शंकर' जी की काफी कद्र करते हैं। ये सब 'शंकर' जी की योग्यता के प्रमाण हैं। उनकी कविताएँ पढ़ने पर किसी को उनके प्रतिभाशाली होने में संदेह नहीं रह जाता। उनकी भाषा मँजी हुई होती है। मौलिक शब्दन्यास भी प्रायः मिलता रहता है। कविता में मृदुलता भी रहती है, और कठोरता भी। जो लोग अधिकारी हैं तथा रमणीयार्थ प्रतिपादक शब्दों में काव्य देखनेवाले, उनमें अधिकांश ही 'शंकर' जी के प्रशंसक हैं। एक बार पंडित महावीरप्रसाद द्विवेदीजी ने इन्हें ही अपनी कविगोष्ठी का सर्वश्रेष्ठ कवि चुना था और 'पदक' तथा सम्मान भी हिंदी में इन्हें कदाचित सबसे ज्यादा मिल चुका है। इनका अंतिम जीवन पुत्रादिक वियोग से खिन्न रहता है।

**यौवन-मान-सरोवर में कुच-हंस मनोहर खेलन आये;**
**मोतिन के गलहार निहार अहार विहार मिले मन भाये।**
**कंचुकी-कुंज-पतान की ओट दुरे लट नागिन के डरपाये,**
**देखि छिपे छिपके पकड़े धर 'शंकर' बाल मराल के जाये।**

—शंकर

स्वर्गीय पं. श्रीधर पाठक की भी हिंदी में काफी प्रसिद्धि है, और खड़ी बोली के आचार्यों में इनका भी नाम बड़े आदर से लिया जाता है। अब उनका नश्वर शरीर इस संसार में नहीं रहा, पर उनका कीर्ति-शरीर निस्संदेह हिंदी के क्षेत्र में, अमर है। इनकी कीर्तियों में 'भारत-गीत', 'ऊजड़-ग्राम' तथा 'काश्मीर-सुषमा' आदि अत्यंत प्रसिद्ध हैं। खड़ी बोली की कविता के आचार्य माने जाने पर भी इनकी कविता से वह शुद्धि नहीं जो पंडित महावीर प्रसाद द्विवेदीजी की कविता में है। यों कवित्व के विचार से यह बहुत बड़े कवि थे। इनकी कविता में, विशेषतया 'भारत-गीत' में समस्त पदों की बहुलता है।

**ध्यान लगाकर जो तुम देखो सृष्टी की सुघराई को;**
**बात-बात में पाओगे उस ईश्वर की चतुराई को।**
**ये सब भाँति-भाँति के पक्षी ये सब रंग-रंग के फूल,**
**ये वन की लहलही लता नव ललित-ललित शोभा के मूल।**
**ये नदियाँ, ये झील-सरोवर, कमलों पर भौंरों की गुंज;**
**बड़े सुरीले बोलों से अनमोल घनी वृक्षों के कुंज।**
**ये पर्वत की रम्य शिखा औ शोभा-सहित चढ़ाव-उतार;**
**निर्मल जल के सोते झरते सीमा-सहित महाविस्तार।**

**लरजन गरजन घनमंडल की बिजली बरषा का संचार;**
**जिसमें देखा परमेश्वर की लीला अद्भुत अपरंपार।**

—श्रीधर पाठक

पाठक जी की कृतियों में कविता-कामिनी के कोमल हृदय का स्पंदन मिलता है। वह खड़ी बोली की कविताओं की अपेक्षा ग्राम्य-गीतों में अधिक सफल हुए हैं। इन लोगों की खड़ी बोली की कृतियों में गत बीस-पच्चीस साल के साहित्य की जो झलक मिलती है, उसमें प्रतिभा का कहीं भी पूर्ण विकास नहीं दीख पड़ता। वह मध्याह्न-काल के सूर्य की तीव्र रश्मियों की तरह स्थायी रूप से झुलसानेवाली नहीं, वह केवल एक बिजली की झलक है, जो कौंधकर फिर अंधकार के गर्भ में विलीन हो जाती है।

खड़ी बोली के उस काल में पंडित अयोध्यासिंहजी उपाध्याय 'हरिऔध' की काव्य-साधना विशेष महत्त्व की ठहरती है। सहृदयता और कवित्व के विचार से भी वह अग्रगण्य हैं। परंतु संस्कृत के वृत्तों तथा प्रचलित समस्त पदों के प्रयोग की प्रथा यह भी नहीं छोड़ सके। इनके समस्त पद औरों की तुलना में अधिक मधुर हैं, जो इनकी कवित्व-शक्ति के ही परिचायक हो जाते हैं। इनकी यह एक सबसे बड़ी विशेषता है कि यह हिंदी के सार्वभौम कवि हैं। खड़ी बोली, उर्दू के मुहावरे, ब्रज भाषा, कठिन-सरल सब प्रकार की कविता की रचना कर सकते हैं, और सबमें एक अच्छे उस्ताद की तरह। बहुत से लोग इनके प्रतिकूल हैं। पर इन्हें इसका विचार-विशेष नहीं। यह सरल चित्त से सबकी बातें सुन लेते हैं। इनके समय, स्थिति और जीवन पर विचार करने पर कवित्व का कहीं भी पता नहीं मिलता, पर यह महाकवि अवश्य हैं। हिंदूकुल की प्रचलित ब्राह्मण-प्रथाओं पर विश्वास रखते हुए, अपने आचार-विचारों की रक्षा करते हुए तथा नौकरी पर रोज हाजिर होते हुए भी सदैव यह सरस, सरल कवि ही बने रहे। कवि की उच्छृंखलता उसकी प्रतिभा के उन्मेष का कारण होती है, वह इनमें नाम के लिए भी नहीं है। परंतु नौकरी करते हुए भी यह प्रतिभाशाली कवि ही रहे। हिंदी भाषा पर इनका अद्भुत अधिकार है। मुहावरों के प्रयोगों पर जो रचनाएँ इनकी हैं, वे कवित्व-विकास के विचार से कुछ भी नहीं, पर मुहावरे याद कराने की अनमोल लड़ियाँ हैं—

**कमला लौं सब काल लोक-लालन-पालन रत;**
**गिरि-नन्दिनी-समान पूत-पति-प्रेम-भार-नत।**
**गौरव-गरिमामयी ज्ञानशालिनी गिरा-सम;**
**काम-कामिनी-तुल्य मृदुलतावती मनोरम।**

**आँख का आँसू ढलकता देखकर,**
**जी तड़प करके हमारा रह गया;**
**क्या गया मोती किसी का है बिखर,**
**या हुआ पैदा रतन कोई नया।**
**ओस की बूँदें कमल से हैं कढ़ी,**
**या उगलती बूँद हैं दो मछलियाँ;**
**या अनूठी गोलियाँ चाँदी-मढ़ी,**
**खेलती हैं- खंजनों की लड़कियाँ।**

—अयोध्यासिंह उपाध्याय

---

पंडित रामचरितजी उपाध्याय सरल खड़ी बोली के अच्छे कवि हैं। इन्होंने भी अपनी कविताओं द्वारा हिंदी साहित्य की दीर्घकाल-व्यापी सेवा की है। पं. महावीरप्रसादजी

द्विवेदी तथा 'सरस्वती' के भूतपूर्व संपादक श्रीयुत बख्शीजी इनकी कविताओं की प्रशंसा कर चुके हैं। इधर कुछ वर्षों से यह दो अर्थ रखनेवाली कविताएँ लिखते हैं जिनका एक अर्थ राजनीतिक हुआ करता है। इन कविताओं में सहृदयता कम रहती है। पर उपाध्यायजी समय को देखते हुए खड़ी बोली के अच्छे कवियों में ही स्थान पायेंगे–

**लड़ नहीं सकता मुझसे कभी;**
**तनिक भी नृप-बालक स्वप्न में।**
**कब कहाँ, कह तो, किसने लखा;**
**कपि, लवा-रण वारण से भला।**

–रामचरित उपाध्याय

रघुवंश के 'दुम्रवतीमवतीर्यवनस्थलीम्' की तरह इनकी रचना भी मधुर तथा सरल हुई है। सरलता ही इनकी विशेषता है–

**सरसता सरिता-जामिनी जहाँ,**
**नवनवा नवनीत-पदावली।**
**तदपि हा! यह भाग्य-विहीन की;**
**सुकविता कवि-ताप-करी हुई।**
**जनम से पहले विधि ने दिये;**
**रजत, राज्य, रथादि तुम्हें स्वयं।**
**तदपि क्यों उसको न सराहते;**
**मचलते चलते हो तुम वृथा।**

–रामचरित उपाध्याय

पं. कामताप्रसादजी 'गुरु', पं. गिरधरजी शर्मा 'नवरत्न', सैयद अमीर अली 'मीर' आदि कवियों ने भी खड़ी बोली में कविताएँ लिखी हैं। नवरत्नजी बड़े सरस हृदय कवि हैं। आपने रवींद्रनाथ के Gardener का 'बागवान' के नाम से सुंदर अनुवाद किया है। आपकी भाषा भी सुललित होती है। कहीं-कहीं गुजराती बू जरूर आती है। इस मार्जन के विचार से 'गुरु' जी की भाषा अधिक परिपक्व है। 'गुरु' जी की भाषा की कई बार द्विवेदीजी ने भी प्रशंसा की है। 'गुरु' जी की भाषा में व्याकरण पर खूब ध्यान रहता है। इसलिए मार्जन के रहने पर भी रूखापन बहुत है। 'गुरु' जी कवि नहीं। व्याकरण का पुल बाँध खड़ी बोली के शब्द-जीवों को छंदशास्त्र की पक्की सड़क से पार उतार लेते हैं, बस। 'मीर' साहब की कविता चुलबुली होती है, जैसा चुलबुलापन मुसलमान कवियों में रहा है।

पं. रामचंद्र शुक्ल ने खड़ी बोली और ब्रजभाषा, दोनों में काव्य रचना की है। कोई-कोई कहते हैं, इनकी कविता में करुणा का परिपाक मिलता है। इनकी कविता

में दूर की कौड़ी लाने का प्रयत्न जरूर है, पर मेरे विचार से यह जैसे बहुपठित विद्वान हैं, वैसे कवि नहीं। इनकी कविता में इनके भाषा-ज्ञान तथा बहुदर्शिता का अच्छा प्रकाश है। पर कवित्व बहुत कम, कहीं-कहीं कविता अस्वाभाविक हो गयी है। इसके उदाहरण हम आगे चलकर देंगे। शब्दों की तोल इन्हें मालूम नहीं, न अलंकार का निर्वाह करना आता है। दार्शनिक कविताओं में जहाँ कहीं बीरबल की तरह इन्होंने अपने पढ़े हुए सिद्धांत की खिचड़ी पकायी है, इनकी विद्वत्ता के वंश-दंड पर भावना की हंडी में पड़े हुए इनके अपने ढाई चावल ज्यों-के-त्यों ही टँगे हुए रह जाते हैं, इनकी प्रतिभा के पानी तक कविता की आँच पहुँचती ही नहीं। कवित्त-छंद में यह चूक ही जाते हैं, यही उनकी विशेषता है। केवल 16-15 की गिनती से कवित्त छंद पूरा कर देते हैं। 'गहरे पड़े गोपद के चिह्नों से अंकित जो' जब इस लड़ी में हम आठ-आठ अक्षरों को अलग कर लेते हैं, तब 'दोय विषभनि बीज समपद् राखिए न' की शुक्लजी द्वारा अच्छी मरम्मत दीख पड़ती है, 'गहरे' और 'गोपद' के बीच में 'पड़े' हुए शुक्लजी निकलते ही नहीं और हम लोग 'गोपद' तट पर खड़े हुए देखते ही रह जाते हैं–

**अंकित नीलाभ रक्त और श्वेत सुमनों से,**
**मटर के फैले हुए घने हरे जाल में;**
**करती हैं कलियाँ संकेत जहाँ मुड़ते हैं,**
**और अधिकार का न ज्ञान उस काल में।**
**बैठते हैं प्रीति-भोज-हेतु आस-पास सब,**
**पक्षियों के साथ इस भरी हुई थाल में;**
**हाँक पर एक साथ पंखों ने सराटे भरे,**
**हम मेड़ पार हुए एक ही उछाल में।**

–रामचंद्र शुक्ल

पहले तीसरे बंद का ज़रा मुलाहजा फरमाइए। 'बैठते हैं' क्रिया का आधार 'थाल में' है, जिससे 'थाल में' सातवीं विभक्ति, अधिकरण कारक आया है, असंगति जाहिर है प्रीति-भोज के हेतु थाल में नहीं बैठते। यदि 'थाल में या थाल पर बैठना' इसे कोई मुहावरा मानें, अर्थ 'भोजन करना' किया जाय, तो यह अर्थ लगता नहीं, कारण यहाँ मुहावरा प्रयोग तो है नहीं, 'थाल' का आलंकारिक प्रयोग आया है। 'थाल' के आगे का 'इस' जाहिर कर देता है कि यह प्रकृति का थाल है, जिसमें प्रीति-भोज हेतु पक्षियों के साथ सब बैठते हैं। अवश्य थाल में बैठने की पक्षियों की स्वाभाविक वृत्ति है पर वह नादानी ही है। प्रीति-भोज कराके उनके कुटुंबों को भी, याने समुदाय-के-समुदाय को थाल में बैठाना आखिर उनकी नादानी का ही डंका पीटना ठहरा, न कि कविता करना। इधर जब कविता में प्रीति-भोज का कोई मनोहर चित्र

आँखों से गुजरता है, उस समय कोई थाल में बैठा हुआ नहीं मिलता। मजा तो यह है कि उधर पक्षी थाल में बैठे, और इधर आपने हाँक चढ़ायी। पश्चात् क्या हुआ? पंखों ने सर्राटे भरे!!—चिड़ियाँ गायब!! जान पड़ता है, दस-बीस पंख मँडला रहे हैं!!! कविता में पक्षियों के पंख आपने खूब नोचे!!! और अगर यही Nature को Personify करने का आपका तरीका है, तो निस्संदेह यहाँ Wordswroth भी मात हैं। यह सब इतना अत्याचार करके आप एक ही उछाल में मेड़ पार कर जाते हैं। मेंड़ जैसे कोई खाई हो! हम लोग तो चढ़कर ही मेंड़ पार करते हैं, पर शुक्लजी 'एक ही उछाल में'। ऐसे हैं शुक्लजी हिंदी के कवि! 'शक्ति-सिंधु के बीच भुवन को खेनेवाले' में इनका शक्ति-सिंधु कौन-सा है, पता नहीं। हम तो अब तक यही जानते थे कि भुवन के साथ शक्ति का अविच्छेद्य संबंध है, जैसे आग और उसकी गरमी। ऐसी मौलिक उद्भावना-शक्ति शुक्लजी में बहुत ज्यादा मिलती है।

पंडित रूपनारायणजी पांडेय 'कमलाकर' हिंदी की सेवा करते हुए अब प्रसिद्ध हो गये हैं। इन्होंने हिंदी में कविताएँ भी लिखी हैं। 'बेताब' जी ने पांडेयजी की बंदिशों की बड़ी तारीफ की है। वास्तव में इनकी लेखनी बड़ी साफ चलती है। यह नामी संपादक हिंदी के शायद सर्वश्रेष्ठ अनुवादक तथा खड़ी बोली की कविता के कमलाकर कवि हैं। पांडेयजी की कविता हमें बहुत पसंद है। भाषा में इन्होंने लखनऊ की नाक रख ली—

**सुविशाल नभों के उड़े फिरते, अवलोकते प्राकृत-चित्र-छटा;**
**कहीं शस्य-से श्यामल खेत खड़े, जिन्हें देख घटा का भी मान घटा;**
**कहीं कोसों उजाड़ में झाड़ पड़े, कहीं आड़ में कोई पहाड़ सटा;**
**कहीं कुंज-लता के वितान तने, सब फूलों का सौरभ था सिमटा।**
**झरने झरने की कहीं झनकार, फुहार का हार विचित्र ही था;**
**हरियाली निराली, न माली लगा, फिर भी सब ढंग पवित्र ही था।**
**ऋषियों का तपोवन था, सुरभी का जहाँ पर सिंह भी मित्र ही था;**
**बस, जान लो, सात्त्विक सुंदरता, सुख-सम्पत शांति का चित्र ही था।**
**कहीं झील-किनारे बड़े-बड़े ग्राम, गृहस्थ-निवास बने हुए थे;**
**खपरैलों में कद्दू-करैलों की बेल के खूब तनाव तने हुए थे;**
**जल शीतल, अन्न जहाँ पर पाकर, पक्षी घरों में थने हुए थे;**
**सब ओर स्वदेश-स्वजाति-समाज, भलाई के ठान ठने हुए थे।**

—रूपनारायण पांडेय

पांडेयजी की भाषी देखते ही बनती है। हिंदी में पांडेयजी की मौलिक कविताओं का एक संग्रह 'पराग' के नाम से, कोई दो-ढाई वर्ष हुए, निकल चुका है। इन्होंने बहुत ज्यादा मौलिक कविताएँ नहीं लिखीं। अब भी हिंदी अपने सरस हृदय कवियों

का भरण-पोषण नहीं कर सकती। कदाचित यही कारण है कि कविता के क्षेत्र में अधिक काम करने का हौसला नहीं रहा, यह बंगला की उत्तमोत्तम पुस्तकों का अनुवाद करने लग गये।

पंडित मन्ननजी द्विवेदी गजपुरी भी अच्छे कवि थे। इनकी आशु-मृत्यु के कारण हिंदी के काव्य साहित्य को कुछ क्षति अवश्य हुई। इनकी भाषा मार्जित, सरल और शुद्ध होती थी। इनके छोटे भाई पं. रामअवधजी द्विवेदी भी बड़े होनहार कवि हैं। यह अभी विद्यार्थी-जीवन में हैं। बनारस हिंदू-विश्वविद्यालय के छठे साल की पढ़ाई पढ़ते हैं, साथ ही कानून भी पढ़ रहे हैं। पं. मन्ननजी दूसरे ढंग के कवि थे, यह दूसरे ढंग के हैं। मन्ननजी की भाषा बेफास होती थी, इनकी भाषा में शक्ति रहती है।

खड़ी बोली की कविता का सेहरा यदि किसी एक ही कवि को पहनाया जाय, तो अब तक इसके अधिकारी केवल बाबू मैथिलीशरण जी गुप्त ठहरते हैं। खड़ी बोली की कविता के उत्कर्ष के लिए इनकी सेवा अमूल्य है। इनकी पुस्तक 'भारत-भारती' ने राष्ट्र के सूखे हुए अनेक हृदयों को जीवन के अमृत से प्रसन्न तथा सक्रिय कर दिया है। अर्द्ध-शिक्षित मनुष्यों में भी जातीय अभिमान पैदा कर दिया है। अपने उत्कर्ष और अपकर्ष की कोई भी बात इन्होंने नहीं छोड़ी। और भी कई पुस्तकें इन्होंने लिखी हैं। इनकी भाषा हिंदी में आदर्श मानी जाती है। खड़ी बोली के इनके प्रयोग शुद्ध होते हैं। दूसरे-दूसरे प्रांत के लोग भी इनकी प्रसिद्धि के कारण इन्हें ही हिंदी का श्रेष्ठ कवि मानते हैं। इनकी भाषा ने दूसरे काल में, बहुत शीघ्र ही, खड़ी बोली के काव्य शरीर का निर्माण किया। यह बँगला से खड़ी बोली में काव्यानुवाद भी करते हैं, और वह भी सफलतापूर्वक। रस और अलंकारों की बहार इनकी कविता में बहुत ज्यादा नहीं, पर भाषा का मार्जन देखने ही लायक होता है। यह शुद्ध भाषा का प्रयोग करते हैं। कहीं-कहीं इनकी भाषा आलंकारिक भी होती है। कुछ पद्य इनके ऊँचे दरजे के हैं। इनका भाषा-वैभव ही इनकी विशेषता है—

**संचित किये रक्खे हुए,**
**शुक वृन्द के चक्खे हुए,**
**कुछ बेर जो थे दीन शबरी के दिये।**
**खा कर जिन्होंने प्रीति से,**
**शुभ मुक्ति दी भव-भीति से,**
**वे राम रक्षक हों धनुर्धारण किये।**

भाषा की सफाई देखकर तबीयत प्रसन्न हो जाती है। जैसे शुद्ध भाव, वैसी ही मार्जित भाषा—

**बैठी बहन के स्कंध पर,**
**रक्खे हुए निज वाम कर,**
**कुल दीप-सा बालक खड़ा था स्थिर वहाँ।**

थी तोतली वाणी अहा,
उसने मधुर स्वर से कहा,
मा लूँ अचुल को मैं कहो वह है कहाँ?

वीर बालक का कितना सुंदर चित्र है। कहीं कोई अलंकार नहीं; पर चित्रण निहायत चोट करने वाला है।

चुन ले चला हमारा साथी सुमन कहाँ तू?–
माली, कठोर माली!
है छोड़ता यहाँ पर केवल कराल कंटक,
यह रीति है निराली!
किसको सजायगा रे हमको उजाड़कर यों,
यह तो हमें बता तू!
झंखाड़ छोड़ता है इस पंथ झाड़ कर क्यों?
हत देख यह लता तू!

मृदु मंद-मंद गति से शीतल समीर आ कर,
दल-द्वार खटखटाता,
पर सन्न हो विरति से जाता उसे न पाकर,
निर्गन्ध लटपटाता!
वह फूल जो मधुर फल समयानुकूल लाता,
तू सोच देख मन में;
भगवान् के लिए क्या वह भोग में न आता,
बलि हो स्वयं भुवन में।

यह गुप्तजी की आलंकारिक रचना है। हिंदी के हृदय पर अधिकार कर जिस समय 'मयंक' डूबा था, यह कविता गुप्तजी ने उसी के 10-15 दिन पश्चात् लिखी थी। इसमें जैसे मयंक की ही किरणें मिल गयी हों।

अच्छी आँख मिचौनी खेली,
बार-बार तुम छिपो और मैं
खोजूँ तुम्हें अकेली।
किसी शांत एकांत कुंज में,
तुम जा कर सो जाओ,
भटकूँ इधर-उधर मैं, इसमें

क्या रस है, बतलाओ,
यदि मैं छिपूँ और तुम खोजो
अनायास ही पाओ,
कहाँ नहीं तुम, जहाँ छिपूँ मैं,
जाने भी दो, आओ–
करें बैठ रँगरेली,
अच्छी आँख मिचौनी खेली।
पर जब तुम हो सभी कहीं तब
मैं ही क्यों यों भटकूँ,
चाहूँ जिधर उधर ही अपना
भार पटककर सटकूँ,
इसकी भी क्या आवश्यकता,
जो बहार पर अटकूँ,
अंतर के ही अंधकार में,
क्यों न पीत-पट झटकूँ।
बन अपनी ही चेली,
अच्छी आँख मिचौनी खेली।

यह गुप्तजी की दार्शनिक कविता है। इन्होंने अनेक दार्शनिक कविताएँ लिखी हैं। यह भक्त हैं। इनका दर्शन भी भक्ति रसाश्रित है। पढ़ने में रस मिलता है। भावना में माधुर्य है। दर्शन अवश्य बहुत ऊँचे दरजे का नहीं। इनकी देश-जागृति पर भी फुटकर कविताएँ हैं। इनका सम्मान सभी दलवाले करते हैं। यह इनके सरल स्वभाव का गुण है। हिंदी में शुद्ध साहित्य की सृष्टि करनेवालों में गुप्तजी का महत्त्वपूर्ण स्थान है। खड़ी बोली के अन्य कवियों के विषय में किसी दूसरे लेख में शीघ्र प्रकाश डालने का प्रयत्न करूँगा।

**['माधुरी', मासिक, लखनऊ, अगस्त, 1929। चयन में संकलित।]**

# काव्य-साहित्य

मनुष्य-मन की श्रेष्ठ रचना काव्य है। विचार की ऊँची दृष्टि से उसकी निष्कलुषता तक पहुँचकर शब्द ब्रह्म से उसका संयोग प्रत्यक्ष करने के पश्चात् यहाँ के लोगों ने उसे ब्राह्मी स्थिति करार दिया। अन्यान्य देशवालों ने भी तरह-तरह के तरीके इख्तियार कर एक अप्रत्यक्ष दिव्य शक्ति को ही काव्य के कारण के रूप से सिद्ध किया। काव्य में यदि कोई कवि अपने व्यक्तित्व पर खास तौर से ज़ोर देता हो, तो इसे उसका अक्षम्य अहंकार न समझ, मेरे विचार से उसकी विशाल व्याप्ति का साधन समझना निरुपद्रव होगा। अहंकार को घटाकर मिटा देना जिस तरह पूर्ण व्याप्ति है—जैसा भक्त कवियों ने किया, उसी तरह बढ़ाकर भूमा में परिणत कर देना भी पूर्ण व्याप्ति है—जैसा ज्ञानियों ने किया। शंकर, कबीर, रवींद्रनाथ, गेटे बढ़नेवालों में हैं और तुलसीदास, सूरदास तथा अपर भक्त कवि आदि अहंकार की भूमि से घटनेवालों में, दोनों जैसे एक ही शक्ति की अणिमा और द्राघिमा विभूति हों। काव्य के विचार के लिए भाषा, भाव, रस, अलंकार आदि आलोचक के लिए यथेष्ट शस्त्र हैं। विचार केवल काव्य का उचित है, न कि अन्य असंगत बातों का।

जिस तरह कवियों पर एकदेशीयता के दोष लगाये जाते हैं, उसी तरह प्रायः अधिकांश आलोचक भी अपने ही विवर के व्याघ्र बने बैठे रहते, अपनी ही दिशा के ऊँट बनकर चलते हैं। जैसे हिंदी-साहित्य की पृथ्वी पर अब ब्रजभाषा का प्रलय-पयोधि नहीं है, वह जलराशि बहुत दूर हट गयी, राष्ट्रभाषा के नाम से उसमें जुदा एक दूसरी ही भाषा ने आँख खोल दी, पर 'धृतवानसि वेदम्' के भक्तों की नजर में अभी यहाँ वही सागर उमड़ रहा है। नहीं मालूम, 'बेवक्त की शहनाई' के और क्या अर्थ हैं। एक समस्या पर बावन जिले के कवि ढेर हो जाते हैं। प्रेमचंदजी के उपन्यासों ने नयी जान डाल दी, भाषा का सरल संगत प्रवाह बहा दिया, प्रसादजी की प्रतिभा के सूर्य का मध्याह्न काल हो गया। पंतजी के 'पल्लव' की परी सोलहवें साल पर कदम रख चुकी। पर साहित्य का मंगलाप्रसाद पारितोषिक इन्हें मिला? क्यों नहीं मिला, कारण आप जानते हैं?—आलोचकों की योग्यता!!!

ऐसे आलोचक प्रायः सभी देशों में रहते हैं। हिंदी तो अभी बालिका है, उसकी इज्जत नहीं की जाती तो न की जाय; समय उसके सेवकों को और बड़ा पुरस्कार देगा। अंग्रेजी, जिसके प्रताप का सूर्य कभी अस्त होता ही नहीं, ऐसे सदाशयों से खाली नहीं। टामस हार्डी अभी उस दिन मरे हैं। तब भी साहित्य की पताका इसी तरह आकाश में फहरा रही थी। पर तिरस्कार के प्रति हार्डी कहते हैं–

> "Mock on! mock on, yet I'll go pray
> To some Great Heart, who happily may
> Charm mental miseries away."

[हँसी, मजाक करो, फिर भी मैं किसी महान आत्मा से प्रार्थना करता जाऊँगा जो कदाचित् मानसिक दुःखों को अपनी प्रभा से चकित कर हटा सकती है।]

बंगाल में जब रवींद्रनाथ की प्रतिभा की किरणें सत्साहित्यिकों के हृदय के कमलों को खोल रही थीं और सब लोग उनकी प्रशंसा करने लगे थे, उस समय कितना विरोध हुआ था। रवींद्रनाथ ने एक पद्य में इसकी कैफियत दी थी। उसमें उनके कवि-हृदय का काव्य-स्रोत ही फूट पड़ा है–

अश्रु झलिछे शिशिरेर मत, पोहाइये दुख-रात!

[ये आँसू हैं, मित्र, (शब्द नहीं) जो ओस-कणों की तरह दुःख की रात पार कर अब चमक रहे हैं।]

जान कि बंधु, उठियाछे गीत कतो व्यथा भेद करि।

[हे मित्र, क्या तुम जानते हो, ये गीत कितनी व्यथा पार कर निकले हैं?]

एक दिन सुमित्रानंदन को भी आलोचनाओं से घबराकर भवभूति की तरह दृप्त भाषा में लिखना पड़ा था–

**न पिक-प्रतिभा का कर अभिमान,**
**मनन कर मनन, शकुनि नादान!**

गोस्वामी तुलसीदास को इन आलोचकों से कम घबराहट न थी।

**भाषा भनित मोरि मति थोरी।**
**हँसिवे जोग हँसे नहिं खोरी।**

ज़रा सोचिए तो, समालोचकों की किस वृत्ति का इन पंक्तियों से परिचय मिलता है। श्रीहर्ष के मामा ने कहा, मैंने काव्य के दोष-दर्शन के लिए व्यर्थ ही इतना परिश्रम किया, तुम्हारे नैषध में सब दोष एकत्र मिल जाते हैं। और यह वह नैषध है, संस्कृत-साहित्य में जिसकी जोड़ का दूसरा काव्यग्रंथ है ही नहीं, जिसके उदय से

किरातार्जुनीय और शिशुपाल-वध-जैसे महाकाव्यों की प्रभा मंद पड़ गयी। आलोचकों की कृपा जिन पर नहीं हुई, ऐसे भाग्यवान् कवि संसार में थोड़े ही होंगे।

जिन तीन साहित्य-रथियों का मैं जिक्र कर चुका हूँ, प्रेमचंदजी, प्रसादजी, और पंतजी, वे कृति तैयार करने वाले हैं, उनकी आलोचनाएँ कैसी भी हों, वे आलोचनाओं से पहले हैं, पीछे नहीं। आज हिंदी-साहित्य के व्याकरण की निंदा होती है, महात्मा गाँधी-जैसे श्रेष्ठ मनुष्य का कहना है कि यू.पी. वालों की भाषा ठीक नहीं होती—अगर कोई ऐसे हैं, तो महात्माजी को इसका ज्ञान नहीं, पर इससे हिंदी-साहित्य की प्रगति नहीं रुक रही, और भाषा के व्याकरण पर दोष देनेवालों की दिक्कतें भी, बामुहाविरा हिंदी लिखनेवाले यू.पी. के बड़े-बड़े साहित्यिकों को, जिन्हें अपर दो-एक साहित्यों के व्याकरण का भी ज्ञान है, मालूम हो जाती हैं। इसके कारण के लिखने की यहाँ जगह नहीं। मैं सिर्फ यही कहूँगा कि व्याकरण जिस तरह भाषा का अनुगामी है, समालोचक उसी तरह कृति का। कृति की दुर्दशा करके, यदि उस कृति के फूल खिले हैं और उनमें सुगंध है, समालोचक अपना जितना भी जबरदस्त ठाट खड़ा करे, वह कभी टिक नहीं सकता। इसलिए समालोचक को कृति के साथ ही रहना चाहिए। प्रसादजी की आजकल जैसी आलोचनाएँ निकल रही हैं, उनमें अस्सी फीसदी आलोचना सहानुभूति से रहित और आक्रमण है। पं. रामचंद्र शुक्ल की 'काव्य में रहस्यवाद' पुस्तक उनकी आलोचना से पहले उनके अहंकार, हठ, मिथ्याभिमान, गुरुडम तथा रहस्यवादी या छायावादी कवि कहलानेवालों के प्रति उनकी अपार घृणा सूचित करती है। ऐसे दुर्वासा-समालोचक कभी भी किसी कृति-शकुंतला का कुछ बिगाड़ नहीं सके, अपने शाप से उसे और चमका दिया है।

फूल का मुख्य गुण है उसकी सुगंध, कृति का मुख्य गुण उसकी रोचकता। पर जिस तरह चीनियों को घी में बदबू मिलती है और सोड़े में डुबोकर जीते हुए तिलचट्टे खाने में स्वाद, उसी तरह यदि पूर्वोक्त जैसे कृतिकारों की रचनाएँ किसी को रुचिकर प्रतीत न हों और गुणों की गणना से दोषों की ही संख्या बढ़ रही हो, तो संदेह उन्हीं की रुचि-योग्यता पर होगा, जो एक हिंदुस्थानी चीज़ को अंगरेजी 'चीज़' (Cheese=पनीर) बना डालते हैं (कहते हैं, जिस पनीर में कीड़े पड़ जाते हैं—सड़कर बदबू आने लगती है, वह खाने में ज्यादा स्वाददार समझी जाती है, कारण, कीड़े कुछ मीठे होते हैं।) दूसरा कारण यह भी है कि 'उग्र' जी की कृति पढ़कर समालोचक अपनी आलोचना की तोप में बर्नार्डशा, डी.एल. राय और रोमा रोलाँ को भरकर दागते हैं। 'उग्र' जी भी बर्नार्डशा होते यदि आपका समाज अँगरेजों के समाज की तरह शिक्षा तथा सभ्यता की उतनी ही सीढ़ियाँ तय किये हुए होता। रही बात योग्यता की, सो 'उग्र' जी की योग्यता का पता लगाने से पहले बर्नार्डशा की ही योग्यता का पता लगाकर बतलाइये कि वह किस विश्वविद्यालय से Ph-D. होकर निकले हैं, जो यह फिलासफी छाँट रहे हैं, और कहाँ वह साहित्य के डाक्टर हैं, जो

नोबेल-पुरस्कार प्राप्त कर लिया। जैसे उनके लिए अँगरेजी सुगम है, वैसे ही 'उग्र' जी के लिए हिंदी; उनके अँगरेजी के चित्र, अँगरेजी-समाज के परिचायक हैं, 'उग्र' जी के हिंदी के चित्र हिंदी-समाज के परिचायक। आपको अच्छा न लगे, तो चीन या विलायत चले जाइये, यहाँ क्यों व्यर्थ घी की बदबू में सड़ रहे हैं?

कृतिकार कहाँ से सौंदर्य, सत्य और भावना पाता है, यह भारतीयों के स्वर से कण्ठ मिलाकर राबर्ट ब्रिजेज ने कहा है–

"Thy work with beauty crown. thy life with love;
Thy mind with truth uplift to God above
For whom all is, from whom was all begun.
In whom all Beauty, Truth and Love are one."

[तुम्हारी कृति सौंदर्य-किरीटिनी हो, तुम्हारा जीवन सप्रेम; तुम्हारा मन सत्य के साथ ऊपर ईश्वर तक चढ़ा हुआ हो; जिसके लिए ही सबकुछ है, जिससे सब शुरू हुआ है, जिसमें सब सौंदर्य, सत्य और प्रेम एक है।]

सत्य या ईश्वर ही का वह रंग है, जो रस के रूप से कृतिकार की आत्मा के भावों की तरंग को पाठक की आत्मा से मिला देता है। अनेक प्राणों में एक ही प्रकार की सहानुभूति, एक ही मधुर राग बज उठता है। ब्रिजेज के ये भाव भारत के हृदय में चिरंतन सत्य की प्रतिष्ठा पा रहे हैं। इन पंक्तियों में सत्य का जो सूत्र है, उससे भारत और इंगलैंड बँधा हुआ है। दोनों आत्माएँ एक हैं, जातिगत कोई भी वैषम्य यहाँ नहीं।

प्रिया के चित्र को कितनी खूबसूरती से कविवर विलियम शेक्सपियर खींचते हैं! देखिए–

"Mine eye hath paly'd the painter and hath stell'd
The beauty's form in table of may heart
My body is the frame wherein'tis held,
And perspective it is best painter's art.
For through the painter must you see his skill,
To find where your true image picturd lies,
Which in my bosom's shop is hanging still.
That hath his windows gazed with thine eyes.
Now see what good turns eyes for eyes have done
Mine eyes have drawn thy shape, and thine for me
Are Windows to may breast."

[मेरी आँखों ने चित्रकार का काम किया। तुम्हारे सौंदर्य की तस्वीर मेरे हृदय की मेज पर रख दी। मेरा शरीर उसका साँचा है। जिसके अंदर वह रक्खी है। शीशों के अंदर से देख पड़ती हुई-सी वह सर्वश्रेष्ठ चित्रकार की कला है; क्योंकि उस चित्रकार के भीतर से तुम अवश्य उसकी कुशलता प्रत्यक्ष कर लोगी। तुम समझ लोगी, कहाँ तुम्हारी सच्ची मूर्ति खिंची हुई रखी है। वह तस्वीर मेरे हृदय की दूकान में निस्तब्ध लटक रही है, जिसे देखने के झरोखे तुम्हारी हेरती हुई आँखें हैं। अब देखो कि आँखों ने आँखों को कैसा बदला दिया। मेरी आँखों ने तुम्हारी तस्वीर खींच ली, और तुम्हारी आँखें मेरे लिए हृदय की खिड़कियाँ हैं।] कितना कमाल है!

**लोचन-मगु रामहिं उर आनी।**
**दीन्हें पलक-कपाट सयानी।–**

में स्नेह का प्रकाश तो है, पर इतना बड़ा सौंदर्य अवश्य नहीं। क्या इस तरह के भाव को, यदि इसके दो-एक कारण–जैसे, मेज का उल्लेख है–हटा दिये जायें, तो किसी भारतीय के लिए अपनी चीज कहने में कोई असुविधा हो सकती है? इस प्रकार की एक उक्ति और याद आयी–

**नैन झरोखे बैठि कै, सबको मुजरा लेय।**
**जाकी जैसी चाकरी, ताको तैसो देय।**

भावों की उच्चता पर कुछ भी नहीं कहना, पर कला की जो खूबसूरती शेक्सपियर में है, वह इसमें भी नहीं। इस तरह के भाव–

**तेरे नैनन-झरोखे बीच झाँकता सो कौन है**

अनेक लड़ियों में गुँथे हुए मिलते हैं। हिंदी में कहीं मैंने शेक्सपियर की-सी उक्ति पढ़ी है, मुझे स्मरण नहीं। प्रिया और प्रियतम के स्नेह का आदान-प्रदान इस तरह की उक्तियों से बढ़ा दिया जाता है, इसलिए सांसारिक दृष्टि से इस कला को बहुत बड़ा महत्त्व प्राप्त है।

"I fear thy kisses, gentle maiden
Thou needest not fear mine
My spirit is too deeply laden
Ever to burden thine
I fear thy mien, thy tones, the motion.
Thou needest not fear mine;

Innocent is the heart's devotion
With which I worship thine."

—P.B. Shelley

[हे धीर कुमारी, मुझे तुम्हारे चुंबनों से भय है, पर तुम्हें मेरे चुंबनों से नहीं घबराना चाहिए, क्योंकि मेरी शक्ति इतनी दबी हुई है कि वह तुम्हारी शक्ति का भार नहीं सँभाल सकती। मैं तुम्हारी छवि, वाणी और गति से डरता हूँ, पर तुम्हें मेरी चेष्टाओं से नहीं डरना चाहिए; क्यों? हृदय के जिस अर्घ्य से मैं तुम्हें पूजता हूँ, वह निर्दोष है।]

शेली की इन पंक्तियों में, कविता-कुमारी की साधना कर वह कितना कोमल बन गया था, इसका प्रमाण मिल जाता है। प्रायः कवियों को हम कुमारियों की पूजार्चना करते हुए, अनेक प्रकार की स्तुतियों से उन्हें प्रसन्न करते हुए देखते हैं। पर शेली अपनी सुंदरी कुमारी की छवि, शब्द तथागति से भी डरता है, जैसे कुमारी की गति से उसी के सुकुमार प्राण काँप उठते हों--इतनी कोमलता।

**कल्पनामय, शब्दों में प्राञ्जल रवींद्रनाथ--**
**अलख निरंजन--महारव उठे बंधन टुटे, करे भय भंजन।**

**वक्षेर पाशे घन उल्लासे असि बाजे झंझन।**
**पंजाब आजि उठिले गरजि--'अलख निरंजन॥'**
**एसेछे से एक दिन, लक्ष पराणे शंका ना जाने, न राखे काहारो ऋण।**
**जीवन मृत्यु पायेर भृत्य, चित्त भावनाहीन।**
**पंचनदीर घिरि दश तीर एसेछे से एक दिन॥**
**दिल्ली-प्रासाद-कूटे होथा बार-बार बादशाहजादार तन्द्रा जेतेछे छुटे।**
**कादेर कण्ठे गगन मन्थे निविड़ निशीथ टुटे,**
**कादेर मशाले आकाशेर भाले आगुन जेसेछे फुटे॥**

['अलख निरंजन' महान रव उठता, बंधन टूट जाते, भय दूर हो जाता है। कटि में सोल्लास असि झन-झन बज रही है। आज पंजाब 'अलख निरंजन' गरज उठा। वह भी एक दिन था, जब लाखों प्राण शंका नहीं जानते थे। किसी का ऋण नहीं रखते थे। जीवन और मृत्यु पैरों के भृत्य-से थे, चित्त चिंता से रहित। पाँचों नदियों के दसों तट घेरकर वह भी एक दिन आया था। दिल्ली के प्रासाद कोट में बार-बार बादशाहजादे की आँख खुल रही है। आधी रात के स्तब्ध आकाश को मथता हुआ यह किनका कण्ठ है?--आकाश के भाल पर फूटती हुई यह किनके मशालों की आग है?]

कल्पना, चित्रण तथा ओज एक ही पद्य में मिल जाता है, पढ़कर हृदय की काव्य-तृष्णा मिट जाती है। हिंदी में यदि चारों ओर से परकोटा घेरकर अन्य देशों तथा अन्य जातियों की भावराशि रोक रक्खी गयी, तो इस व्यापक साहित्य के युग में हिंदी के भाग्य किसी तरह भी नहीं चमक सकते, और उसके साहित्य में महाकवि तथा बड़े-बड़े साहित्यिकों के आने की जगह, चिरकाल तक 'बनी रहे—ठनी रहे' होता रहेगा। पुराना साहित्य हिंदी का बहुत अच्छा था, पर नया और अच्छा होगा, इस दृष्टि से उसकी साधना की जायेगी। पुराने साहित्य का जितना दायरा था, नये का उससे बहुत अधिक बढ़ गया है। जो लोग ब्रजभाषा के प्रेमी हैं, उनसे किसी को व्यक्तिगत द्वेष नहीं, जबतक वे हिंदी की नवीन संस्कृति के बाधक नहीं बनते। पर जब वे अकारण हिंदी की नवीन कृतियों को नीचा दिखाने पर तुल जाते हैं, प्रायः ब्रजभाषा की श्रेष्ठता जाहिर करने के लिए, तब उनकी इस रुचि की वजह उन्हें प्रयत्न करके साहित्य के व्यापक मैदान से हटा देना चाहिए। उनके द्वारा साहित्य का उपकार नहीं हो सकता। वे तो सिर्फ मनोरंजन के लिए काव्य-साधना करते हैं, किसी उत्तरदायित्व को लेकर नहीं । उनकी आँखों में दूर तक फैली हुई निगाह नहीं है। वे अपने ही घर को संसार की हद समझते हैं। साहित्यिक प्रतिस्पर्धा क्या है, अपने व्यक्तित्व को साहित्य के भीतर से एक साहित्यिक किस प्रकार बढ़ा सकता है, अपर साहित्यों से भावों के आदान-प्रदान के लिए कैसी शिष्टता, कितनी उदारता होनी चाहिए, किस-किस प्रकार के भावों से अपना प्रकृतिगत स्वभाव बना लेना चाहिए, वे नहीं जानते। कौन-से भाव सार्वजनीन और कौन-से एकदेशीय हैं, उन्हें पता नहीं। चिरकाल से एक ही समाज के चित्र देखते-देखते उनकी रुचि उन्हीं के अनुसार बन गयी है, वे उसे बदल नहीं सकते और जब बदली हुई कोई अच्छी भी रुचि उनके सामने रक्खी जाती है, तब अपनी अपार भारतीय संस्कृति की दोहाई लेकर उसके देश निकाले पर तुल जाते हैं। पर यदि इनसे पूछा जाता है कि वे किसी भी एक कायदे का बयान करें, जो उनकी चिरन्तन भारतीय संस्कृति हो और जिस ढंग की संस्कृति दूसरे देशों में न हो, तो महाशयगण उत्तर देने की जगह दुश्मन की तरह देखने लगते हैं। कोट के सामने आधुनिक मिर्जई की प्राचीनता-भक्ति की तरह उसके पहननेवाले यदि विचारपूर्वक देखेंगे, तो मिर्जई भी उनकी सनातन पोशाक न ठहरेगी। एक बार बनारस में अपनी गुर्जरी पवित्रता की व्याख्या करते हुए मेरे एक मित्र ने कहा, हम लोग पीतांबर पहनकर खाते हैं। इस बीसवीं सदी में उनका पीतांबर दिव्य-रूप आँखों के सामने आया तो बड़ी मुश्किल से हँसी को रोकना पड़ा, जैसे आजकल के वकीलों का झब्बा देखकर अकस्मात् जटायु की याद आ जाती है। मैंने मन-ही-मन कहा, पहले के आदमी पीतांबर पहनकर भोजन करते थे या दिगंबर होकर, यह सब बतलाना बहुत कठिन है। पर अगर जरा अक्ल का सहारा लिया जाय, तो दिगंबर रहना ही विशेष रूप से सनातन धर्म जान पड़ता है, कारण सनातन पुरुष के बहुत

बाद ही कपड़े का आविष्कार हुआ होगा, और इस प्रथा को माननेवाले सिद्ध नागे महाराजों की इस समय भी कमी नहीं। अस्तु, अभिप्राय यह कि भारीयता के नाम पर जिस कट्टरता तथा सीमित भावों और कार्यों का प्रचार किया जाता है, रक्षा की जाती है, वह अस्तित्व को कायम रखने की जगह नष्ट ही करती है। अस्तित्व तो व्याप्ति ही से रह सकता है। यहाँ का सनातन धर्म व्याप्ति है भी।

देखने के लिए जो दो-चार उद्धरण दिये गये हैं, उनमें उच्चतम वेदांत-वाक्य से लेकर शृंगार के अत्यंत आधुनिक चित्र तक हैं, पर वे अभारतीय होकर भी भारतीय हैं। कारण उनमें प्रकाश तथा जीवन है। जो भाव या चित्र किसी देश की विशेषता को सूचित करते हैं, वे उतने अंश में एकदेशीय हैं। पर जहाँ मनुष्य-मन के आदान-प्रदान हैं, वहाँ वह व्यापक साहित्य ही है। सिर्फ उसके उपकरण अलग-अलग होते हैं। शेक्सपियर की नायिकाओं के परिच्छेद एकदेशीय हो सकते हैं, पर उनकी आत्मा, प्यार, भाव, व्यापक हैं। पश्चिम के लिए जिस तरह यहाँ के भावों की गहनता, त्याग सतीत्व की शिक्षा आवश्यक है उसी तरह वहाँ के प्रेम की स्वच्छता, तरलता, उच्छ्वसित वेग यहाँ वालों के लिए जरूरी है। इस समय वहाँ-वालों का खूनी प्रेम भी शक्ति-संचार के लिए यहाँ आवश्यक-सा हो गया है। यह है आसुरी, राक्षसी गुण अवश्य, पर कभी-कभी दुर्बल देवताओं में राक्षस ही प्रबल होकर बल पहुँचाते हैं, और कभी देवताओं के नायक विष्णु भी सती असुर-पत्नी का सतीत्व नष्ट करते हुए नहीं हिचकते। हिंदी के भारतीय लोगों ने तुलसी की कथा पढ़ी होगी। यहाँ के साहित्य में मद्य-पान बहुत कम है, पर वेदों में मादक सोमरस की जैसी महिमा है, प्रायः सभी लोग जानते हैं, और मद्य के प्रचार का कहना क्या? जिस गुजरात में अब ताड़ी के पेड़ कट रहे हैं, वहीं द्वापर में अवतारश्रेष्ठ श्रीकृष्ण जी के वंशज यादवों ने शराब पीकर एक ही दिन में अपना संहार कर लिया था। शायद शराब का ऐसा रोचक इतिहास मद्यप योरप भी नहीं दे सकता। शराब अच्छी भी है, और बुरी भी अवश्य। यहाँ मैं देशप्रेम की बातें नहीं कर रहा। साहित्य की शराब मुझे तो अत्यंत रुचिकर जान पड़ती है और बिना विचार के इसे भारतीय कर लेने की इच्छा होती है। किसी मुसलमान विद्वान् ने कहा था, योरप शराब से डूबा हुआ है, पर कहीं के धर्म से भी शराब की तारीफ न करनेवाले एशिया ने शराब की कविताओं से योरप को मात कर दिया। शराब से सख्त नफरत करनेवाले कितने ही पंडितों को मैं जानता हूँ, जिन्हें दवा के रूप से ब्राण्डी दी गयी और वे बिना शिखा हिलाये पी गये। सुना है, यदि दवा के तौर पर प्रतिदिन थोड़ी-सी शराब पी जाय, तो स्वास्थ्य को निहायत फायदा पहुँचाती है। यों तो मैं जानता हूँ हर खाद्य पेट में पहुँचकर पहले शराब बनता और नशा पहुँचाता है, उसी के रासायनिक अनेक रूप शरीर की जीवनी शक्ति बनते हैं। नशे की नींद के बाद ही जागरण का आनंद मिलता और जागरण की जरूरत के साथ नींद की भी आवश्यकता सिद्ध होती है। इसी तरह इन दिव्य भारतीयों को कुछ प्रसन्न

करने के लिए आसुर शराबी भाव भी आवश्यक हैं। पर देश के साहित्यिक सुधारपंथी नेतागण अवश्य इसके खिलाफ विद्रोह खड़ा कर मेरी स्त्री की तरह अपनी दिव्यता का परिचय देंगे।

यहाँ ज़रा अपनी धर्मपत्नीजी की दिव्यता का परिचय दे लूँ। खेद है कि अपनी दिव्यता के कारण ही वह इस समय दिव्य-धामवासिनी हो रही हैं। पंडितों ने मेरा और उनका संबंध पत्रा देखकर जोड़ा था, मुझे और उन्हें देखकर नहीं। इसलिए विवाह के पश्चात् मेरी और उनकी प्रकृति वैसे ही मिली, जैसे पंडितों की पोथियों के पत्र एक-दूसरे से मिले रहते हैं। वह अखंड भारतीय थीं और मैं प्रत्यक्ष राक्षस—रोज मांस खाता था। उन्होंने मुझे 'विश्राम-सागर', 'पद्म-पुराण', 'शिव-पुराण', और न जाने कौन-कौन-से ग्रंथ, गुटके और पादटिप्पणियाँ दिखलाकर कहा, इससे बड़ा पाप होता है, तुम मांस खाना छोड़ दो। तब मैं कुछ मूर्ख था, और वह मुझसे हिंदी में ज्यादा पंडिता थीं। मांस खाने से कितनी भयंकर सज़ा मिलती है, उसके जो चित्र उन्होंने दिखलाये, उनके स्मरण-मात्र से मेरे प्राण सूख जाते। कुछ दिनों तक मैंने मांस खाना छोड़ दिया। तब मेरा स्वास्थ्य मुझे छोड़ने लगा। स्वास्थ्य की चिंता तो होती थी, पर यमदंड के भय के सामने स्वास्थ्य का विचार न चलता था। मेरी पत्नी को मेरे स्वास्थ्य का उतना भय न था, जितनी प्रसन्नता उन्हें मेरे मांस छोड़कर भारतीय बन जाने की थी। धीरे-धीरे सूखकर काँटा हो गया। एक दिन नहाने के लिए जा रहा था, कुएँ पर मेरे एक पूज्य वृद्ध ब्राह्मण मिले। मुझे देखकर बड़े तअज्जुब में आये, पूछा 'तुम क्या हो गये?' मैंने कहा, 'मांस छोड़ दिया, इसलिए दुबला हो गया हूँ।' उन्होंने कहा, 'तो मांस क्यों छोड़ा?' मैंने कहा, 'विश्राम-सागर में लिखा है, बड़ा पाप होता है, मरने पर मांसाहारी को यम के दूत बड़ा दंड देते हैं।' उन्होंने पूछा, 'तुमने अपनी इच्छा से छोड़ा या किसी के कहने पर?' मैंने सच-सच बतला दिया। उन्होंने कहा, 'तो तुम फिर खाओ, कनवजियों को पाप नहीं होता, उनको वरदान है।' मैंने पूछा, 'कहीं लिखा भी है?' उन्होंने कहा, 'हाँ, है क्यों नहीं? वंशावली में है।'

मुझे वैसी प्रसन्नता आज तक कभी नहीं हुई। पत्नी पर बड़ा गुस्सा आया। उनसे तो मैंने कुछ भी न कहा, शाम को बाजार से आधा सेर मांस तौला लाया। मकान में लाकर रक्खा, तो श्रीमतीजी दंग। उस समय मेरे घर के और लोग विदेश में थे। श्रीमती जी रूमाल में खून के धब्बे देखकर समझ गयीं, पूछा, 'यह क्या है?' मैंने कहा, 'मांस!' 'तो क्या फिर खाओगे?' मैंने कहा, 'हाँ, हमें वरदान है।' श्रीमतीजी हँसने लगीं। पूछा, 'कहाँ मिला यह वरदान?' 'हमारे पूर्वजों को मिला है, वंशावली में देख लो, तुम्हें विश्वास न हो।' श्रीमतीजी ने कहा, 'खुद तो पकाते हो ही, अपने मांसवाले बरतन अलग कर लो, और जिस रोज मांस खाओ, उस रोज न मुझे छुओ और न घर के और बरतन और तीन रोज तक कच्चे घड़े नहीं छूने पाओगे।' मैंने

कहा, 'इस समय तो रोज खाने का विचार है, क्योंकि पिछली कसर पूरी कर लेनी है।' उन्होंने कहा, 'तो मुझे मायके छोड़ आओ।' मैंने कहा, 'लिख दो, कोई ले जाय; नहीं तो नाई भेज दो, किसी को बुला लावे; मैं जहाँ मांस पकाता हूँ, वहीं दो रोटियाँ भी ठोंक लूँगा।' श्रीमतीजी चली गयीं। पत्रा-प्रेम इसी तरह तीन-चार साल कटा। चार महीने मेरे यहाँ रहतीं, आठ महीने मायके। अंतिम बार मायके में इंफ्लूयेंजा के साल, उन्हें भी इंफ्लूयेंजा हुआ। मैं तब बंगाल में था। मेरे पास तार गया। जब मैं आया, तब महाप्रयाण हो चुका था। कस्बे के डाक्टर मेरे परिचित मित्र थे। उनसे मिला, तो अफसोस करने लगे। कहा, 'फेफड़े कफ से जकड़ गये थे, प्यास ज्यादा थी, मैंने पानी की जगह अखनी पिलाने के लिए कहा, वैसी ही डाक्टरी दवा भी देने के लिए पूछा, उन्होंने इनकार कर दिया, कहा दस बार नहीं मरना है।' इस दिव्य भावना ने अगर कुछ भी मेरे साथ सहयोग किया होता, तो शायद यह अकाल मृत्यु न हुई होती और जीवन भी कुछ सुखमय रहता। इस तरह साहित्य को जीवित रखने लिए उसमें अनेक भाव, अनेक चित्रों का रहना आवश्यक है, और जबकि अपने-अपने स्थान पर सभी भाव आनंदप्रद और जीवन पैदा करनेवाले हैं। व्यापक साहित्य किसी खास संप्रदाय का साहित्य नहीं। शराब, कबाब, नायिका, निर्जन, साज और संगीत के कवि उमर खैयाम की इज्जत साहित्य-संसार के लोग जानते हैं। ग़ालिब मशहूर शराबी थे। पर उनकी कृति कितनी सुंदर है। व्यापक भावों के कवि रवींद्रनाथ ने भी इससे फायदा उठाया है–

**कालि मधु यामिनीते ज्योत्स्ना-निशीथे कुञ्ज कानने सुखे,**
**फेनिलोच्छल यौवन-सुरा धरेछि तोमार मुखे।**
**तुमी चेये मोर आँखी परे धीरे पात्र लयेछ करे**
**हेसे करियाछ पान चुम्बन भरा सरस बिम्बाधरे**
**कालि मधुयामिनीते ज्योत्स्ना-निशीथे मधुर आवेश-भरे।**

[कल वसन्त-ज्योत्स्ना की अर्द्धरात्रि को सुख से बगीचे के कुञ्ज में छलकती हुई फेनिल यौवन की सुरा मैंने तुम्हारे मुख पर रक्खी थी। तुमने मेरी आँखों की ओर देखकर धीरे-से पात्र (प्याला) हाथ में ले लिया, और हँसकर चुंबनों से खिले हुए सरस बिंबाधरों से मधुर आवेश में आ पी गयीं।]

यहाँ रवींद्रनाथ से एक बड़ी गलती हो गयी है। पहले उन्होंने 'यौवन-सुरा' लिखकर सुरा के यथार्थ भाव में परिवर्तन करना चाहा था। वहाँ उन्होंने तरंगित यौवन को ही सुरा बनाया है। पर अंत तक नहीं पहुँच सके। क्योंकि अंत में उनकी प्रिया की जो क्रिया है, वह सुरा पीने की ही है, यौवन-सुरा पीने की नहीं। विदेशी भावों को लेते समय ज़रा होश दुरुस्त रखना चाहिए। मुसलमानी सभ्यता के कवि इस कला में एकच्छत्र सम्राट् हैं। पर एक जगह और रवींद्रनाथ ने लिखा है–

**दुःख सुखेर लक्ष धाराय पात्र भरिया दियाछि तोमाय**
**निठुर पीड़ने निगाड़ि वक्ष दलित द्राक्षा सम।**

[दुःख और सुख की लाखों धाराओं से मैंने तुम्हारा प्याला भर दिया है—अपने वक्ष को निष्ठुर पीड़नों से दलित द्राक्षा की तरह निचोड़-निचोड़कर।]

'दलित द्राक्षा' का भाव उमर ख़ैयाम का है। सुरा की कविताओं में मुसलमानों ने कमाल कर दिया कि मयख़ाने को मसजिद से बढ़कर बतला दिया और पाठकों को पढ़कर आनंद आता है।

**दूर से आये थे साकी सुनके मयख़ाने को हम।**
**बस तरसते ही चले अफ़सोस पैमाने को हम।**

क्या यहाँ मयख़ाना मन्दिर नहीं? और पैमाना अमृत का कटोरा?

**मय भी है, मीना भी है, सागर भी है, साकी नहीं।**
**दिल में आता है लगा दें आग मयख़ाने में हम॥**

यहाँ साकी क्या अमृत पिलानेवाला गुरु नहीं? इस तरह शराब के लक्ष्य से बहुत बड़ी-बड़ी बातें कह दी गयी हैं जिनका किसी भी साहित्य के लिए गर्व हो सकता है। उर्दू-शायरी की काफी निंदा परवर्ती काल के सुधारकों ने की है। पर यह प्रायः सब लोग मानते हैं कि पहले की शायरी का आनंद अब दुष्प्राप्य है।

काव्य-साहित्य में लक्ष्य तथा भाव की परीक्षा की जाती है, उपकरणों की नहीं।

**किस्मत को देखिए कि कहाँ टूटी जा कमन्द।**
**दो-चार हाथ जब कि लबे-बाम रह गया॥**

असफलता की कितने सुंदर सरस ढंग से वर्णना की, सफलता तक पहुँचाकर असफल कर दिया।

हमारे काव्य-साहित्य की दृष्टि बहुत व्यापक होनी चाहिए, तभी उसका कल्याण हो सकता है, पश्चिमी कवियों के हृदय में पूर्व के लिए अपार सहानुभूति उमड़ चली थी। उनका यही साहित्यिक पौरुष तथा प्रेम आज संसार-भर में फैला हुआ है। ये सत्रहवीं और अठारहवीं सदीं की बातें हैं, वर्ड्सवर्थ और उनके मित्र कालरिज (Samuel Tailor) ने पूर्व का वर्णन किया है। इधर दो सौ वर्ष में पश्चिमी सभ्यता का वैज्ञानिक चमत्कार कहाँ तक पहुँचा है, इसका हिंदी-भाषियों को भी यथेष्ट ज्ञान है।

"...the Great Moghul, when he
Ere while went forth from Agra to Lahore,
Rajas and Omrahs in his train..."

—Wordsworth

लाहौर या आगरे से यात्रा में राजा और उमरावों को लेकर चलते हुए प्रतापी मोगल-बादशाह का जिक्र है। इस समय के इंगलैंड के कुछ आगे-पीछे होनेवाले कवियों में पूर्व के साथ शेली का प्रगाढ़ प्रेम देख पड़ता है। पूर्व के रहस्यवादियों तथा संतों को वह चाव से याद करता है। "Lines to an Indian air", "Revolt of Islam", "Queen Mab" आदि-आदि अनेक कविताएँ, काव्य-नाटक, खंड-काव्य हैं, जिनमें शेली ने पूर्व की बड़ी इज्जत की है। ब्रह्म, शिव और बुद्ध भी उसकी रचना में हैं। कीट्स भी पूर्व की छवि से मुग्ध है। भारत का उल्लेख उसने भी किया है। भारत के अमर स्नेह में डूबा हुआ है। पूर्व देशों का इनमें सबसे ज्यादा ज्ञान बायरन को था। उसने तुर्किस्तान की सैर भी की थी और इस तरह काव्य में अपना प्रत्यक्ष अनुभव लिखा है, जिससे उसकी वे रचनाएँ और भी महत्त्वपूर्ण हो गयी हैं। "The Corsair", "The Bride of Abydos ", "The siege of Corinth" आदि रचनाएँ उसके भ्रमण के ही कारण साहित्य को मिलीं। लीला, जुलेखा आदि उसकी प्रधान पात्रियाँ हैं। नेपोलियन की उसने तैमूर से तुलना की। और भी बहुत कुछ उसने लिखा। टेनीसन ने भी पूर्व पर काव्य लिखे। टेनीसन फ़ारस के सौंदर्य पर मुग्ध था। परंतु फिर भी पूर्व पर टेनीसन की बहुत श्रद्धा न थी।

कुछ हो, व्यापक साहित्य की इस प्रकार सृष्टि हुई। गद्य की बातें नहीं लिखी गयीं। यह सब पूर्व के लिए इंगलैंड का पद्य-प्रवाह है। पर हमारे साहित्य में क्या हो रहा है–यह भारतीय है, यह अभारतीय, असंस्कृत। धन्य है, हे संस्कृति के बच्चो!–नस-नस में शरारत भरी, हजार वर्ष से सलाम ठोंकते-ठोंकते नाक में दम हो गया, अभी संस्कृति लिये फिरते हैं।

सबसे बड़ी आफत ढहा रहे हैं कुछ साहित्यिक सुधारपन्थी, जो स्वयं तो कुछ लिख नहीं सकते, दूसरों की कृति पर हमला करके महालेखक बन जाना चाहते हैं। सुधार और प्रोपागांडा से साहित्य मंजिलों दूर है। प्रसादजी की जैसी आलोचना निकली है, जैसा दोष भाषा-क्लिष्टता का बनारसीदासजी ने उन पर लगाया है, वह यदि वास्तव में मनुष्योचित शौर्य तथा पर्यवेक्षण के साथ आलोचनाएँ करते हैं तो मैं उनसे कहूँगा, आप डी.एल. राय के ऐतिहासिक नाटकों को पढ़िये, फिर देखिए नव साल की बच्ची और दो रुपिट्टी का नौकर गज़-गज़ भर के समस्त पद बोलते हैं या नहीं, और यह देखकर, यदि अभी तक आप आँख मूँदकर ही राय महोदय के पीछे-पीछे चलते आये हों, एक वैसा ही नोट जैसा प्रसादजी की भाषा के संबंध में लिखा है, उसी लहजे में लिखकर 'माडर्न रिव्यू' में छपवा दीजिए, मैं तभी आपकी इस आलोचना को आपकी मर्यादा के योग्य समझूँगा। अवश्य यहाँ प्रत्यालोचना की जगह नहीं। समय मिला तो अन्यत्र लिखूँगा। पर यह जरूर है कि आलोचकों ने वरदान से प्रसादजी को शाप ही अधिक दिया है, जो एक बहुत बड़के साहित्यिक अन्याय में दाखिल है। आलोचकों

ने अपने को जितना बड़ा समझदार समझ लिया है, यदि कुछ हद तक प्रसादजी को भी उसी कोटि में रखते, तो इतनी बड़ी त्रुटि न होती।

साहित्य में अनेक दृष्टियों का एक साथ रहना आवश्यक है, नहीं तो दिग्भ्रम होने का डर है। इसीलिए मैंने तमाम भावों की एक साथ पूजा करने का समर्थन किया। हिंदी के साहित्यिकों का अन्याय सीमा को पार कर जाता है। उन्हें अपनी सूझ के सामने दूसरे सूझते ही नहीं। हमें उनकी आँख में उँगली कर-करके समझाना है, और बहुत शीघ्र वैसे संकीर्ण विचारवालों को साहित्य के उत्तरदायी पद से हटाकर अलग कर देना है। तभी साहित्य का नवीन पौधा प्रकाश की ओर बढ़ सकेगा। हमें अपने साहित्य का उद्देश्य सार्वभौमिक करना है, संकीर्ण एकदेशीय नहीं। राष्ट्रभाषा को राष्ट्रभाषा के रूप से सजाना और अलंकृत करना है।

**['माधुरी', मासिक, लखनऊ, दिसंबर, 1930।**
**चाबुक (आंशिक रूप में) और चयन में संकलित।]**

# विद्यापति और चंडीदास

## (तुलनात्मक आलोचना)

बंगाल के आदि-कवि, कविकुल-चूड़ामणि श्रीचंडीदास के जीवन-वृत्तांत पर 'सुधा' में हम, संक्षेप में, लिख चुके हैं। यहाँ इस तुलनात्मक समालोचना से पहले मिथिला-कोकिल, महाकवि विद्यापति की भी कुछ जीवन-घटनाओं का हम उसी तरह उल्लेख कर देना चाहते हैं।

विद्यापति मिथिला-निवासी थे। वैष्णव-महाजन-पदावली के संग्रहकार ने लिखा है—यह महाराज शिवसिंह के सभा-पंडित थे। इन्होंने अपनी पदावली की रचना मिथिला की प्रचलित अपनी मातृभाषा में ही की है। इनकी लिपि भी मिथिला की प्रचलित लिपि थी। पद-रचना में इन्होंने मिथिला के उच्चारण की अनुकूलता की है। हिंदी के पाठक इनकी पदावली कहीं-कहीं साफ नहीं पढ़ सकते। कारण, उसका उच्चारण हिंदी के उच्चारण से पृथक्, कहीं-कहीं ह्रस्व-दीर्घ के भेद से रहित-सा है। उसके पढ़ते समय छंदोभंग हो जाता है, वे स्वर-लड़ी बराबर नहीं रख सकते। यदि किसी को किसी मिथिला-निवासी के मुख से विद्यापति की पदावली सुनने का सौभाग्य प्राप्त हुआ हो, तो उसे मालूम हुआ होगा कि मैथिलउच्चारण के सुखद प्रवाह में पदावली के अर्थरत्न किस तरह धुलकर उज्ज्वल हो उठते हैं।

विद्यापति की लिखी हुई पुस्तकों से पता चलता है कि उन्हें पाँच उपाधियाँ प्राप्त थीं—(1) कविशेखर, (2) दशावधान, (3) कविकंठहार, (4) पंचानन, (5) अभिनव जयदेव। हम लिख चुके हैं कि विद्यापति दरबारी कवि थे। प्रतिदिन यथासमय उन्हें दरबार में हाजिर होना पड़ता था। दरबार की कार्य-समाप्ति के पश्चात् घर में लौटकर उस समय की प्रचलित गुरुकुल-प्रथा के अनुसार वह अध्यापक का कार्य करते थे। विद्यापति संस्कृत के प्रकांड पंडित थे। अनेक देशों के छात्र उनके पास अध्ययन के लिए आते थे। छात्रों को भोजन-वस्त्र देकर हृदय की संपूर्ण प्रीति से वह उन्हें पढ़ाया करते थे। उन्होंने कभी किसी छात्र से धन नहीं लिया। उनकी सभी शास्त्रों में गति थी। उनके विद्यार्थी भी भिन्न-भिन्न विषयों के अध्ययन की इच्छा से उनके

पास आते थे। प्रत्येक विद्यार्थी उन्हें अपने विषय का पारदर्शी विद्वान् मानता था। उसके हृदय में उसके विषय के इनके ज्ञान की ऐसी ही छाप पड़ जाती थी।

विद्यापति कवि-प्रतिभा में कालिदास, श्रीहर्ष, शेली और शेक्सपियर से किसी तरह भी घट कर न थे। महाकवि की कृतियों में जो गुण होने चाहिए वे सब इनकी सरस पदावली में मौजूद हैं। इनकी कवि-प्रतिभा का एक प्रमाण यहाँ दिया जाता है। यही यथेष्ट होगा। जब दिल्ली के बादशाह, महाराज शिवसिंह को कैद कर अपनी राजधानी ले गये, और उन्हें चिरकाल के लिए कारावरुद्ध कर रखने का विचार किया, तो उस समय अपने स्वामी की दयनीय दशा से क्षुब्ध होकर महाकवि विद्यापति भी दिल्ली पहुँचे, और मादक रचनाओं से सम्राट् को मुग्ध कर अपने महाराज की मुक्ति करा ली। यह कितनी बड़ी शक्ति का परिचय है, कितनी महान् प्रतिभा का प्रकाश है। दूसरे जबरदस्त व्यक्तित्ववाले को अपनी स्वर्गीय शक्ति से मुग्ध करके उसके व्यक्तित्व को छीन लेना, उससे अपना अभिप्राय पूरा करा लेना कोई साधारण-सी बात नहीं।

विद्यापति के संबंध में कुछ लोग तो कहते हैं कि वह वैष्णव थे, और कुछ लोग कहते हैं कि नहीं, वह शैव थे। विद्यापति के पूर्वपुरुषों के जो नाम—धीरेश्वर, वीरेश्वर, चंडेश्वर आदि—मिलते हैं, उनको देखते अनुमान होता है कि वंश परंपरा से वह शैव ही थे। परंतु उन्हें दूसरे देवों और देवियों से द्वेष भी न था। पदावली में तो उन्होंने राधा-कृष्ण की ही विशेषरूप से उपासना की है। भगवान् श्री रामचंद्र के भी वह बड़े भक्त थे। उन्होंने मिथिला में कई शिव-मंदिरों की प्रतिष्ठा की। उनकी कुलदेवी विश्वेश्वरी थीं। इनके मंदिर की भी उन्होंने उचित रीति से प्रतिष्ठा की। वह बिसपी-गाँव के रहनेवाले थे। कहते हैं, इस गाँव के उत्तर तरफ भेड़वा-नामक स्थान में स्थापति बाणेश्वरलिंग की वह प्रतिदिन पूजा करने जाया करते थे। अंत में उनका देहावसान वाजिदपुर में हुआ और इस जगह भी एक शिव-मंदिर की स्थापना करायी गयी।

कहते हैं, विद्यापति की भगवान् भूतनाथ पर अचल भक्ति थी। ये पूजा करते समय तन्मय हो जाया करते थे। उस समय उन्हें अपने शरीर का बिलकुल ही ज्ञान न रहता था। इस अपूर्व तन्मयता के कारण ही वह इतने बड़े और सफल कवि हो सके। उपासना द्वारा जो सूक्ष्म बुद्धि, स्थिरता और विषय-प्रवेश की शक्ति इन्होंने अर्जित की, वह इनकी कविता के भीतर से खूब प्रकट हुई। बुद्धि जब परिपक्व हो जाती है, उस समय इसे चाहे जिस तरफ झुकाइए, यह अलौकिक शक्ति अद्भुत फल-प्रसव करती है। कर्मयोग से सिद्धि की प्राप्ति का यही रहस्य है; यही योगियों की साधना कहलाती है।

लोकोक्ति है कि साक्षात् महादेव इनके भृत्य के रूप से इनकी सेवा किया करते थे। इनके एक नौकर था। उसे उगना कहते थे। कहते हैं, यह उगना भगवान्

भूतनाथ थे। विद्यापति को यह खबर न थी कि नौकर के रूप में साक्षात् इष्टदेव उनके घर में विराजमान हो रहे हैं। एक बार विद्यापति को किसी दूसरे गाँव जाना पड़ा। इन्होंने अपने नौकर उगना को साथ ले लिया। रास्ते में इन्हें प्यास लगी, गला सूखने लगा। इन्होंने उगना से पानी ले आने के लिए कहा। उगना के सिर पर जटाएँ थीं। विद्यापति की नजर बचाकर जटाओं से उसने पानी निचोड़ा और पात्र भरकर विद्यापति को पीने के लिए दिया। जल पीने पर विद्यापति को बड़ा ही संतोष हुआ। उन्होंने उगना से कहा, ''उगना, यह तो गंगाजल है। यहाँ तो कहीं गंगा का नामोनिशान भी नहीं। यह पानी तुझे कहाँ मिल गया?—चल, मुझे वह जगह दिखा, जहाँ तुझे यह पानी मिला है।'' उगना बड़े संकट में पड़ा। स्वामी के प्रश्न का उसने कुछ भी उत्तर न दिया, चुपचाप खड़ा रहा। उधर विद्यापति भी छोड़नेवाले मनुष्य न थे, बार-बार पूछने लगे। उगना ने बचने का कोई उपाय न देखकर कहा, ''मैं साक्षात् महादेव हूँ। तुम्हारी भक्ति से संतुष्ट होकर मैंने तुम्हारी सेवा स्वीकार की है। अब एक बात याद रखना। जब तक तुम दूसरे से मेरा हाल न कहोगे, मैं तुम्हारे यहाँ इसी तरह रहूँगा। बात जाहिर हुई कि मैंने तुम्हारा घर छोड़ा।'' विद्यापति ने उगना की आज्ञा स्वीकार कर ली। उगना उसी तरह विद्यापति के यहाँ रहता रहा। उगना के प्रति विद्यापति की गुप्त श्रद्धा बढ़ चली। वह देवादिदेव का संग पाकर सदा प्रसन्न रहने लगे।

विद्यापति की पत्नी कुछ उग्र स्वभाव की थीं। एक दिन उन्होंने उगना से कोई चीज ले आने के लिए कहा। उगना आदेश-पालन के लिए चला गया। परंतु उसे लौटने में कुछ देर हो गयी। तब तक विद्यापति की सहधर्मिणी के क्रोध का पारा कई डिगरी चढ़ गया। उन्होंने एक छड़ी लेकर उगना की मरम्मत करना शुरू कर दिया। दूर से यह देखकर विद्यापति दौड़े। उगना के प्रति प्रेम के कारण उन्हें पूर्वकृत प्रतिज्ञा याद न रही। उन्होंने पत्नी को तिरस्कार करते हुए उच्च स्वर से कहा, ''अरे, यह क्या करती हो? किसे मारती हो? साक्षात् शिव के अंग पर प्रहार न करो। उगना मनुष्य नहीं है, यह छद्मवेशी साक्षात् महादेव हैं।'' बस, विद्यापति की जबान से ये शब्द निकले नहीं कि उगना अंतर्धान हो गया। विद्यापति को बहुत काल तक उगना के न रहने का शोक रहा। अंत में शिव के प्रसाद से उन्हें मानसिक शांति मिली।

वैष्णव महाजन-पदावली के संग्रहकार लिखते हैं—विद्यापति ने किस समय से पदावली की रचना आरंभ की, यह नहीं बतलाया जा सकता। प्रयत्न करने पर भी उनके रचना-काल का यथार्थ-निर्णय नहीं हो सका। केवल इतना ही कहा जा सकता है कि उनकी अधिकांश रचनाएँ राजा शिवसिंह के राज्यकाल में ही हुई हैं। विद्यापति के जन्म और मृत्यु के सन्-संवत् का भी ठीक-ठीक पता अभी तक नहीं लगा। मिथिला की कुल-पंजिका में प्रत्येक वंश के परंपरा क्रम से नाम मात्र मिलते हैं—उनके जन्म और मृत्यु का सन्-संवत् नहीं मिलता। कहते हैं, विद्यापति ने मैथिलभाषा की सरस

रचना अपनी तरुणावस्था में की थी। उम्र के बढ़ने पर उन्होंने संस्कृत-ग्रंथों की रचना की। गंगा पर लिखी गयी कविशेखर की पदावली उनकी वृद्धावस्था की कृति मालूम पड़ती है।

कविशेखर की मधुर पदावलियों को मनोनिवेशपूर्वक पढ़िए, तो सहज ही मालूम हो जाता है कि वह कल्पना की अत्युच्च भूमि पर विचरण करनेवाले महान् से भी महान् थे। उनमें रस-ग्रहण की अद्‍भुत शक्ति थी। भावुकता के विचार से भी उनका आसन बहुत ऊँचा है। शृंगार में इतनी सूक्ष्मदर्शिता, इतनी सरस वर्णना मैंने बहुत कम देखी है। शैशव और यौवन के संधि-स्थल पर लिखते हुए कविशेखर ने कितनी सूक्ष्मदर्शिता दिखलायी है, देखिए—

> ''शैशव-यौवन दुहुँ मिलि गेल;
> श्रवणक पथ दुहुँ लोचन नेल।
> वचनक चातुरी लहु-लहु हास;
> धरणिम चाँद करत परकास।
> मुकुर लेइ अब करत सिंगार;
> सखिरे पूछइ कइसे सुरत-विहार।
> निरजने उरज हेरइ कत बेरि;
> हासत अपन पयोधर हेरि।''

शैशव और यौवन की संधि, लोचनों का आकर्ण विस्तार, वाक्य-चातुरी, लघु-लघु हास्य, धरा पर चाँद पर का प्रकाश, मुकुर लेकर शृंगार करना, प्यारी सखी से सुरत-विहार की बात पूछकर स्वाभाविक यौवन-चांचल्य प्रकट करना इत्यादि से यौवनोन्मेष की स्वाभाविक तरलता कविशेखर की कुशल लेखनी ने कितनी सरलता से ढाल दी है। इसी संबंध में और भी—

> ''दिन-दिन पयोधर भै गेल पीन;
> बाढ़ल नितँब माझ भेल खीन।''

> ''खने-खने नयन-कोन अनुसरई;
> खने-खने वसन-धूलि तनु भरई।
> खने-खने दसन छटाछट हास;
> खने-खने अधर-आगे करु वास।
> चौंकि चलय खने खने चलु मन्द;
> मनमथ-पाठ पहिल अनुबंध
> हृदयज मुकुलि हेरि थोर थोर;
> खने आँचर देइ, खने होय भोर।''

"कबहूँ बाँधय कच, कबहूँ बिथारि;
कबहुँ झाँपय अंग, कबहुँ उघारि।
धीर नयान अथिर कछु भेल;
उरज-उदय-थल नालिम देल।
चरण चंचल, चित चंचल भान;
जागल मनसिज मुदित नयान।"

शैशव और यौवन, दोनों का कविशेखर ने एक साथ ही वर्णन किया है। कभी यौवन की छटा दिखाते हैं, कभी शैशव की चंचलता। 'खने-खने नयन-कोन अनुसरई' यह यौवन की चहल-पहल है, और इसके बाद ही 'खने-खने वसन-धूलि तनु भरई' यह शैशव की क्रीड़ा है। तरुणी के स्वभाव का कितना सुंदर, हृदयग्राही चित्र खींचा है! 'चौंकि चलय खने-खने चलु मंद' यह जो शैशव और यौवन की आँखमिचौनी हो रही है, इसका कारण कवि-कोकिल खुद ही कहते हैं–'मन्मथ-पाठ पहिल अनुबंध', 'कबहुँ बाँधय कच, कबहुँ बिथारि। कबहुँ झाँपय अंग, कबहुँ उघारि' यह तरुणी की स्वभाव-सिद्ध चंचलता है। कितनी सरल भाषा और कितनी सूक्ष्मदर्शिता।

वह वर्णना कविशेखर की सूक्ष्मदर्शिता का परिचय दे रही थी, वह उनकी सुकुमार अवयव-वर्णना थी। अब जरा इसी विषय पर उनकी भावुकता भी देखिए–

"कि एर नव-यौवन-अभिरामा।
जत देखल तत कहइ न पारिय,
छओ अनुपम इकठामा।
हरिण, इंदु, अरविंद, करिनि, हिम,
पिक बूझ-अ अनुमानी;
नयन, वदन, परिमल, गति, तनु-रुचि,
औ अति सुललित बानी।
कुचयुग उपर चिकुर खुलि पसरल,
ता अरुझायल हारा;
जनि सुमेरु ऊपर मिलि ऊगल,
चाँद बिहन सब तारा।
लोल कपोल ललित माल कुंडल,
अधर-बिम्ब अध आई;
भौंह-भमर, नासा-पुट सुंदर।
से देखि कीर लजाई।
भनइ विद्यापति से वर नागरि,
आन न पावय कोई;

कंसदलन, नारायण, सुंदर
तसु रंगिनि पए होई।"

नवयौवनाभिरामा कामिनी पर कवि की उक्तियाँ कितनी सुकुमार, कितनी हृदयहारिणी हैं। कवि उस नवयौवनाभिरामा वामा के जिस किसी अंग को देखता है, थक जाता है। कहता है, मैं वर्णन न कर सकूँगा। हद है। कवि की यह उक्ति उस वामा को मानो और भी सुंदर कर देती है, उसमें और आकर्षण भर देती है। और, अपने न कह सकने का कारण भी कवि बतलाता है। कहता है, वहाँ छहों अनुपम एकत्र विराजमान हैं। मैं अनुपम की उपमान-उपमेय से कैसे वर्णना करूँ? कामिनी को लावण्य देनेवाले ये छहों अनुपम हैं—हरिण, इंदु, अरविंद, करिणी, हिम और पिक। हरिण से नयन, इंदु से मुख, अरविंद से परिमल (अंग-सुगंध), करिणी से गति, हिम से तनु-रुचि और पिक से नवयौवना कामिनी की सुललित वाणी की वर्णना की। कितना साफ निबाह है। गुणी और गुण का क्रम नहीं बिगड़ने पाया। फिर कठिन कुचों पर चिकुर-जाल खुलकर प्रसरित हो गये, और उनमें हृदय का हार उलझ गया। पसरल और अरुझायल शब्द-सौंदर्य की पराकाष्ठा को पहुँचे हुए हैं। कुचों पर बालों से हार के उलझने की कितनी सुंदर चुभती हुई उपमा दी है, जैसे सुमेरु-शिखर पर (बिना चाँदवाली रात को) सब तारे उगे हुए हों। अपर पंक्तियाँ भी सरल और ऐसी ही सरस आयी हैं।

कहते हैं, कविशेखर विद्यापति की कविकुल-चूड़ामणि चंडीदास से घनिष्ठ मैत्री थी। इन दोनों महाकवियों में परस्पर कविता में पत्र-व्यवहार भी हुआ करता था। ये दोनों एक ही समय के कवि थे। कविशेखर विद्यापति और भावुक-शिरोमणि चंडीदास में किसका दरजा बड़ा है, इस प्रसंग पर बहुत-सी बातें विचार के लिए सामने आती हैं। अवश्य बड़े-छोटे का निर्णय यदि इस उपर्युक्त विवेचन से हो सकता है, तो पाठक स्वयं कर लें, मेरी दृष्टि में भावुकता और सरसता दोनों में पर्याप्त है। काव्य में जब विद्वत्ता की छानबीन की जायेगी, उस समय कविशेखर विद्यापति की रचना अधिक प्रौढ़ और अधिक प्रांजल ठहरेगी। विद्यापति विचार के सब भुजों में आ सकते हैं, और बड़ी खूबी से परीक्षा में उत्तीर्ण होंगे। उनकी सौंदर्य-पर्यवेक्षण की वर्णना जितनी पुष्ट है, भावुकता भी उतना ही प्रबल है। चंडीदास में भावुकता की ही मात्रा अधिक मिलती है। कविशेखर विद्यापति कविता के कलावंत भी हैं। श्रीहर्ष की तरह और कालिदास की तरह भावुक भी, परंतु चंडीदास में कविता की कारीगरी उतनी नहीं, जितनी उनकी भावुकता प्रबल है। भावुकता या आवेश में ही कला के अनमोल रत्न उनकी लेखनी से निकले हैं; उन्होंने ज्ञात-भाव से कविता की (उच्चकोटि की) कारीगरी नहीं की। शायद वह इस तरह कर भी न सकते। कारण, उनकी पदावली के पाठ से जान पड़ता है, वह बहुत बड़े विद्वान् न थे। परंतु विद्यापति की विद्वत्ता के प्रमाण

जगह-जगह उनकी पंक्तियों से मिल जाते हैं। बंगाल के प्रचलित कीर्तन के स्वर में चंडीदास की तमाम पदावली आ जाती है। उनकी कृति संगीतमय है; स्वर ही उसके प्राण हैं। परंतु विद्यापति में संगीत भी है, और वर्णात्मक पाठ-सुख भी। चंडीदास में आवेश अधिक है, और विद्यापति में धैर्यपूर्वक सौंदर्य-निरीक्षण। एक बार मैंने वंगीय साहित्य-परिषद् (पत्रिका) में किसी बंगाली समालोचक का लिखा हुआ लेख पढ़ा था। उन्होंने उस समालोचना में चंडीदास को विद्यापति से विशेष श्रेय दिया था। संभव है, बंगाली होने के कारण चंडीदास में उन्हें विशेष माधुर्य मिला हो। उन्होंने विद्यापति की भी कम प्रशंसा नहीं की थी। विद्यापति में कविता के मुख्य दोनों गुण थे। वह सौंदर्य के द्रष्टा भी जबर्दस्त थे, और सौंदर्य में तन्मय हो जाने की शक्ति भी उनमें अलौकिक थी। कवि की यह बहुत बड़ी शक्ति है कि वह विषय से अपनी सत्ता को पृथक् रखकर उसका विश्लेषण भी करे, और फिर इच्छानुसार उससे मिलकर एक भी हो जाए। चंडीदास में केवल तन्मयता की ही शक्ति परिस्फुट हो सकी है। इसका निश्चय दोनों कवियों के विषय-निर्वाचन को देखने पर और दृढ़ हो जाता है। कविशेखर विद्यापति की पदावली का आरंभ होता है 'राधा की वयःसंधि' के शीर्षक से और कविवर चंडीदास की पदावली का 'नायिकार पूर्वराग' के शीर्षक से श्रीगणेश होता है। देखिए, विद्यापति के शीर्षक से जाहिर है, कवि शैशव और यौवन के संधिकाल का परिदर्शक हो रहा है, और चंडीदास के शीर्षक से यौवन की भावुकता और आवेश आदि जाहिर हैं। यहाँ पूर्वलिखित दोनों के स्वभाव-वैचित्र्य का हमें अच्छा प्रमाण मिल जाता है। श्रीराधा के पूर्वराग पर कविवर चंडीदास लिखते हैं—

**''यमुना जाइया श्यामेरे देखिया,**
**घरे आइलो विनोदनी;**
**बिरले बसिया काँदिया-काँदिया,**
**धेयाय श्याम-रूप खानि।**
**निज करोपर राखिया कपोल,**
**महायोगिनीर पारा;**
**ओ दुटी नयाने बहिछे सघने,**
**श्रावण मेघेरि धारा।**
**हेन काले तथा आइल ललिता,**
**राइ देखिबार तरे;**
**से दशा देखिया व्यथित होइया,**
**तुलिया लइल करे।**
**निज वास दिया मुछिया पूछए,**
**मधुर-मधुर वाणी;**

आजु केन धनि होयछ एमनि,
कहना कि लागि सुनि।
अजनम सुखे, हासि विधुमुखे,
कभू ना हेरए आन;
अजु केन बोली, काँदिया व्याकुल,
केमन करिछे प्रान।
चाँचर चिकुर, कभू ना सम्बर,
केने होइल अगेयान;
चंडीदास कहे, बेझेछे ह्रदये,
श्यामेर पिरीत-बान।''

अर्थ : तरल स्वभाववाली विनोद-प्रिय राधा (जल भरने के लिए) यमुना गयी थीं। वहाँ से श्याम को देखकर जब से लौटी हैं, एकांत में ही वह समय काटती हैं। वहीं बैठी हुई वह श्याम को मानस नेत्रों से देखतीं और चुपचाप आँसू बहाया करती हैं। अपने कर-तल पर अपना कपोल रक्खे हुए, जैसे कोई महायोगिनी बैठी हुई ध्यान कर रही हो। नेत्र श्रावण के मेघ की धारा बहा रहे हैं। ऐसे समय उसे देखने के लिए वहाँ उसकी सखी ललिता गयी। उसकी वह दशा देखकर उसे भी इतनी व्यथा हुई कि उसने राधिका को अपनी गोद में उठा लिया। अपने अंचल से उसके आँसू पोंछकर सहृदय वाणी में पूछती है—क्यों सखी, आज तुम्हारी ऐसी दशा क्यों हो रही है? तुम्हारा तमाम जीवन तो सुख में ही बीता है, यह चाँद-सा मुख सदा हँसता ही रहा है, कभी मैंने कोई दूसरा भाव नहीं देखा। भला आज क्यों रोती हुई इतनी व्याकुल हो रही हो? तुम्हारी यह दशा देखकर मेरे भी प्राण व्याकुल हो रहे हैं। न जाने कौन हृदय को मल रहा है। तुम्हें इतना भी होश नहीं रहा कि तुम अपने वस्त्र तथा बालों को सँभालो। अरे, तुम इतनी अज्ञान हो गयीं। चंडीदास कहते हैं, हृदय में श्याम की प्रीति का बाण चुभ गया है।

इन पंक्तियों में सरसता का समुद्र लहरा रहा है। भावुक कवि राधिका के पूर्वराग में भावुकता को ही परिस्फुट कर रहा है। वह सौंदर्य नहीं देख रहा। जिस तरह उसके हृदय में आवेश है, उसी तरह राधिका के भी हृदय में। भाषा अत्यंत ललित, अत्यंत मधुर, हृदय को पार कर जानेवाली, सौंदर्य की एक बहुत ही बारीक रेखा हो रही है। पाठकों के हृदय में ऐसी लघु तूलिका फेरती है कि हृदय आप-ही-आप उस लघुता को अपना सर्वस्व दे डालता है! सौंदर्य की छटा, जैसे चौथ के चाँद की मीठी चाँदनी, न बहुत उज्ज्वल, न बहुत ऐश्वर्यवाली, किंतु आकर्षक हद से ज्यादा, जैसे तेरह साल की मुकुलित बालिका—न परिपक्व ज्ञानवाली, न विचारों की शिशु।

भावुकता की मादक-शक्ति विद्यापति में भी है, और बड़ी ही तीव्र, जैसे नागिन

का जहर, क्षण-मात्र में शरीर को जर्जर कर देनेवाला। देखिये, उसी विषय पर, राधा के पूर्वराग पर विद्यापति लिखते हैं–

**''ए सखि की पेखनु अपरूप;**
**सुनइते मानवी सपन स्वरूप।**
**कमल युगल पर चाँद की माल;**
**तापर उपजल तरुण तमाल।**
**तापर बेड़ल बिजुरि-लता;**
**कालिन्दी-तीर धीर चलि जता।**
**शाखा-शिखर सुधाकर पाँति;**
**ताहे नव पल्लव अरुणक भाँति।**
**विमल बिम्बफल युगल विकास;**
**तापर कीर भीर करु वास।**
**तापर चंचल खंजन जोड़;**
**तापर साँपिनी बेड़ल मोड़।**
**ए सखि रंगिनि कहह निदान;**
**पुन हेरइते काहे हरल गेयान।**
**भनय विद्यापति इह रस भान;**
**सुपुरुष मरम तुहूँ भल जान।''**

कितनी सुंदर स्वरूप-वर्णना है! राधा इस अनुपम स्वरूप को देखकर अपनी सखी से कहती है–हे सखि, वह इतना सुंदर है कि अभी मैं जो कहती हूँ, उसे तू स्वप्न ही समझेगी। इस वर्णन के साथ सूरदास का यह पद–

**''देखहु एक अनूपम बाग;**
**युगल कमल पर गजपति क्रीड़त,**
**तापर सिंह करत अनुराग।''**

बहुत कुछ मिलता-जुलता है। यहाँ इस पद्य में कविशेखर की भावना भी प्रबल है, और सौंदर्य-दर्शन की भी प्रधानता है। अवश्य चंडीदास के पद से पूर्वराग में राधिका की जो दशा होती है, विद्यापति के पद में वह दशा नहीं हुई। 'पुन हेरइते काहे हरल गेयान' से राधिका का ज्ञान हर तो जाता है, परंतु वह होश में है। वह अपनी दशा का वर्णन आप कर रही है। अभी-ही-अभी उसने कृष्ण के स्वरूप को देखा है, आत्मविस्मृत हो चुकी है; परंतु अभी वह परिदर्शिका बनी हुई है, अपनी हालत समझती और सखी से उसका बयान करती है। यह कला है। यहाँ कविता कला के आधार पर खड़ी है। परंतु चंडीदास की नायिका राधिका पूर्वराग से बेहोश है। वह अपने

संबंध में स्वयं कुछ नहीं कहती। जो कुछ कहती है उसकी सखी ललिता कहती है। इस तरह चंडीदास ने राधिका के भाव की निर्मलता को खूब निबाहा है। भावना इतनी पवित्र है कि प्रिया प्रियतम को प्यार भी करती है, परंतु शब्दों की प्रगल्भता से अपनी चंचलता नहीं जाहिर होने देती। चंचलता भाव की गुरुता का नाश करनेवाली है, स्वभाव में दोष लानेवाली। चंडीदास इससे बचे हैं। यह इसलिए कि वह पवित्र भावना के आवेश में कविताएँ लिखते थे, कलावंत कवि न थे। विद्यापति ने कला प्रदर्शित की है। विद्यापति की भावना के पद–

**"जनम अवधि हम रूप निहारनु, नयन न तिरपित भेल;**
**लाख-लाख युग हिये हिया राखनु तऊ हिया जुड़न न गेल।"**

बेजोड़ हैं। ये पंक्तियाँ संसार के श्रृंगार-साहित्य में सर्वोत्तम स्थान अधिकृत करने की शक्ति रखती हैं। चंडीदास में भावना के भीतर से कहीं-कहीं सौंदर्य-पर्यवेक्षण आया है, और निबाह उसी तरह बड़ा ही साफ उतरा है। भावना-सिद्ध चंडीदास में आवेश के कारण अश्लीलता नहीं आने पायी। उनकी पंक्तियाँ बड़ी सहृदय हैं। वे प्यार करती हैं, किंतु अंग नहीं देखतीं, और जब अंग देखती हैं, तब आवेश में तन्मय होकर निष्पाप दृष्टि से–

**"सजनि, कि हेरनु यमुनार कूले;**
**ब्रजकुलनंदन, हरिल आमार मन,**
**त्रिभंग दाड़ायाँ तरुमूले।**
**गोकुल-नगर माझे आर कत नारी आछे,**
**ताहे केन जा पड़िल बाधा,**
**निरमल कुलखानि, जतने रेखेछि आमि,**
**बाँशी केन बोले राधा-राधा।**
**मल्लिका-चम्पक-दामे, चूड़ार चालनी बामे,**
**ताहे शोभे मयूरेर पाखे;**
**आशे-पाशे धेये-धेये, सुंदर सौरभ पेये,**
**अलि उड़ि पड़े लाखे-लाखे।**
**से कि रे चूड़ार ठाम, केवल जेमन काम,**
**नाना छाँदे बाँधे पाक मोड़ा;**
**शिर बेड़ल वैलान जाले, नव गुंजामणि-माले,**
**चंचल चाँद उपरे जोड़ा।**
**पायेर उपरे थुये पा, कदम्बे हेलाये गा,**
**गले शोभे मालतीर माला;**

वटु चंडिदास कय, ना हइल परिचय,
रसेर नागर बड़ काला।''

**अर्थ :** सखि री, यमुना के तट पर मैंने बड़ा ही सुंदर रूप देखा। तरु के नीचे त्रिभंग खड़े हुए श्रीब्रजविहारी ने मेरा मन हर लिया। सखि, इस गोकुल गाँव में और भी तो बहुत-सी नारियाँ है, उन्हें क्यों न कोई बाधा पड़ी? अपने कुल को बड़े यत्न से मैंने निर्मल रक्खा था; वंशी 'राधा-राधा' कहकर मुझे ही क्यों छेड़ती है? और उसका रूप, अहा, कितना सुंदर है! मल्लिका और चंपक की मालाओं से शोभित बायीं तरफ झुकाकर बाँधे हुए उसके जूड़े पर मयूर के पंख भी लगे हुए हैं। और मल्लिका के पुष्पसौरभ से इधर-उधर उड़ते हुए लाखों अलि उस पर टूट पड़ते हैं। और जूड़ा भी कितने सुंदर ढंग से बाँधा है उसने! कितने ही पेंच! वह जैसे साक्षात् कामदेव बन रहा हो। जूड़े के पेंच से गुंजों की मालायें भी लपेट दी गयी हैं, जैसे ये सब चंचल चाँद के ऊपर लिपटे हुए हों। एक पैर दूसरे पैर के ऊपर रख, कदंब के सहारे झुका हुआ खड़ा है; गले में मालती की माला शोभा दे रही है। चंडीदास कहते हैं, हे सखि, परिचय न हुआ, यह नागर रस का भरा हुआ सागर है।

यह चंडीदास की स्वरूप-वर्णना है। यहाँ भी वर्णनशक्ति से भावना-शक्ति प्रबल है। राधिका अपनी सखी से जितनी बातें कहती हैं, तन्मय होकर कहती हैं, द्रष्टा की तरह नहीं। चंडीदास ने नायक की जो स्थिति दिखलायी है—कदंब के सहारे झुककर खड़ा हुआ—यह अत्यंत ही मनोहारिणी हो गयी है। चंडीदास का कविवर रवींद्रनाथ पर बड़ा ही जबरदस्त प्रभाव पड़ा है। रवींद्रनाथ ने चंडीदास से बहुत कुछ लिया है। भावना-प्रकाशन का इनका ढंग भी उन्होंने अपनाया है, और छंदों की गति भी ग्रहण की है। यहाँ चंडीदास ने कृष्ण की जो स्थिति दी है, वही 'विजयिनी' में रवींद्रनाथ ने मदन की दी है—

**''मदन, वसंत सखा, व्यग्र कौतूहले;
लुकाये बसिया छिल बकुलेर तले;
पुष्पासने हेलाय हेलिया तरुपरे;
प्रसारिया पदयुग तव तृणस्तरे।''**

चंडीदास के कृष्ण कदम्ब के सहारे खड़े हैं, और रवींद्रनाथ का मदन वकुलमूल से शरीर सँभाले बैठा है। चंडीदास के 'कदंब हेलाये गा' से रवींद्रनाथ के 'हेलाय हेलिया तरुपरे' का बहुत बड़ा अंतर नहीं। अस्तु, कवि-चूड़ामणि चंडीदास ने राधिका के कृष्ण-दर्शन में चांचल्य नहीं आने दिया, भावना को ही पुष्ट रक्खा है। अंत के 'रमेर नागर बड़ काला' से कुछ चंचलता अवश्य आ गयी है। विद्यापति कृष्ण के पूर्वराग में राधिका के स्वरूप की वर्णना कितनी हृदयग्राहिणी करते हैं—

"कवरी-भय चामरी गिरि-कंदरे,
मुख-भये चाँद अकासे;
हरिनि नयन-भये, स्वर-भये कोकिल,
गति भये गज वनवासे।"

"कामिनि करइ सिनान;
हेरइते हृदये हनल पंचबान।
चिकुरे गलय जलधारा;
मुख-शशि-भये जनु रोय अँधियारा।
तितल वसन तनु लागि;
मुनिहुँक मानस मन्मथ जागि।
कुचयुग चारु चकेवा;
निजकुल आनि मिलायल देवा।
तेइँ शंका भुजपासे;
बाँध धयल जनु उड़ब तरासे।"

पहले कबरी के भय से चामरी का गिरि-कंदरा में प्रवेश, मुख के भय से चाँद का आकाश की शरण लेना, नयनों के भय से हरिणी, स्वर के भय से कोकिला और गति के भय से गज का वनवास स्वीकार करना सौंदर्य को कितनी उच्च सीमा में ले जाता है। इसमें संदेह नहीं कि यह वर्णना बहुत प्राचीन और भारत के प्रायः सब कवियों की कही हुई है। हम विद्यापति की वर्णना में यहाँ केवल निबाह देखते और उसे सार्थक उतरते हुए पाते हैं। स्नान करते समय के कामिनी के सौंदर्य का पर्यवेक्षण बड़ा ही सुंदर हुआ है–"चिकुरे गलय जलधारा; मुखशशि भये जनु रोय अँधियारा" कितना सरस है। बालों से जो जल की बूँदें टपक रही हैं, कविशेखर कहते हैं, ये बालों की बूँदें नहीं, मुखशशि के भय से अँधेरा हो रहा है।

कुचों की भी कितनी साफ और मर्मबेधिनी उक्ति है! कुचरूपी चक्रवाकों को (नायिका के) भुजपाश से बँध जाने की शंका है, इसलिए जैसे वे भीरु हो रहे हैं, मुक्ति के लिए उड़ जाना चाहते हैं। उड़ जाने के भाव से उरोजों के नुकीले उठान की ओर इशारा है, जो प्रतिदिन उभरते-भरते आ रहे हैं। यह कला है। यह उच्चकोटि की कारीगरी है। भावना की विदग्ध कविता की तरह इसमें भी एक अजीब आकर्षण है। यह बहिरंग है, वह अंतरंग, इतना ही दोनों में अंतर है। विद्यापति की विदग्धता यह है–

"सजनी, भल करि पेखन न भेल;
मेघमाला संग, तडित-लता जनु,

**हृदय शेल दइ गेल।**
**आध आँचर खसि, आध नयने हँसि,**
**आधहि नयन-तरंग;**
**आध-उरज हेरि, आध-आँचर भरि,**
**तवदधि दगधे अनंग।''**

**''दशन मुकुता-पाँति, अधर मिलायत,**
**मृदु-मृदु कहेतहि भाषा;**
**विद्यापति कह, अंतरे से दुख रह**
**हेरि-हेरि न पूरल आशा।''**

नायक नायिका की सखी से अपने हृदय का दुःख रो रहा है। देखकर भी अपनी प्रियतमा को वह अच्छी तरह नहीं देख पाया है। वह कहता है, मेघमाला के साथ जैसे बिजली—काले बालों में उसका गोरा मुख—उसकी छड़ी-सी देह ऐसी ही चमकी—मेरे हृदय में वह सेल हन गयी। भला मैं भर नजर उसे देख भी लेता; पर मेरी वह अभिलाषा पूरी न हुई। उसका जरा-सा आँचल खुला, वह जरा हँसी, आँखों पर एक तरंग आयी, उसने उरोज हेरे और झट उन्हें आँचल से ढक लिया। यह सब पल-भर में हो गया। मेरी दृष्टि ज्यों-की-त्यों प्यासी ही हेरती रही। उसके मुक्ताओं-जैसे दाँत जरा खुले, तो मधुरभाषी अधरों ने झट उन पर पर्दा डाल दिया। अच्छा, वह सुंदरता गयी, तो वाणी से श्रवण-सुख ही जो मिल रहा था, मिलता; पर नहीं, वह भी भाग्य में न था। वह बहुत धीरे-धीरे बोलने लगी। सखि, यह दुःख मेरी अंतरात्मा ही जानती है। इस तरह मैंने कई बार देखा, पर मेरी आशा की प्यास न मिटी।

यह विद्यापति के नायक की विदग्धता है—सौंदर्य की प्यास—भावना और वर्णना का मिश्रण। भावना मुख्य और वर्णना गौण।

विद्यापति और चंडीदास के 'अभिसार' के भी कुछ उदाहरण देखिये—

**विद्यापति—**

''सुंदरि चललिह प्रभु-घर लो; चहुँ दिसि सखि-सब कर धर लो।
जाइतहि हार टूटिए गेल; भूषन-वसन मलिन सब भेल।
भनइ विद्यापति गावल लो; दुख सहि-सहि सुख पावल लो।
नव अनुरागिनि राधा; कुछ नहिं मानय बाधा। –
एकलि कयल पयान; पथ-विपथहु नहिं मान।
तेजल मनिमय हार; उच कुच मानय भार।
कर-सँग कंकन-मुदरी; पंथहि ते जलसगरी।
मनिमय मंजिर पाँय; दूरहि तजि चलि जाय।

यामिनि घन अँधियार; मन्मथ हेरि उजियार।
विघन-बिथारित बाट; प्रेमक आयुध काट।
विद्यापति मति जान; अइस न हेरिय आन।"

चंडीदास–

"चलन-गमन हंस जेमन;
बिजुलि ते जेन उयल भुवन।
लाख चाँद लाजे मलिन होइल;
ओ चाँद-वदन हेरिया।
सरल भाले सिंदुर-बिंदु;
ताहे बेढ़ल कतेक इंदु।
कुसुम सुसम मुकुता-माल;
नोटन घोटन बाँधिया।
बिम्ब-अधर उपमा जोर;
हिंगुल-मण्डित अति से थोर।
दशन-कुंद जेमन क्रलिका;
किबा से ताहार पाँतिया।
हासिते अमिया बरिखे भाल;
नासा कर पर बेसर आर।
मुकुता निश्वासे दुलिछे भाल;
देखइ रे कत भालिया।
चंडिदास देखि अथिर चित;
अंगे अंगे अनंग रीत।
रस-भरे धनि सुंदरी राइ;
चलिल मरमे मातिया।"

"नयन तरल, बहे प्रेम वारि,
अथिर कुलेर बाला;
खने-खने उठे, विरह-आगुन,
दुगुन होइल ज्वाला।
मलय-चन्दन, मृग-मद जत,
अंगेते आछिल माखा;
हृदय-काँचुली, तितिल सकल,
ताहा नार्हीं गेल राखा।

प्रेम ढल-ढल, जेमन बाउल,
वनेर हरिणी पारा;
व्याध-बाण खइया, घायल होइया,
चारि दिके चाहि सारा।''

अभिसार पर चंडीदास के अन्यान्य पदों में ये उद्धृत दोनों पद मुझे विशेष पसंद आये। इनके दूसरे पदों में इतनी सरसता नहीं है। विद्यापति के जो दो उद्धरण दिये गये हैं, वे भी उनके अभिसार-प्रकरण के चुने हुए पद हैं; परंतु ऐसे ही और कहीं-कहीं इनसे भी उत्तम उक्तिवाले पद उनके इस प्रकरण में और भी मिलते हैं। विद्यापति के उद्धृत पदों के छंद सरल हैं। चंडीदास का प्रथम छंद विशेष आकर्षक है, और इस पद में कविवर की वर्णना के भूषणों से कविता कुछ अधिक ऐश्वर्यवाली जान पड़ती है। कविशेखर के पद यहाँ सरल हैं; परंतु सरलता से उनके काव्य-चमत्कार को कोई बाधा नहीं पहुँची। उनकी उक्तियाँ वैसे ही चमक रही हैं, जैसे प्रभात की रशिम से पत्रों के शिशिर-कण अपने समस्त रंगों को खोल देते हैं। विद्यापति की पंक्तियों का अर्थ बहुत साफ है। अभिसार के समय राधिका की भावना इतनी पवित्र है कि जड़ भूषणों की ओर ध्यान बिलकुल ही नहीं रहता, बल्कि भूषण भार-से मालूम पड़ते हैं। वह उन्हें निकालकर फेंक देती हैं। कितना सुंदर कहा है–''तेजल मनिमय हार; उच कुच मानय भार।'' उच्च कुच भार मानते हैं, इसलिए मणिमय हार उतार डाला। कुचों में सजीवता ला दी है। भार की असहनीयता उन्हें ही मालूम होती है। फिर ''यामिनि घन अँधियार; मन्मथ हेरि उजियार।'' अंधकार रात्रि में भी मन्मथ की किरण से नायिका पथ को आलोकपूर्ण देखती है। ''बिघन-बिथारित बाट; प्रेमक आयुध काट।'' मार्ग के विघ्न-समूह को प्रेम के आयुध काट देते हैं। कितनी सरल और कितनी चुभती हुई उक्ति है। चंडीदास के पदों से सौंदर्य का आकर्षण विद्यापति के पदों में अधिक मिलता है। चंडीदास ने भी कमाल किया है। उनके प्रथम पद में अभिसारिका शृंगार से भर रही है। जैसी कोमल भावना, वैसे ही कोमल पदक्षेप, जैसे भादों की भरी नदी अपनी पूर्णता के गर्व में, मंथर गति से, प्रियतम से मिलने जा रही हो। न कोई भय, न कोई लाज। चंडीदास कहते हैं। हंसगामिनी राधिका को देखकर ऐसा जान पड़ता है, जैसे पृथ्वी पर बिजली उतर आयी हो। उसके मुखचंद्र को देखकर लाखों चंद्र लज्जा से मलिन हो गये। भाल के सिंदूर-बिंदु को मानो कितने ही इंदुओं ने आकर घेर लिया। जब वह हँसती है, अमृत-क्षरण होता है। नासिका की बेसर का मोती साँस के झोंके से हिल रहा है; कितना सुंदर है! चित्त अस्थिर है–मिलने की आकांक्षा प्रबल है, अंग-अंग में अनंग की रीति देख पड़ती है, रस से भरी 'धनि' सुंदरी राधा यौवन की नवीन स्फूर्ति से अभिसार को चली। यह सप्रेम अभिसार है। नायिका के हृदय में आनंद की हिलोरें उठ रही हैं। उसे चाव है। विद्यापति

की अभिसारिका में प्रेम की मात्रा बहुत अधिक है। उसे अपने शरीर का ज्ञान नहीं। चंडीदास के उद्धृत दूसरे पद में प्रेम की विदग्धता का यही भाव आया है। प्रेम-दग्ध नायिका की अस्थिरता का चित्र खींचा है, और बड़ा साफ। नायिका के तरल नेत्रों से प्रेम के आँसू बह रहे हैं। वह कुल-वाला अस्थिर हो रही है। वह क्षण-क्षण में उठती है, और विरहाग्नि की ज्वाला द्विगुण बढ़ जाती है। मलय-चंदन और मृग-मद आदि से अंगों में जो कुछ लेप उसने शीतलता के लिए कर रक्खा था, उसके तप्त आँसुओं से कंचुकी के भीगने के साथ उसके हृदय तथा उरोजों पर लगाया हुआ वह लेप बह गया। कंचुकी भीग जाने से उसने उसे उतार डाला। प्रेम के पागल लोल लोचन ऐसे हो रहे हैं, जैसे व्याध के बाण से घायल वन्य हरिणी भीरु दृष्टि से चारों ओर हेरती है। कविशेखर विद्यापति और कविकुल-चूड़ामणि चंडीदास, दोनों महाकवि हैं। आकर्षण और पांडित्य कविशेखर में मुझे अधिक मिला। कुछ लोग कविशेखर को अश्लील कहते हैं। उन नीतिज्ञ महापुरुषों की कविता समझने की शक्ति पर मुझे संदेह है। चंडीदास में अश्लीलता अवश्य नहीं आने पायी। इनकी उक्तियाँ एक साधक भक्त की-सी उक्तियाँ हैं। यह साधक थे भी। एक ही समय के, वंग और मिथिला के, ये दोनों महाकवि साहित्य के अमूल्य रत्न हैं, इसमें जरा भी संदेह नहीं। कहते हैं, ये कवि महापुरुष थे। और श्रीचैतन्यदेव के आविर्भाव से पूर्व इन्हें इसलिए आना पड़ा कि ये श्रीकृष्ण-राधा के अलौकिक प्रेम पर अपनी-अपनी रस-सिद्ध रचनाएँ रख जायें। श्रीमहाप्रभु आकर रसास्वादन करेंगे। जिन कवियों के संबंध में भारतवर्ष के विद्वानों की यह धारणा है, उन पर अश्लीलता का दोष मढ़ने से पहले आजकल के समालोचक अगर कुछ विचार कर लिया करें, तो बुरा न होगा।

[‘सुधा’, मासिक, लखनऊ, अगस्त, 1928।
प्रबंध-प्रतिमा में संकलित (‘विद्यापति और चंडीदास’ शीर्षक से)]

# दो महाकवि, गो. तुलसीदास और रवींद्रनाथ

(तुलनात्मक आलोचना)

बहुत-से लोगों का कहना है, विभिन्न काल के दो महाकवियों की तुलनात्मक आलोचना उचित नहीं। एक बार यह बहस साहित्यिक गोष्ठी में बड़े जोरों से उठी थी, मुझे जहाँ तक स्मरण है, 'सरस्वती' में छपे हुए 'गोस्वामी तुलसीदास और वर्ड्सवर्थ' के एक आलोचनात्मक निबंध पर। सच है कि काल के परिवर्तन के साथ-साथ कविता के बाहरी अंग भी परिवर्तित हो जाते हैं, आचार-व्यवहार और सभ्यता के नवीन रश्मिपात से साहित्य के कानन में एक दूसरी ही श्री आ जाती है, जिसमें नवीन दृष्टि के लिए अधिक आकर्षण, सौंदर्य के लिए एक विशेष रोचक जाल फैला दिया जाता है, जिसे समालोचक नवीन युग की विशेषता के नाम से पुकारते हैं। नये काल की कल्पना साहित्य के हृदय पर जो नवीन चिह्न अपने समय के मार्जन और इतिहास के रूप से छोड़ जाती है, उस समय की वे प्रांजल रेखायें और जन-समूह की रुचि-अनुकूलता प्राचीन साहित्य के सौंदर्य को दबा देने के लिए ही जैसे तुली हुई हों—और, रुचि तथा स्पर्द्धा से ही जबकि नवीन प्राचीन से भिन्न हुआ है। जो लोग नवीन संसार के साथ-साथ नहीं चल सके या किन्हीं अन्य कारणों से प्राचीन के प्रशंसक हैं, वे उसी तरह नवीन से लड़ते और प्राचीन के पक्ष में रहते हैं। अवश्य इन दोनों प्रकार के जो कारण एक-दूसरे के अनुकूल ठहरते हैं, इस आलोचना में उनमें कोई भी नहीं। कारण, यहाँ कविता की आत्मा पर विचार किया गया है जो देशकाल से किसी तरह भी विच्छिन्न नहीं। एक उदाहरण दूँ—वैदिक साहित्य में विशेषणों का अधिक प्रयोग नहीं आया, फिर संस्कृत काल में, जब वासना के भोग के लिए साहित्य से विशेषणों की चाह हुई, अलंकार और विशेषणों के प्रयोग बढ़ने लगे : फिर पाली में लालित्य की तृष्णा इतनी बढ़ी कि कविता में जहाँ तक हो सका, लकार की अधिकता और रकार का वर्जन किया जाने लगा। ब्रजभाषा में शब्दों और धातुओं के परिवर्तन की हद हो गयी। इस तरह का परिवर्तन कविता की आत्मा का परिवर्तन नहीं, यह रुचि का परिवर्तन है। इस विचार से हमें विभिन्न काल के कवियों पर आलोचना करने का अधिकार है, जहाँ तक मैं समझता हूँ।

पाश्चात्य शिक्षा के अनुसार, आजकल सभ्यता के साथ-ही-साथ ज्ञान का अधिकाधिक विस्तार हो रहा है, लोग कहते हैं। इस विचार से इस समय, लोगों का यह भी कहना है कि अब पहले की अपेक्षा कविता की सीमा भी बहुत बढ़ गयी है, अब किसी देश या काल में बँधा हुआ कवि विश्व-साहित्य के हृदय से नहीं मिल सकता। जिस तरह सूर्य्य की रश्मियाँ सबके लिए उदार हैं, पवन के विचार में अपना और पराया नहीं, वारिधारा में कोई स्वार्थभाव नहीं छिपा हुआ, उसी तरह इस युग के कवि के भाव हैं—या किसी विषय के महान व्यक्ति के, जब कविता में सांप्रदायिकता का प्रचार भी निन्द्य हो रहा है। जो सत्य सार्वजनिक, अनादि और चिरंतन हैं, जिसे सब देश के लोग समभाव से ग्रहण कर सकते हैं, यदि कविता में उसका अस्तित्व है तो कविता इस युग के अनुकूल कही जा सकेगी।

कविता की बात तो मैं पीछे कहूँगा। यहाँ, इस चमत्कारजन्य सभ्यता के लिए मेरा यह कहना है कि जितने अंशों में यह सभ्यता लोभप्रसू सिद्ध हो रही है, उतने ही अंशों में जटिल और पर-स्व-हारिणी। वैज्ञानिक उन्नयन का लक्ष्य मनुष्य जाति को सबल, पुष्ट तथा मेधावी बनाना है या दूसरों को आराम देना और स्वयं धनवान होना, मीमांसा उन सृष्टि के नाश-काल में दीख पड़ती है। विज्ञान अवश्य पहले भी था और बीजरूप से प्रकृति के अशेष भांडार में रहकर फिर निकला, न जाने और क्या-क्या निकलता रहे; इसमें जो नहीं निकलता वह जीवन, प्रेम, आनंद है, वह कभी निकल भी नहीं सकता। कारण, प्रेम और आनंद कारीगरी या स्पर्द्धा की कोई वस्तु नहीं, वह चिरंतन है, और यांत्रिक सबकुछ नश्वर। इसीलिए यहाँ की महान आत्माओं को जब-जब सिद्धियाँ मिलीं, उन्होंने उसका वर्जन किया। वे जानते थे, यह चिरंतन नहीं, यह प्राणों के साथ पूर्णतः पति-पत्नी-संयोग की तरह या किसी समकोण का समकोण के साथ मिल जाने की तरह नहीं मिल सकता; यह आडंबर, प्रतिष्ठा, शक्ति आदि की श्रेणी का कुछ है। वे समझ गये थे, और जो कुछ भी संसार को दिया जाय, उससे उसका अभाव मिट नहीं सकता। कारण, जो दिया गया वह असीम था और अभाव के मानी ही हैं सीमा में अवस्थिति। इसीलिए वे लोगों को आनंद, ज्ञान, प्रेम देते थे जो अक्लेद हैं। जिन लोगों को आध्यात्मिक सिद्धियों पर विश्वास नहीं होता वे भारत और योरोप के जादूगरों से मिल सकते हैं और बिना यन्त्र के ही बहुत बड़ी-बड़ी करामातें देख सकते है। यहाँ समय नहीं कि इस पर अधिक पंक्तियाँ लिखी जायँ, इतना ही कहूँगा; जड़-विज्ञान और आत्म-विज्ञान का प्रसरण-ढंग अलग-अलग होने पर भी न्यायतः दोनों एक ही सिद्ध हुए हैं। परंतु जिस तरह उधर प्राण नहीं, उसी तरह इधर भी। इसीलिए गीता में कहा है, "हे अर्जुन! जिसके पास एक भी सिद्धि है, उससे मैं (आत्मा, ज्ञान, प्रेम) बहुत दूर हूँ।"

यह सब सोचकर, भारत ने अपनी सभ्यता के आदि युग से लेकर अब तक दैन्यपीड़ित, विलास के सागर में डूबे हुए भी दुखी, अन्यान्य देश के लोगों को भी

कुछ दिया है, वह है ज्ञान जिससे मनुष्य अपने को पहचान लेता, उसके शरीररूपी जड़ से उसका अभ्यास छूट जाता, उसके बंधनों से उसकी मुक्ति होती है। उस समय प्रकृति का अधिकार, इंद्रजाल का मोह उस पर नहीं रह जाता, वह अमृत हो जाता है। महाकवि ग़ालिब कहते हैं–

**न था कुछ तो खुदा था,**
**कुछ न होता तो खुदा होता।**
**डुबोया मुझको होने ने,**
**न होता मैं तो क्या होता।**

यहाँ 'मैं' के होने से ही सबकुछ हुआ है, और इस 'मैं' ने ही महाकवि को डुबा भी दिया है। कारण, न यह मैं छूटता है और न खुदा मिलता है। कुछ हो, यहाँ 'मैं' ही इस संसार को प्रत्यक्ष करता है, इसमें अध्यस्त है, पर सत्य के प्रत्यक्ष होने पर यह कुछ नहीं रहता, सब बर्फ की तरह गलकर अगाध आनंद-सागर में लीन हो जाता है–

**जिहि जाने जग जाय हेराई।**

वह आनंद, ज्ञान अपने इतने नजदीक की वस्तु है कि फिर दूसरी वस्तु दीख ही नहीं पड़ती। मन जो देखनेवाला था जब गल गया तो देखे कौन, उसके शिथिल होते ही इंद्रियाँ भी अकर्मण्य और चलाचल का खंड-ज्ञान भी गायब। इतने नजदीक वह आनंद था कि मिला तो केवल वही रह गया। गो. तुलसीदास जी ने तभी कहा है–

**राम प्राण के जीवन जी के।**
**स्वारथ-रहित सखा सब ही के॥**

यहाँ गो. तुलसीदासजी के राम वही हैं जो रमे हुए हैं–स्वार्थ-रहित सबके सखा वे तभी समझे जाते हैं।

इतिहास में सभ्यता का उत्थान जहाँ-जहाँ हुआ, मिस्र, अरब, फारिस, ग्रीस रोम आदि देशों में, ये वैदांतिक भाव वहाँ-वहाँ पहुँचे और सुकृत या विकृत रूप से उनके साहित्य में ठहर भी गये। जिस ग्रीक सभ्यता की बुनियाद पर आज पश्चिमी सभ्यता की इतनी बड़ी-बड़ी इमारतें उठी हैं, साहित्य, शिल्प और कला-कौशल की प्रदर्शनी मनोहर की गयी है, इतिहास के पाठक अच्छी तरह जानते होंगे, ग्रीक-साहित्य की कितनी छाप वहाँ पड़ी है। जब योरप कुछ और जाग्रत हुआ, प्रत्येक विषय के इतिहास का पता लगाने लगा, उस समय कोई विषय उससे अज्ञात नहीं छूटा; हर एक देश ने एक-एक प्राचीन सभ्य देश को केंद्र करके उसकी तमाम शिक्षाओं की छानबीन की। धीरे-धीरे योरप संसार के प्राचीन सभ्य साहित्यों का भंडार बन गया।

कविताओं और गाथाओं में वेदांत के जो भाव प्रचारित किये गये थे, और-और देशों में वे गये तो, पर अनेक कारणों से उनका रूप विकृत हो गया, झुकाव तृष्णा की ओर। उसकी प्राप्ति के पहले बुनियाद मजबूत करने की जरूरत पड़ती है। बहिर्देशों में ऐसा नहीं हुआ। यह काम शुरू से अब तक भारत ही करता गया है। इसलिए रहस्यवाद, जिसका उत्थान शुद्ध वेदांतवाद से हुआ है, भारत के चरित्रनिष्ठ बड़े-बड़े महात्मा ही अपनी सृकृतियों द्वारा कहते आये हैं। इस तरह का दोष–

**ऐ मेरे बुते शैदा, जो तू है वही मैं हूँ।**
**फिर किसलिए यह पर्दा, जो तू है वही मैं हूँ॥**

उनमें नहीं आने पाया। यहाँ निर्विषय वेदांतवाद को विषय की ओर कवि ने मोड़ा है, अर्थ करनेवाले इन पंक्तियों में कितनी ही महत्ता क्यों न देखें। बात यह होती है कि इस तरह की वर्णना में शराब जो रहती है उसमें नशा इतना कड़ा रहता है कि होश नहीं रहता, और शरीर से, जो दिव्य नहीं, जुड़ जाने के कारण गिर जाता है। किसी पाश्चात्य विद्वान ने लिखा भी है, मुझे जहाँ तक स्मरण है, कि दर्शन और तृष्णा एक साथ मिलकर अच्छे कवित्व की सृष्टि करते आये हैं। इस तरह की उक्तियाँ भी वहाँ की रुचि का परिचय देती हैं। उमर ख़ैयाम, काण्ट, ब्लेक, स्पेन्सर आदि जितने कवियों और दार्शनिकों ने अनादितत्त्व में हाथ लगाया है, उन्हें सच्ची सफलता वहीं मिली है, जहाँ उन्होंने सच्चा अनुवाद या तदनुकूल ही लिखा है; परंतु इसके वे लोग द्रष्टा नहीं थे। यह तब मालूम होता है, जब उन्होंने अधिक पंक्तियों में अपनी तरफ से कुछ लिखना चाहा है। यही हाल महाकवि रवींद्रनाथ की दार्शनिक कविताओं का है। जब तक वे शेक्सपियर की तरह मनोराज्य की उधेड़बुन में रहते हैं, बहुत ही अच्छे रहते हैं, परंतु केवल मनोराज्य की कल्पना सर्वोच्च नहीं, यहाँ तो सवाल खड़ा होता है कल्पना के मर जाने का–ब्रह्मदर्शन के बाद जो कल्पना होती है, उसका। तभी वह राह पर धोखा नहीं खाता, गिरता नहीं, उसके पैर बेताला नहीं पड़ते। यह सब लोग नहीं समझ सकते कि कहाँ ताल कटी, पुस्तकों के ज्ञान से चलनेवाले को अद्वैत तत्त्व पर कहाँ धोखा हुआ।

रवींद्रनाथ का एक उदाहरण–

**आमाय तोमाय मिलन हाले सकलि जाय भूले।**
**विश्व-सागर ढेउ खेलाये उठे तखन दुले।**

[मेरा और तुम्हारा मेल होता है तो मैं सब कुछ भूल जाता हूँ, उस समय यह विश्व-सागर तरंगाकार (खेलता हुआ) डोल उठता है।]

यहाँ पहली पंक्ति से दूसरी पंक्ति का साम्य बिलकुल नहीं पाया जाता। दूसरी पंक्ति का संबंध छिन्न हो जाता है। मेरा और तुम्हारा संयोग जब होता है, मैं सबकुछ

भूल जाता हूँ, इतना तो सत्य है। फिर जो उस समय विश्वसागर तरंगाकार (क्रीड़ायें करता हुआ) डोल उठता है, यह कौन देखता है?—देखने वाला 'मैं' तो 'तुम'—अनादि से मिलकर एक हो गया—अब जब वह रह नहीं गया, कवि सब कुछ भूल गया है, तो अब बाद में क्या हो रहा है क्या नहीं, इसकी खबर वह कैसे दे रहा है?—और एक ही वाक्य में—'मेरा और तुम्हारा मेल होने पर मैं सब कुछ भूल जाता हूँ, उस समय (यह 'उस समय' ध्यान देने योग्य है) विश्वसागर तरंगाकार डोल उठता है,—इस तरह के भाव पर तुलसीदास बहुत ही खूब उतरते हैं—

**सो जाने जिहि देहु जनाई। जानत तुमहिं तुमहिं ह्वै जाई॥**

मिल जाने के बाद, 'तुम' हो जाने के बाद, तुलसीदास फिर उस कल्पना का अंत भी कर देते हैं।

कुछ लोग जो कहते हैं कि वेदांत-सूत्रों में कविता नहीं, वह तो शुष्क शब्दबंध मात्र है; जहाँ कविता रहती है, वहाँ राग-विराग और विरह-मिलन की वर्णना अलंकारों से सजकर रसों के उच्छ्वास तथा आवर्तों से अनंत की ओर अग्रसर होती है—जैसे कोई अभिसारिका, कविता का यथार्थ आनंद तभी मिलता है; मेरे विचार से पाठक स्वयं अभिसारिका के दर्शनों का प्यासा रहता है, इसलिए उसकी दृष्टि कविता में नायिका और अभिसारिका को ही खोजती रहती है।

कविता में अनेक कोटियाँ हैं, जहाँ भाव किसी प्रकार का बाहरी अवलंब नहीं लेते, वहीं कविता को कलंक स्पर्श नहीं करता, अन्यथा उच्च भावना जड़ावलंब से गिर जाती है। मुझे जान पड़ता है, उस तरह के लोगों को राधिका के कलंक, बिरह-मान, गृह से अर्द्धरात्रि में अभिसार, नायिका का अन्वेषण, कालिंदी विहार, रास, वंशी आदि-आदि में निहायत सुंदर कवित्व मिलता होगा, पर चांचल्य रहित, स्थिर मूक, पावन दृष्टि सीता में नहीं। शराब और प्याले में जो कविता है—

**जाहिद शराब पीने दे मसजिद में बैठ के,**
**या वह जगह बता कि जहाँ पर खुदा न हो।**

ऊँचे-ऊँचे भावों का अक्सर दुरुपयोग ही है। इस नशे के कारण निबाह भी प्रायः पूरा नहीं उतरता। पर किसी में कुछ दुनिया की प्रगति रोकने की शक्ति तो है नहीं, और दुनिया की सृष्टि-विचित्रता भी अपने रस-ग्रहण वैचित्र्य को छोड़ नहीं सकती, ऐसी हालत में कौन इसके पीछे हैरान हो। हाँ, एक विचारमात्र लिख रहा हूँ। यहाँ जो कमल, चम्पक, जवा आदि की उपमायें दी गयी हैं, सब सात्विक भाव की वृद्धि के लिए ही। लेकिन Passion वाले पश्चिम के मन को Lotuslike face कितना हँसता है—आप लोग जानते हैं। इस तरह रवींद्रनाथ में शराब की मात्रा बहुत है, भाषा ने भी अपना लज्जावरण मर्मद्रष्टा महाकवि के चरित्र-चित्रण में मुक्त कर दिया है, वहाँ

उसके नग्न सौंदर्य में केवल उच्च कोटि की शिष्टता रह जाती है—छंदों के ताल-ताल पर परियों का नृत्य।

शृंगार की रचनाओं में रवींद्रनाथ अद्वितीय हैं, परंतु मनुष्य को मनुष्य से अधिक नहीं देखते। दैवी उपमायें उस तरह खिलती नहीं, शायद दिव्य सौंदर्य का स्फुरण वैसा अच्छा उनकी कविताओं में हो भी नहीं सकता। भाषा और छंदों की गति बहिर्मुखा है—उस उद्दाम गति में जब वे शांत प्रवाह लाते हैं, उस समय दुःख के परमाणुओं से मिली कोई करुणा किसी रागिनी में बजने लगती है—दिव्य चित्र नहीं निकलता। इधर तुलसीदास में दिव्य-भाव की ही छटा है, साधारण नारी-भाव का चित्रण जो गृहस्थों के सांसारिक रसों की तरह भोग्य हो, उन्होंने नहीं किया; शायद महात्मा होने के कारण शरीर-संस्पर्श की ओर उन्हें बड़ी सतर्क दृष्टि रखनी पड़ी। जब कभी इस तरह का संस्पर्श आया है उन्हें उसे दिव्य रूप ही देना पड़ा है। उनके जितने पात्र हैं, प्रधान पात्र प्रायः सभी सच्चरित्र हैं। अपर जो राक्षस, इंद्र आदि इन महापुरुष-चरित्रों के विरोध में हैं, उन्हें 'हेयंदुःखमनागतम्' के विचार से उन्होंने भली-बुरी सुनायी है। इस तरह, उनकी मानवीय प्रकृति की ईर्ष्या मात्र प्रकट हुई है। अन्यथा प्रायः सब जगह वही शुद्ध धारा-प्रवाह। शृंगार में भी वही। आँखों के सौंदर्य पर महाकवि रवींद्रनाथ लिखते हैं—

**जे खाने पथेर बाँके गेल चलि नत आँखे,**
**भरा घट लये काँख तरुणी।**

"जहाँ रास्ते के मोड़ पर, भरा घड़ा काँख में लिए, नीची आँखें किये तरुणी (कामिनी) चली गयी।" रवींद्रनाथ इस तरह के चित्रों के खोलने में अपना सानी नहीं रखते। चित्र सब अपना; अत्यंत मार्जित (उन्नत से साधारण तक लेकर), वहाँ सौंदर्य का आकर्षण निहायत प्रबल है। ब्रजभाषा हिंदी के शृंगारी कवि भी इस तरह चित्रांकन में बहुत दूर तक पहुँचे हैं। गो. तुलसीदास—

**बहुरि बदन-बिधु अंचल ढाँकी। पिय तन चितै दृष्टि करि बाँकी॥**
**खंजन मंजु तिरीछै नैननि। निज पति तिनहि कह्यो सिय सैननि॥**

**चकित विलोकति सकल दिसि, जनु सिसु मृगी सभीत।**

'पिय तन चितै दृष्टि करि बाँकी' में दृष्टि की जिस सूक्ष्म मृदुल गति से प्रिय की पहचान करायी गयी है, अद्भुत है। फाँस कहीं कोई नहीं और एक बहुत छोटे से Aciton का चित्र है। चित्र काव्य में महाकवि तुलसीदास की कुशलता कहीं भी ऊन नहीं। आँखों पर वासना का चित्र भी कितना सुंदर है—

**केहि हेतु रानि रिसानि, परसत पानि पतिहि निवारई॥**
**मानहु सरोष भुजंग-भामिनि विषम भाँति निहारई॥**
**द्वै बासना रसना सदन वर मर्म ठाहर देखई॥**
**तुलसी नृपति भवितव्यतावश काम कौतुक पेखई॥**

यहाँ रानी का देखना किस ढंग से है और राजा का देखना किस ढंग से, जरा गौर कीजिए। और उस जहरीली निगाह से—शराब की-सी भरी कविता-मूर्ति से, राजा के अंदर क्या भाव पैदा होता है, यह भी देख लीजिए।

रवींद्रनाथ चित्रों को अपनी सुकुमार कुशल लेखनी द्वारा केवल सर्वांग सुंदर कर देना ही नहीं जानते, वे उनमें जान डाल देते हैं। एक जगह उन्होंने जो लिखा है, कितनी ही जटिल समस्याओं का जैसे एक ही चित्र, भाव-अभिव्यक्ति से मर्मस्पर्शी उत्तर दे रहा हो, एक कवि की शिक्षा इससे अच्छी और हो नहीं सकती—

**चारि दिके तर्क उठे सांग नाहीं होय**
**कथाय कथाय बाड़े कथा;**
**संशयेर उपरेते चापिछे संशय,**
**केवलि बाड़िछे व्याकुलता।**
**फेनार उपरे फेना ढेउ, परे ढेउ, गरजने बधिर श्रवण,**
**तीर कोन दिके आछे नाहीं जाने केउ, हाहा करे आकुल पवन।**
**एइ कल्लोलेर माझे निये एसो केह, परिपूर्ण एकटी जीवन,**
**नीरवे मिटिया, जाबे सकल संदेह, थेमे जाबे सहस्र बचन।**
**तोमार चरणे आसि माँगिबे मरण लक्ष्यहारा शत-शत मत,**
**जेदिके फिराबे तुमि दुखानि नयन, सेदिके हेरिबे सबे पथ।**

[चारों तरफ तर्क उठते रहते हैं, उनकी समाप्ति नहीं होती, बातों-ही-बातों में बातें बढ़ती रहती हैं, संशय के ऊपर संशय चढ़ता जाता है, केवल व्याकुलता बढ़ती रहती है। फेन पर फेन, तरंग पर तरंग, गर्जना से श्रवण बधिर हो रहे हैं, तीर किस तरफ है, कोई नहीं जानता; आकुल पवन हहर-हहर कर रही है। इसी कल्लोल के बीच कोई ले आओ एक परिपूर्ण जीवन, सब संदेश चुपचाप मिट जायेंगे, सहस्रों वचन रुक जायेंगे। तुम्हारे चरणों पर लक्ष्यहीन शत-शत मत मृत्यु (अवसान, समाप्ति) की प्रार्थना करेंगे, जिधर तुम दोनों आँखें फेरोगे, सब लोग उधर ही रास्ता देखेंगे।]

इस चित्र में जो व्याख्या है वह उसकी है जिसमें पूर्ण चित्र के अंकन की शक्ति है; वह चित्र चाहे कविता का सर्वांग सुंदर चित्र हो या साधक का, साधनालब्ध मनोराज्य में चुपचाप खींचा हुआ इष्ट-चित्र, जिसके लिए ध्यान-धारणा आदि की अपेक्षा रहती है। किसी तरह का चित्र क्यों न हो, यदि कोई इसके खींचने में समर्थ है, तो निस्संदेह वह संसार के सहस्रों आवर्त में शांति की स्थापना कर सकता है; तभी उसके पास

लक्ष्यभ्रष्ट सहस्रों मत अपने हठी रूप को समाप्त कर देने, नवीन सुंदर प्रफुल्ल आलोकोज्ज्वल रूप लेने के लिए आवेंगे, वह जिधर आँखें फेरेगा, उधर ही सब लोग राह देखेंगे। यह अंतिम पंक्ति बड़े ही उच्च भाव की है; इस तरह चित्रों में जीवन की स्फूर्ति रवींद्रनाथ जगह-जगह दिखलाते हैं–

**पत्र-पुष्प-ग्रह-तारा-भरानीलाम्बरेमग्नचराचर,**
**तुमि तार माझ खाने कि मूर्ति आँकिले प्राणे**
**कि ललाट, कि नयन, कि शांत अधर।**
**सुगम्भीर कलध्वनिमय ए विश्वेर रहस्य अकूल,**
**माझे तुमि शतदल फुट छिले ढलढल**
**तोरे आमि दाँड़ाइया सौरभे आकुल।**
**परिपूर्ण पूर्णिमार माझे ऊर्ध्व मुखे चकोर जमन,**
**आकाशेर धारे जाय, छिड़िय देखिते चाय**
**अगाध स्वपन-छाया ज्योत्स्ना-आवरण।**
**तेमनि सभये प्राण मोर तुलिते चाइतो कतो बार,**
**एकान्त निकटे गिये समस्त हृदय निये**
**मधुर रहस्यमय सौंदर्य तोमार।**
**हृदयेर काछा काछि सेइ प्रेमेर प्रथम आना गोना,**
**सेई हाते-हाते ठेका सेइ आधो चोखे देखा,**
**चुपि-चुपि प्राणेर प्रथम जाना शोना।**
**अजानित सकलि नूतन, अवश चरण टलमल,**
**कोथा पथ, कोथा नाई, कोथा जेते, कोथा जाइ,**
**कोथा होते उठे हासि कोथा अश्रु जल।**

[पत्र-पुष्प-ग्रह-ताराओं भरा चराचर नील अंबर में मग्न है, तुमने उसके बीच मेरे प्राणों में कैसी मूर्ति खींच दी!–कैसा ललाट, कैसी आँखें, कितने शांत अधर!

सुगंभीर कल ध्वनिमय इस विश्व के अकूल रहस्य, जिनके बीच तुम कमल की तरह खिली हुई, डोल रही थीं, मैं किनारे पर, सौरभ से व्याकुल, खड़ा था।

परिपूर्ण पूर्णिमा में ऊर्ध्वमुख हो चकोर जैसे आकाश के किनारे तक जाता, अगाध स्वप्न-छाया ज्योत्स्नावरण चीरकर देखना चाहता है।

उसी तरह, सभय मेरे प्राण कितने ही बार बिलकुल नजदीक जाकर, समस्त हृदय ले तुम्हारे रहस्यमय मधुर सौंदर्य को तोल लेना चाहते थे।

हृदय के पास वह प्रेम का पहला ही आना-जाना हुआ था, वह हाथ से हाथ का लगाना, वह अधखुली आँखों से देखना, चुपचाप प्राणों का पहले ही पहल प्राणों से परिचय।

अज्ञात, सभी नया, अवश टलमल चरण, कहाँ है मार्ग, कहाँ नहीं; कहाँ जाने को है, कहाँ जा रहा हूँ; कहाँ से हास्य उठता है और कहाँ से आँसू!]

यह चित्र पुरुष के यौवनोन्मेष का है। संपूर्ण कविता में जैसे अनेकानेक चित्रों से यौवन-विज्ञान ही चित्रित कर दिया गया है। इसमें जितना अंश दिया गया है, पुरुष की दृष्टि में प्रियतमा नारी-मूर्ति किस तरह आती है, कितनी सुंदर, हृदय में कितना मधु और सुगंध लेकर, उस समय पुरुष की अवस्था कैसी होती है। और कैसी उसकी क्रिया, महाकवि रवींद्रनाथ बहुत अच्छी तरह बतला देते हैं।

**वइ मन-उदासीन वइ आशाहीन भाषा हीन काकली,**
**देय व्याकुल परशे सकल जीवन विकलि,**
**हाय मिछे मने होय जीवनेर व्रत मिछे मने होय सकली!**
**मने होय जारे छाड़िया एसेछि फिरे देखे आसि शेष बार,**
**वइ काँदिछे से जेनो एलाए आकुल केशभार,**
**जारा गृह छाये बोसि सजल नयन मुख मने पड़े से सबार।**

कवि यहाँ संसार के बंधनों को तोड़कर बाहर निकला है, वह बहुत कुछ करना चाहता है, ऐसे समय, घर से कुछ दूर चलने के बाद ही, वह किसी को भैरवी गाते हुए सुनता है, ठहर जाता है, रागिनी के आरोह-अवरोह में भूल जाता है, फिर जो कविता में ऊहापोह, भावना का उत्थान-पतन, संकल्प-विकल्प, प्रतिज्ञा और फिर खंडन दिखायी पड़ते हैं, यथार्थ साधारण घटनाओं के भीतर से जैसे कुछ चिरकालिक सुंदर, गंभीर भावनामय दे जाते हैं। भैरवी सुनकर कवि कहता है :

[वह मन को उदास कर देनेवाली, बिना आशा की भाषाहीन तान अपने व्याकुल स्पर्श से मेरे कुल जीवन को विकल कर देती है। हाय! जीवन का व्रत और सभी कुछ मिथ्या जान पड़ता है।

याद आता है, जिसे छोड़ आया हूँ, फिर उसे, बस एक बार और—इस अंतिम बार के लिए देख आऊँ।

देखो, जैसे वह अपने व्याकुल केश-भार खोले हुए रो रही है, जो गृह की छाया में बैठी हुई भी सजल-नयना हो रही है, उन सबके मुख याद आ रहे हैं।]

**अयि सन्ध्ये,**
**अनंत आकाश तले बसि एकाकिनी, केश एलाइया,**
**नत करि स्नेहमय मोहमय मुख जगते रे कोलेते लाइया,**
**मृदु-मृदु ओकि कथा कहिस आपन मने मृदु-मृदु गान गेये-गेये**
**जगतेर मुख पाने चेये।**

[अयि संध्ये, अनंत आकाश के नीचे अकेली बैठी हुई, केश खोले हुए, स्नेहमय मोहमय मुख झुका, संसार को गोद पर ले, मधुर-मधुर यह कौन-सी बात आप-ही-आप कह रही है मृदु मधुर गान गाती हुई संसार के मुँह की ओर हेरकर?]

फूल खिलने की उपमा देकर रवींद्रनाथ यथार्थ कवि की कविता की व्याख्या कर रहे हैं–

**तोरा केउ पारबिने गो पारबिने फूल फोटाते।**
**जतइबोलिस, जतइकरिस, जतइतारेतुले धरिस,**
**व्यग्र होये रजनी दिन आघात करिस बोटाते,**
**तोरा केउ पारबिने गो पारबिने फूल फोटाते।**
**दृष्टि दिये बारे बारे म्लान करते पारिस तारे,**
**छिंढ़ते पारिस दल गुलितार धूलाय पारिस लोटाते।**
**तोदेर विषम गण्डगोले यदिइ बा से मुखटी खोले,**
**धरबे ना रंग–पारबे ना तार गंध टुकु छोटाते।**
**तोरा केउ पारबि ने गो पारबिने फूल फोटाते॥**
**जे पार से आपनि, पारे, पारे से फूल फोटाते।**
**से सुधु चाय नयन मेले दुटी चोखेर किरण फेले,**
**अमनी जेनो पूर्ण-प्राणेर मंत्र लागे बोटाते।**
**जे पारे से आपनि पारे पारे से फूल फोटाते॥**
**निश्वासे तार निमिषते, फूल जेनो चाय उड़े जेते,**
**...पाखा मेले... हावाय थाके लोटाते।**
**रंग जे फूटे ओठे, कतो, प्राणेर व्याकुलतार मतो,**
**जेनो कारे आनते डेके गंध थाके फोटाते,**
**जे पारे से आपनि पारे पारे से फूल छोटाते॥**

[तुम लोग कोई फूल खिला नहीं सकोगे। जितना ही कहो, जितना ही करो, जितना ही उसे उठाये पकड़े रहो, व्यग्र हो, दिन-रात डण्ठल में आघात करते रहो, पर तुम लोग कोई फूल खिला नहीं सकोगे।

बार-बार अपनी दृष्टि से उसे म्लान कर सकते हो, उसके दल नोच सकते हो, धूल में उसे लोटा सकते हो, तुम्हारे इस विषम गोलमाल से यदि वह मुँह खोले भी, तो रंग नहीं पकड़ेगा, अपनी गंध का विकिरण नहीं कर सकेगा। तुम लोग कोई फूल खिला नहीं सकोगे।

जो सकता है वह आप ही कर सकता है, वह फूल खिला देता है। वह सिर्फ आँखें खोलकर हेरता है, दोनों आँखों की किरणें डालकर, कि तत्काल वृंत पर भरे प्राणों का जैसे मंत्र लग जाय। जो सकता है, वह आप फूल खिला सकता है।

उसकी साँस से, पलक मारते ही, फूल जैसे उड़ जाना चाहे, पत्रों के पंख फैला हवा में लोटता रहता। न जाने कितने रंग खुल पड़ते हैं, प्राणों की व्याकुलता की तरह, जैसे किसी को बुला लाने के लिए अपनी सुगंध भेजता रहता है। जो सकता है, वह आप फूल खिला सकता है।]

**काहार नूपुर-शिञ्जित पद सहसा बाजिल वक्षे?**
**संन्यासीवर चमकि जागिल, स्वप्न-जड़िमा पलके भागिल,**
**रूढ़ दीपेर आलोक लागिल क्षमा-सुंदर चक्षे॥**
**नगरीर नटी चले अभिसारे यौवन-मदे मत्ता।**
**अंगे आँचल सुनील वरण, रुनुझुनु रवे बाजे आभरण,**
**संन्यासी गाये पड़िते चरण थामिल वासवदत्ता॥**
**प्रदीप धरिया हेरिल ताहार नवीन गौर कान्ति–**
**सौम्य सहास तरुण बयान, करुणा-किरणे विकच नयान,**
**शुभ्र ललाटे इन्दु-समान भातिछे स्निग्ध शांति॥**

**संन्यासी कहे करुणा बचने, 'अयि लावण्य-पुंजे,**
**एखनो आमार समय होयनि, जेथाय चलेछो, जाओ तुम धनि–**
**समय जे दिन आसिबे आपनि, जाइबो तोमार कुंजे।'**

**निदारुण रोगे मारी-गुटिकाय भरे गेछे तार अंग।**
**रोगमसी ढाला काली तनुतार लये प्रजागणे, पुर-परिखार**
**बाहिरे फेलेछे, करि परिहार विषाक्त तार संग।**

**झरिछे मुकुल, कूजिछे कोकिल, यामिनी जोछना-मत्ता।**
**'के ऐसेछो तुमि ओगो दयामय' सुधाइल नारी, संन्यासी कय,–**
**'आज रजनीते होयछे समय, एसेछि वासवदत्ता।'**

[नूपुर-शिञ्जित किसका पद सहसा हृदय में लगा? (संन्यासी सो रहे थे, अँधेरे में उनकी छाती से वासवदत्ता का पैर लग गया था।) संन्यासी चौंककर जग उठे, पलक-भर में स्वप्न की जड़ता दूर हो गयी, दीप का रूढ़ आलोक उनकी क्षमा-सुंदर आँखों में लगा।

नगर की यौवन-मदमत्त नटी अभिसारिका जा रही थी। अंग में नील वर्ण अंचल, रुनझुन आभरण बज रहे थे, संन्यासी की देह पर पैर पड़ते ही वासवदत्ता रुक गयी।

प्रदीप सीधा कर उसने उनकी नवीन गौर-कांति देखी–सौम्य सहास तरुण वदन, करुणा की किरणों से विकच आँखें, शुभ्र भाल पर इंदु के समान स्निग्ध शांति शोभा दे रही है।]

[संन्यासी ने करुणा-वाक्यों में कहा—अयि लावण्यपुंजे, अभी मेरा समय नहीं हुआ, धनि, तुम जहाँ जा रही हो, जाओ; जिस दिन समय आयेगा, मैं आप तुम्हारे कुंज में जाऊँगा।]

[कठिन रोग में, छालों से, उसकी तमाम देह भर गयी है। रोग की सियाही देह-भर में दौड़ गयी है, उसे लेकर, प्रजागणों ने पुर-परिखा के बाहर डाल दिया है, विषाक्त उसका संग परिहार कर।]

[मुकुल झर रहे हैं, कोयल बोल रही है। 'हे दयामय, तुम कौन हो जो आये हुए हो' नारी ने पूछा। संन्यासी ने कहा, आज रात्रि में समय आया है, वासवदत्ता, इसीलिए आया हूँ।]

**'सुर-सभा-तले जबे नृत्य करो पुलके उल्लसि**
**हे विलोल हिल्लोल उर्वशी,**
**छंदे छंदे नाचि उठे सिंधु माझे तरंगेर दल,**
**शष्य-शीर्षे सिहरिया काँपि उठे धरार अंचल,**
**तव स्तनहार होते नभस्तले खसि पड़े तारा,**
**अकस्मात पुरुषेर वक्षो माझे चित्र आत्म हारा,**
**नाचे रक्त धारा।**
**दिगंते मेखला तव टूटे आचंबिते अयि असंवृते॥'**

[सुरों की सभा में जब तुम पुलकोल्लसित हो नृत्य करती हो ऐ विलोल-हिल्लोल उर्वशी, छंदों से उस समय सिंधु में तरंगों के दल नाच उठते, शष्य के शीर्षों में धरा का अंचल काँप उठता है; तुम्हारे स्तनहार से नभ में तारे टूट पड़ते, अकस्मात् पुरुष के हृदय में चित्त अपनापन भूल जाता है; रक्तधारा नाचने लगती है। एकाएक तुम्हारी मेखला, अयि असंवृते, दिगंत में टूटने लगती है।]

ये सब रवींद्रनाथ की वास्तव जगत की कल्पना के चित्र हैं, उपमा-अलंकारों से सजे हुए कहीं-कहीं घटनाक्रम के मेरुमूल के रूप से, कला जिनकी जान है, हर एक चित्र आप ही अपने मनोहर सौंदर्य का प्रमाण दे रहा है। बहिर्गत और अंतर्गत के ऊहापोह में काल्पनिक अपने सुंदर चित्रों से रवींद्रनाथ जिस खूबी से अपनी कविता को खिला देते हैं, ऐसे कवि बहुत थोड़े हैं। तुलसीदास इस कार्य में भी पारंगत हैं। फर्क यह है कि इन्हें कथा-प्रसंग पर उत्तम-उत्तम चित्र दिखलाने पड़े हैं; और प्राचीन भारतीय धारा के अनुसार और रवींद्रनाथ आधुनिक युग के अनुकूल देश-देशांतरों की प्रचलित सौंदर्य-विकास की कला काम में लाते हैं। दोनों के चित्रों में यहाँ केवल काव्य-कौशल दिखलाया जा सकता है, चित्र-समता नहीं रखी जा सकती। कारण, दोनों के विषय एक-दूसरे के बिलकुल प्रतिकूल हैं। तुलसीदास के उदाहरण—

**कंकन-किंकिनि नूपुर-धुनि-सुनि। कहत लखन सन राम हृदय गुनि॥**
**मानहु मदन दुंदुभी दीन्हीं। मनसा विश्व-विजय कहँ कीन्हीं॥**
**अस कहि फिरि चितये तिहि ओरा। सिय-मुख शशि भये नयन चकोरा॥**
**भये विलोचन चारु अचञ्चल। मनहुँ सकुचि निमि तज्यौ दृगञ्चल॥**

प्रथम पंक्ति में पद्य के आवर्त में ही कंकन-किंकिनियों की ध्वनि होना और दूसरी पंक्ति में राम का वीरोचित सौंदर्य, कि मन-ही-मन सोचकर लक्ष्मण से कहते हैं। इतनी मधुर ध्वनि भी उन्हें केंद्रच्युत नहीं कर सकती, वे कामिनी-रूप पर मुग्ध होकर मरीचिका के मृग की तरह तृष्णा से बिलकुल बहिर्मुख नहीं हो जाते। वे सोचकर, विचारपूर्वक कहते हैं। अंतिम दोनों पंक्तियों में प्रेम का बड़ा ही पावन रूप प्रकट हुआ है। एकटक दृष्टि की कितनी सुंदर व्याख्या है जो किशोर और किशोरियों के यौवनोन्मेष की प्रथम माया, प्रथम वशीकरण मंत्र, अज्ञात भाव से अपनी सिद्धि की सीढ़ियों पर चढ़ा ले जाता है, जिसका फल कुछ पीछे चलकर प्रगट हुआ है—

**परम प्रेममय मृदु मसि कीन्हीं।**
**चारु चित्त भीती लिखि लीन्हीं॥**

धनुष के टूटने के समय जब तरह-तरह के संकल्प और विकल्प जानकीजी की माता में और उनमें दिखलाये गये हैं, मानसिक परिस्थिति तथा प्रेम के कारण अधैर्य का बड़ा ही सहृदय चित्र गोस्वामीजी ने खींचा है। जहाँ वे लिखते हैं—

**प्रभुहिं चितै पुनि चितै महि, राजत लोचन लोल।**
**खेलत मनसिज मीन युग, जनु विधु मंडल डोल॥**
**गिरा-अलिनि मुख-पंकज रोकी। प्रगट न लाज-निशा अवलोकी॥**
**लोचन-जल रहु लोचन कोना। जैसे परम कृपण कर सोना॥**

इस जगह, दुःख के भाव को सौंदर्य की वर्णना से बिल्कुल रससिक्त कर दिया है, दुःख को हलका कर देने के लिए तुलसीदास का रसपरिपाक ऊपर के लिखे हुए दोहे में बहुत अच्छी तरह जाहिर हो रहा है। चिंता का समय है, इसीलिए रामचंद्र को देखकर जानकी पृथ्वी की ओर हेरती हैं—यहाँ इस कार्य से दुःख और चिंता का भाव प्रगट हुआ। फिर मुखचंद्र-मंडल में मनसिज-मीन-नयनों के हिंडोर झूलने के अलंकार से, नेत्रों में चंचलता जाहिर की उससे चित्त की अस्थिरता प्रगट हुई। दोहे के भीतर है दुःख, चिंता और अस्थिरता जो उस समय उनकी मानसिक दशा के अनुकूल थे, परंतु बाहर है शृंगार का पवित्र मनोहर चित्र। यों मानसिक अवस्था की वर्णना हुई, फिर भाषा की वर्णना है जो लज्जावश नहीं खुलती।

लाज की रात देखकर गिरा-अलिनी को मुख-पंकज में बंद ही रखा। दुःखातिरेक

से आँसू आ गये थे, कृपण के सोने की तरह उन्हें आकर्ण विस्तृत लोचनों के कोने में ही छिपा रखा।

**माँगु माँगु पै कहहु पिय कबहुँ न देहु न लेहु।**
**देन कह्यो वरदान दुइ, तेउ पावत संदेहु॥**

मुग्ध सर्प के लिए जैसे वंशी-रव, कामना-मंत्र से भरे हुए ये शब्द महाराज दशरथ पर अचूक बैठ रहे हैं—बनावटी प्यार के अंदर का छिपा हुआ जहर ही दशरथ पर काम कर रहा है। कैकेयी के जहर की उन्हें खबर नहीं। वे केवल कामिनी के वाक्-छल में, कामनामीलित नेत्रों के दर्शन-सौंदर्य में लुब्ध हैं। इसीलिए—

**जानेउ परम राउ हँसि कहई। तुम्हें कोहाब परम प्रिय अहई।**

दशरथ को किस तरह कैकेयी अपने जाल में फँसाती जा रही है, रामायण के एकच्छत्र साम्राज्य शासन में बसनेवाले हिंदी-भाषी अच्छी तरह जानते हैं। अतएव विशेष लिखना अनुचित-सा जान पड़ता है।

**सियरे बचन सूखि गये कैसे। परसत तुहिन तामरस जैसे॥**

**दीन मोहि सिख नीक गुसाईं। लागि अगम अपनी कदराई॥**

**नरवर धीर धर्म धुर धारी। निगम-नीति के ते अधिकारी॥**
**मैं शिशु प्रभु सनेह-प्रतिपाला। मन्दर मेरु कि लेइ मराला॥**

**जाइ जननि पग नायउ माथा। मन रघुनंदन-जानकि साथा॥**
**पूच्छ्यो मातु मलिन मन देखी। लखन कह्यो सब कथा विशेषी॥**
**गयी सहमि सुनि बचन कठोरा। मृगी देखि जनु दव चहुँ ओरा॥**
**लखन लख्यो भा अनरथ आजू। यहि सनेह-वश करब अकाजू॥**
**माँगत विदा समय सकुचाहीं। जान संग विधि कहहिं कि नाहीं॥**

**मातु-चरण सिर नाइ चले लखन शंकित हिये।**
**बागुर विषम तुराइ, मनहु भाग मृग भाग्य वश॥**

यहाँ लक्ष्मण का चित्र एक वीर बालक का चित्र है। मानसिक चित्रण में यहाँ गोस्वामीजी ने उच्च कोटि की कला प्रदर्शित की है। राम बहुत समझाते हैं, पर रहने की बात पर लक्ष्मण राजी नहीं होते। बड़े-बड़े उपदेशों को जिस युक्ति से काटते है, वह युक्ति लक्ष्मण के ही योग्य है—शास्त्र नीति के अधिकारी तो वे पुरुष हैं जो धर्म की धुरी धारण करनेवाले उत्तम पुरुष हैं। मैं आपके स्नेह का पाला हुआ, भला मराल कभी मेरु-मंदर भी उठा सकता है? फिर जब वे माता के पास गये और

विपत्ति की कथा सुन माता दावाग्नि में घिरी मृगी की तरह त्रस्त हो गयीं, तब उनके ये शंका के चिह्न देखकर लक्ष्मण सोचते हैं कि अब शायद यह मुझे जाने न देंगी। उस शंका का आरोप वे अपने ऊपर कर लेते हैं—सोचते हैं, स्नेहवश अब यह अकाज करेंगी। इसलिए सभय विदा माँगते हैं। यहाँ कविता के साथ जैसे स्वर्ण का सुगंध से जोड़ मिल गया हो।

**माँगी नाव न केवट आना। कहै तुम्हार मर्म मैं जाना॥**
**चरण-क्रमल-रज कहँ सब कहई। मानुष-करन मूरि कछु अहई॥**
**छुवत शिला भइ नारि सुहाई। पाहन ते न काठ-कठिनाई॥**
**तरनिउ मुनि घरनी ह्वै जाई। बाट परइ मोरि नाव उड़ाई॥**
**यहि प्रतिपालौं सब परिवारू। नहिं जानौं कछु और कबारू॥**
**जो प्रभु अवसि पार गा चहहू। तो पद-पद्म पखारन कहहू॥**

**सुनि केवट के बैन प्रेम लपेटे अटपटे।**
**बिहँसे करुणा-ऐन चितइ जानकी-लखनतन॥**

केवट ने जो नाव न लाने का कारण बतलाया है, जिस तरह का संदेह करता है, एक सीधी कामना जैसे टेढ़ी रीति से पूर्ण कर लेता है, उसके भाव इन पंक्तियों में मूर्तिमान हो रहे हैं। रवींद्रनाथ के चित्रों से कहीं भी सौंदर्य की कमी नहीं, न कला में, न कवित्व में, बल्कि सहृदयता के भाव और बढ़े हुए हैं।

**कुटिल कुबंधु कुअवसर ताकी। जानि राम बनवास इकाकी॥**
**करि कुमंत्र मन साजि समाजू। आये करन अकंटक राजू॥**
**कोटि प्रकार कलपि कुटिलाई। आये दल बटोरि द्वउ भाई॥**
**जो जिय होति न कपट कुचाली। किहि सुहाति रथ-बाजि-गजाली॥**

**सहस-बाहु सुरनाथ त्रिशंकू। केहि न राजमद दीन कलंकू॥**
**भरत कीन यह उचित उपाऊ। रिपु-रिन रंच न राखब काऊ॥**
**एक कीन नहिं भरत भलाई। निदरे राम जानि असहाई॥**
**इतना कहत नीति-रस भूला। रन-रस-विटप पुलक मिसु फूला॥**

नीति कहते ही कहते, राम पद प्रेम और अहैतुकी भक्ति रखने के कारण, लक्ष्मण प्रेम और भक्ति की ओर झुक जाते हैं जो मनुष्यों का साधारण स्वभाव है। अंतिम पंक्तियों में भाव-वैचित्र्य देखने ही लायक है। 'रन-रस-विटप पुलक मिसु फूला' सिनेमा के बदलते हुए चित्र की तरह तत्काल लक्ष्मण को एक दूसरे चित्र में बदलकर खड़ा कर देता है और इतना सुंदर कि प्राचीन काल के एक वीर ब्रह्मचारी नवयुवक क्षत्रिय की दृप्तिमूर्ति हम अच्छी तरह देख लेते हैं। भावों का निबाह, अमूल्य भाषा

का कहना ही क्या है। 'कोटि प्रकार कलपि कुटिलाई'। 'कलपि' का सौंदर्य, स्थान-योग्यता और बल एक बहुत बड़े कलावंत कवि का परिचय दे रहा है और इस तरह के भाषा सौंदर्य से रिक्त शायद ही तुलसीदास जी की कोई चौपाई हो।

**वेदी पर मुनि साधु समाजू। सीय सहित राजत रघुराजू॥**
**बल्कल-बसन जटिल तनु श्यामा। जनु मुनि-वेश कीन रति कामा॥**
**कर-कमलनि धनु-सायक फेरत। जिय की जरनि हरत हसि हेरत॥**

**लसत मंजु मुनि मंडली, मध्य सीय रघुचंद।**
**ज्ञान-सभा जनु तनु धरे, भक्ति सच्चिदानंद॥**

**सानुज सखा-समेत मगन मन। बिसरे हरष शोक सुख दुख गन॥**
**पाहि नाथ कहि पाहि गुसाईं। भूतल परे लकुट की नाईं॥**
**बचन सप्रेम लखन पहिचाने। करत प्रणाम भरत जित जाने॥**
**बंधु-सनेह सरस यहि ओरा। इत साहिब सेवा बरजोरा॥**
**मिलि न जाय नहिं गुदरत बनई। सुकवि लखन मन की गति भनई॥**
**रहे राखि सेवा पर भारू। चढ़ी चंग जनु खैंच खिलारू॥**
**कहत सप्रेम नाइ महि माथा। भरत प्रणाम करत रघुनाथा॥**
**उठे राम सुनि प्रेम अधीरा। कहुँ पट कहुँ निषंग धनु तीरा॥**

इतने में अनेक चित्र हैं। हर एक सौंदर्य और स्वाभाविकता की सीमा तक पहुँचा हुआ। 'कर कमलिन धनु सायक फेरत'—इस चित्र से मुनियों की मंडली में बैठे हुए श्रीरामचंद्रजी की स्वाभाविक स्वच्छंदता प्रगट की गयी है। इसके बाद भरत की भक्ति और लक्ष्मण का बर्ताव, जहाँ मानसिक द्वंद्व मचता है, मनोवैज्ञानिक विचार, आदर्श और सेवक-धर्म-पालन, कितने ही अतुल चित्रों का गोस्वामीजी ने समुद्घाटन किया है। श्रीरामचंद्रजी के उठने के ढंग में प्रेम और हृदयता का स्रोत बह चलता है—'कहुँ पट कहुँ निषंग धनु तीरा' जिसकी कला,—खोलने के कारण है। भारत का चित्र यहाँ इतना पावन है कि किसी दूसरे साधारण सौंदर्य-चित्र में उतनी शक्ति ही नहीं जो इस चित्र के दिव्य प्रभाव को दबाकर अपना प्रभाव दर्शक या पाठक पर छोड़ सके। कैसा ही सुंदर चित्र हो, गहन भक्ति के चित्र के गुरु भार से दब जाता है—उसकी महत्ता जैसे मान लेता हो। भरत के सामने इसीलिए तमाम प्रकृति अदब करती है—जंगम-जड़, ऋषि, मुनि, बृहस्पति, इंद्र आदि-आदि, संसार के साधारण से लेकर श्रेष्ठ जीव तक। जिस तरह भरत की व्यक्तिगत साधना ऐसी गंभीर, पवित्र, और दूसरे पर प्रभाव छोड़नेवाली, उसे नतमस्तक कर देनेवाली है, उसी तरह उनके चरित्र की गुरुता को यथार्थ रूप से प्रगट करनेवाली तुलसीदास की भाषा और उनका कवित्व। इसकी दिव्यता इतनी बोझीली है कि चित्रण-सार्थकता और महत्ता स्वीकार

कराके ही छोड़ती है—प्रकृति का चाहे जितना बड़ा महापुरुष या साहित्यिक क्यों न हो।

तुलसीदासजी के भाव-चित्र के अब अधिक उद्धरण न दूँगा। यहाँ तक यह साहित्यिक तुलना रही है। हम देख चुके हैं, मानवीय भूमि से कविवर रवींद्रनाथ का काव्य-सौंदर्य-शृंगार मानव-सौंदर्य की असीमता तक उठता, अद्‌भुत कौशल दिखाकर समाप्त होता है। तुलसीदास मानव-सौंदर्य के साथ ही कुछ और देखते हैं, जिसे वे उस सौंदर्य से अधिक महत्त्व देते हैं, उससे बड़ा भी मानते हैं—

**श्याम सरोज-दाम-सम सुंदर। प्रभु भुज करि कर-सम दशकंधर॥**
**सो भुज कंठ कि तव असि घोरा। सुनु सठ अस प्रमान-पन मोरा॥**

यह इतना शृंगार है, कि कोई बात नहीं कही जा सकती या मानवीय होने पर भी उसका संयोग दिव्यता से है जो मानवीय नहीं। रवींद्रनाथ में ऐसी बात नहीं। किसी स्त्री को देवी कह देने से वह देवी नहीं बन जाती, यदि उसके दिव्य भाव का विकास उस कहने में न हो, आजकल की सभ्यता के प्रचलित प्रणाम की तरह, जिसमें भक्ति की भाव-सुगंध नहीं—केवल एक सभ्य कवायद मात्र है। एक उदाहरण इन दोनों कवियों में मिलता है। वह है अहल्या का उदाहरण—इस पर दोनों कवियों की उक्तियाँ देखने में आती हैं। तुलसीदास उसे ऋषि-पत्नी मानकर उसमें भगवद्‌भक्ति का आभास देखते हैं। उससे जो कुछ कहलाते हैं, उस युक्ति में भक्ति-ज्ञानोन्मीलितनयना पवित्र वाणी के दर्शन होते हैं, जिसका असर बड़ी देर तक पाठक के हृदय में रहता है और कवि की वर्णना, भाव और भाषा तथा प्रकाशन-ढंग भी चरित्र की महत्ता से घटकर नहीं रहता। अहल्या के पाषाण-मूर्ति हो जाने की आख्यायिका के अंदर जो सत्य छिपा हुआ है उसे महाकवि महात्मा तुलसीदासजी जानते थे, यद्यपि रामायण में सत्य का विचारात्मक उल्लेख न कर उन्होंने ऐतिहासिक उल्लेख ही किया है; और उन्हें इस तरह से विचारात्मक प्रमाण देने की जरूरत भी न थी। कारण, उस समय जबकि तुलसीदासजी का जमाना था पौराणिक कथाओं पर भारतवर्ष विश्वास करता था—पहले ऋषियों के कहे हुए वाक्यों पर लोग अंधविश्वास करते थे, फिर सत्यानुरागी अपने मार्ग पर आगे बढ़कर जड़ में चेतनता देखता हुआ, जड़बुद्धि के प्रभाव से पहले की गयी अंध धारणा को नेत्रों के खुलने पर—चेतना का प्रकाश पाने पर सत्य समझने लगता था। पश्चात् वह भी पहले के धृत अंधविश्वासों को, पुराणों की कहानियों को सत्य कहकर प्रचार करने लगता था, और इस तरह के सत्यों का चूँकि वह दर्शन कर लेने के बाद प्रचार करता था, इसलिए उसे वाक्यों में इतना जोर रहता था कि साधारण लोग या तत्कालीन जनता उसके अपने से बड़ा मानकर, अपनी समझ की अक्षमता स्वीकार कर, अदृष्ट सत्य या अविश्वास के तौर पर भी स्वीकार कर लेती थी। इधर जब से पश्चिमी शिक्षा देश में जगी, साधुओं तथा भारतीय पुराणों की

आख्यायिकाओं पर लोगों का अविश्वास प्रबल होने लगा, शिक्षित साधुओं से पृथक् हो गये। शिक्षितों के मस्तिष्क में पश्चिमी सिद्धांतों ने अड्डा जमाया, यद्यपि वे लोग अपने मौलिक ज्ञान और मौलिक विचारों पर जोर देकर बातचीत करते—यद्यपि उनकी विचारधारा पश्चिम की बही-बहायी या बहती हुई नालियों से होकर ही गुजरती—यद्यपि वे इस बौद्धिक चक्कर के समझने की परवा न करते। इस तरह शिक्षितों का एक पृथक् समुदाय देश में तैयार हुआ। राष्ट्र-सम्मेलन के लिए नपुंसक, मक्का-मुखी मुसलमानों की तरह, हिंदुस्तान के साधु-समागम से सतर्क बचे हुए, उनकी शिक्षा से विमुख हमारे शिक्षित भी लण्डनमुख बने रहे। वे वहाँ की प्राचीन आख्यायिकाओं के साथ यहाँ की आख्यायिकाओं की तुलना करते और वहाँ के अब के लोगों की तरह, जो संसार को क्रमशः उन्नतिशील मानते और अपनी प्राचीन आख्यायिकाओं को सत्य के प्रथम प्रकाश की असत्य छाया-रूपिणी मानने लगे हैं। (और उनकी कहानियों से भारत की पौराणिक कहानियों की तुलना हो भी नहीं सकती—क्योंकि वह कल्पना है और यह कल्पनाकाय विचार-सत्य), यहाँ की आख्यायिकाओं के संबंध में भी ऐसी धारणा करने लगे; यद्यपि अपने विचारों को मौलिक समझते हैं। फल यह हुआ कि यहाँ के नवीन साहित्य में यथाशिक्षा तथाकृति होने लगी; सब तरफ साहित्य, समाज, राजनीति, व्यवसाय, धर्म-तर्क-विचार—सब तरफ। नवीन प्रतिभा के आधार महाकवि रवींद्रनाथ पर भी इस पश्चिमी शिक्षा और विचारों की किरणें पड़ीं। वे चंद्र बन उन्हें धारण कर उनकी स्निग्ध ज्योत्स्ना भारत की पृथ्वी में भरने लगे और यहाँ के उनके उपनिषद् पाठ, धर्म तथा चिंतन के प्रभाव ने वहाँ के लिए यहाँ की एक मनोहारिणी मूर्ति खींच दी। महाकवि रवींद्रनाथ का यही रूप है। अहल्या के चित्रण में कवि को हम इसी रूप में देखते हैं। रवींद्रनाथ की अहल्या में जो सौंदर्य है वह ऋषि-पत्नी का सौंदर्य नहीं। उनकी वर्णना शृंगार को हद दर्जे तक पहुँचाती है, पर उसे पढ़ने पर मालूम होता है, यह कोई ब्रजभाषा की चंपकवर्णा नायिका या समुद्र के तट पर रहनेवाली, बालुका राशि पर नग्नपद विचरण करती हुई, हवा से लहराते बाल, वसन, हँसमुख निष्पाप कोई गोरी युवती है। आकर्षण दोनों में अत्यधिक है और अपने-अपने ढंग पर दोनों ही बहुत बड़े हैं, पर फिर भी सब तरफ से केवल काव्य के सौंदर्य पर विचार करने पर तुलसीदास ही बड़े ठहरते हैं—भाषा-साहित्य में रवींद्रनाथ के संबंध में कहना पड़ता है कि भ्रम, त्रुटियाँ मिल सकती हैं, पर तुलसीदास के संबंध में, कोई शायद ही मिले।

छायावाद, रहस्यवाद या अध्यात्मवाद की तुलना में रवींद्रनाथ किसी तरह भी तुलसीदास के सामने नहीं ठहरते।

**एकला आमि बाहिर होलेम तोमार अभिसारे,**
**साथे साथे के चले मोरे नीरव अंधकारे।**
**छाड़ाते चाइ अनेक करे, घुरे चलि, जाइ जे सरे,**

मने करि आपद गेछे–
आवार देखि तारे।
धरणी ने काँपिये चले विषम चंचलता।
सकल कथार मध्ये से चाय कइते आपन कथा।
से जे आमार आमि, प्रभु, लज्जा ताहार नाइ जे कभू,
तारे निये कौन लाजे बा जाब तोमार द्वारे।

[अकेली मैं तुम्हारे अभिसार के लिए बाहर निकली। मेरे साथ ही साथ नीरव अंधकार में कौन चल रहा है? अनेक प्रकार से उसे छुड़ाना चाहती हूँ, फिरकर चलती हूँ–हट जाती हूँ। सोचती हूँ, बला गयी, ....लेकिन फिर उसे देखती हूँ।

वह पृथ्वी को कँपाता हुआ चलता है। उसमें बड़ी ही चंचलता है, सब बातों के भीतर से वह अपनी बातें कहना चाहता है। प्रभु, वह मेरा 'मैं' है, उसे कभी कोई लज्जा नहीं, उसे लेकर भला किस लाज से मैं तुम्हारे द्वार पर जाऊँ?]

यहाँ एक है अभिसारिका (कवि या कोई मनुष्य या जीव), जो अकेली अपने प्रियतम के पास जा रही है। अब बीच में उसने एक और कुछ देखा जिसे वह अपना 'मैं', 'प्रभु' कहती है–जिसकी अपरिमित शक्ति का परिचय देती है, फिर कहती है, उसमें लज्जा भी नहीं; साथ ही अपने इस नये प्रभु के अतिरिक्त एक और प्रभु की कल्पना किये रहती है जिसके अभिसार में वह निकली है। इस गीत में अभिसारिका अपने लिए तो 'मैं' का प्रयोग करती, नये आये हुए प्रभु के लिए 'मैं' का 'मैं' और सर्वनाम में 'उसे', 'वह', 'उसका'; और जिसके अभिसार में चली है, उसके लिए 'तुम', 'तुम्हारा'। यानी इस पद्य में तीन कर्ता हैं–एक अभिसारिका या कवि का 'मैं', दूसरा अभिसार करते वक्त पैदा हुआ 'मैं का मैं' और तीसरा 'तुम' जो अभिसार करने के पहले के सोचे हुए प्रभु हैं। पीछे तमाशा यह होता है कि अभिसारिका (या कवि) उस हाल में पैदा हुए प्रभु के अंदर लज्जा न रहने का भाव आरोपित कर जब उसे ले लेती है–मिला लेती है (तारे निये), उससे एक हो जाती है, तब अपने तीसरे प्रभु से कहती है, मैं अब किस लाज से तुम्हारे पास जाऊँ?–यानी अब जरूरत नहीं रह गयी, यानी अपने मालिक को अपने अंदर पा गयी। पर वह 'तुम' वाली ध्वनि कहाँ मिटी?–'तुम' वाले प्रभु को तो अँगूठा ही मिल रहा है–अब इनके साथ कौन मिले–'तारे निये' में उसे तो आपने ले लिया, पर जिनकी पहले से कल्पना कर रखी है, इनको कौन ले? ये बिचारे तो ताकते ही रह जाते हैं। प्रश्न उठता है, प्रभु जब भीतर ही मिले तो ये कौन थे?–भीतरवाले प्रभु की छाया?–तो 'कौन लाजे बा जाब तो...र द्वारे' कहकर अंतिम वाक्य में 'तुम' को जीवित क्यों किया गया? क्या पद्य की ध्वनि कहती है कि 'तुम' मरा? चित्र कहता है, जैसे एक नायिका के दो-दो प्रेमी हों, वह एक से मिले दूसरे को अँगूठा दिखावे। इसे छायावाद या

रहस्यवाद नहीं कहते। यह समझदार का रहस्यवाद नहीं। जिस तीन से बहु होते हैं, 'मैं अरु मोरि तोरि तैं' वाली माया बनती है, वे तीन इस पद्य में हैं—पानी की तीन बूँदें। रवींद्रनाथ दो ही बूँदों को मिलाते हैं, तीसरी पड़ी ही रह जाती है। यही छिद्र है। जिससे रहस्यवाद के समालोचक को दर्शन-सत्य और कल्पना-सत्य का भेद मालूम होता है, कहने के लिए उसे जगह मिलती है, यहाँ जो एक साहित्यिक छल है, रवींद्रनाथ उसी के फेर में पड़े हैं जैसे, दूसरी आत्मा या 'मैं' को अभिसारिका का पहले पृथक् रखना, उससे अलग होते रहना, फिर उसके विशेषणों में उसे लाजहीन (खुला हुआ, मुक्त) बतलाना, फिर उसे मिलाकर—लेकर अपने को भी लाजहीन (मुक्त, पूर्ण, खुली हुई, अभाव रहित) सोचना और प्रथम कल्पित प्रभु के द्वार पर न जाना, किस लाज से (अभाव से, लाज के झुकने के भाव से अभाव लेकर) जाय?—ऐसी ध्वनि करना। इससे दार्शनिक संगति छूट गयी है। अप्रधान साहित्य यहाँ प्रधान हुआ है—कवि ने उसी तरफ निगाह दौड़ायी है, और प्रधान दर्शन अप्रधान हो गया है। साहित्य वहीं तक उचित था, जहाँ तक दर्शन का साथ दे सकता था। यहाँ साहित्य के पीछे ही इतनी बड़ी बात की मिट्टी बरबाद हो गयी है। और भी बहुत तरह से इसमें त्रुटियाँ मिलती हैं, पर समय नहीं।

और भी रवींद्रनाथ के जितने रहस्यवाद के पद्य हैं, प्रायः सब इसी तरह चित्र-प्रधान हैं। इसलिए चित्रों की मनोहरता के फेर में पड़कर कवि दार्शनिक तत्त्व भूल गया है। जहाँ केवल मानसिक विचार है, वहाँ रवींद्रनाथ पूर्ण सफल हैं और शुद्ध साहित्यिक कविताओं के लिए कहना ही क्या है।

**बन्दी ओगो के गड़ेछे बज्रबांधन खानि?**
**आपनि आमि गड़ेछिलेम बहु जतन मानि।**
**भेबे छिलेम आमार प्रताप करबे जगत ग्रास,**
**आमि रब एकला स्वाधीन सवाइ हबे दास।**
**ताइ गड़ेछि रजनी दिन लोहार शिकल खाना,**
**कत आगुन कत आघात नाइक तार ठिकाना।**
**गड़ा जखन शेष होयेछे कठिन सुकठोर,**
**देखि आमाय बन्दी करे आमारि यइ डोर।**

[बंदी, यह बज्र-सा कठिन बंधन किसका गढ़ा हुआ है? मैंने सोचा था, मेरा प्रताप संसार को ग्रास करेगा, मैं अकेला स्वाधीन और संसार मेरा दास होगा। इस विचार से ही रातोंदिन मैं यह जंजीर तैयार करता रहा; कितनी आग, कितने घाव लगाये, जिसका पता नहीं। अब, जब कठिन कठोर गढ़ना समाप्त हो चुका तो देखता हूँ, मेरी ही इस डोर ने मुझे बंदी किया है।]

यहाँ, यह तमाम बंधनोक्ति भारत की प्रचलित दार्शनिक उक्ति है—

**कोउ न काउ दुख-सुख कर दाता। निज-कृत कर्म भोग फल भ्राता॥**

अपने ही किये हुए कर्मों का भोग-फल मिलता है। अनेकों बार ऐसी उक्तियाँ की गयी हैं। बंगला में भी–

**दोष कारो नय माँ श्यामा आमि स्ववखाद सलिले डूबे मरि।**

[किसी का भी दोष नहीं, ऐ माँ श्यामा, मैं अपने ही हाथ के खोदे हुए गढ़े के पानी में डूब रहा हूँ।]

बहुत कहा गया है। और चूँकि यहाँ रवींद्रनाथ सत्य को उसी रूप में रखते हैं, इसलिए निबाह भी सार्थक आया है। "मैं इतना बड़ा हूँगा कि संसार में और सब मेरे दास रहेंगे, केवल मैं स्वाधीन।" इस कल्पना से जो संगठन का कार्य आत्मा के भीतर जारी हो जाता है और इसकी पूर्णता ही बंधन की कठिन डोर होती है–दीर्घ काल तक एक किसी कर्म-योग में लगी रहनेवाली; शास्त्रों में, अन्य उदाहरणों द्वारा विस्तृत रूप से यह सब समझाया गया है। इस तरह जब रवींद्रनाथ चक्रानुवर्त्तन करते हैं, उनकी कविता कलाकार कवि के लेखनी-कौशल, चित्रण-शक्ति के परिचय से वसंत की कोमल कली की तरह आँखें खोल देती है।

गो. तुलसीदास का तत्त्वज्ञान, जिसकी आधुनिक परिभाषा Mysticism का अनुवाद, रहस्यवाद या छायावाद है, निहायत चुस्त है। उसका प्रति वर्ण पूर्वकाल के ऋषियों की अनुभूति से मिलता है, वह ज्ञान उनका साधनालब्ध ज्ञान है, केवल अध्ययनजन्य नहीं। तत्त्वज्ञान की साधना या पन्था अलग-अलग हो सकती है, पर अनुभव में भिन्नता नहीं–

**शून्य भीति पर रंग रूप नहिं कर बिन लिखा चितेरे।**
**मारे मरै न मिटै मोह, दुख पाइय विविध घनेरे॥**

यही अनुभव तुलसीदास को होता है, यही सूरदास को और यही कबीर को भी, यहाँ तक कि संसार के जितने मुक्त महापुरुष हुए हैं। 'शून्य भीति पर' द्वारा हमें मालूम हो जाता है कि संसार की बुनियाद कुछ नहीं, शून्य है, निरंजन है। ये जो इतने अंजन इस पर लिखे हुए दिखलायी पड़ते हैं, इतनी जो सृष्टियाँ हैं, चित्र हैं, इनका सृजन करनेवाला भी अतनु (शून्य, पूर्ण, सच्चिदानंद) है–वही चित्रकार है। 'मारे मरै न मिटै मोह' जब तक इन चित्रों पर अध्यास रहता है, तभी तक दुःख मिलता है--कारण, ये सुख-दुःख सीमित करनेवाले हैं, जीव में सीमा का ज्ञान भरनेवाले। जो साधना करते हैं, वे इस अध्यास को छुड़ाते हैं, चाहे 'नेति-नेति' का अवलंब लेकर छुड़ावें, कि यह पेड़ आत्मा नहीं, ये पत्तियाँ आत्मा नहीं, क्योंकि इनमें परिवर्तन हुआ करता है–इस तरह, या इष्ट मूर्ति की कल्पना द्वारा उसमें लीन होकर। पन्था

कोई हो, चरम सत्य एक ही होगा। इसीलिए हम महापुरुषों में विभिन्नता देखते हुए भी साम्य पाते हैं। यह है दार्शनिक साम्य, ज्ञानजन्य समता।

रवींद्रनाथ ने इस पर उक्तियाँ तो अनेक की हैं, पर उनका दर्शन भी उनकी एक कविता है। वे स्वयं कहते हैं—'वैराग्य-साधने मुक्ति से आमार नय'—वैराग्य-साधना द्वारा जो मुक्ति मिलती है, वे कहते हैं, वह मेरी मुक्ति नहीं। रवींद्रनाथ की मुक्ति-विवेचना में भी योरप और भारत की खासी खिचड़ी पकती है। पत्रों की हरीतिमा, आकाश की नीलिमा, पुष्पों की सुगंध में इन्हें मुक्ति का स्वाद मिलता है। सुनने में कितना अच्छा है यह वाक्य! मसनद भी न छूटेगी, तकलीफ भी सहनी नहीं, और मुक्ति भी हाथोंहाथ। एक हाथ में पूँजीवाद और दूसरे में अखंड तत्त्वज्ञान। एक आँख से बीवी-बच्चों को स्नेह और प्यार भी कर लेंगे, और दूसरे से ब्रह्म भी देख लेंगे। यह दर्शन उस रवींद्रनाथ का है, जो कहते हैं—तब आदमी अपने को धोखा देता है जब दुःसाध्य फल की प्राप्ति के लिए सुखसाध्य मार्ग ढूँढ़ निकालता है। इधर तुलसीदास और अन्यान्य साधुओं की तरह स्वामी विवेकानंदजी कहते हैं—He who owns a little, can never pass through Maya's gate (जिसके पास अधिकार के नाम से कुछ भी है—जो थोड़ी-सी वस्तु को भी अपनी कहकर सोचता है, वह कभी भी माया का द्वार पार नहीं कर सकता।)

कहीं-कहीं विराट् वैभव की प्रगति या जीवन का सहारा लेकर रवींद्रनाथ उसी में मुक्ति-तत्त्व देखते हैं जैसा कि उन्होंने अपनी नवीन 'नटराज' रचना के 'मुक्तितत्त्व' में लिखा है—

मुक्ति-तत्त्व सुनते फिरिस तत्त्वशिरोमणिर पीछे?
हाय रे मिछे, हाय रे मिछे! मुक्त जिनि देखना ताँरे,
आय चले ताँर आपन द्वारे, ताँर वाणी की सुकनी पाताय
हलदे रंगे लिखेन तिनि? मरा डालेर झरा फुलेर
साधन कि तार मुक्ति-कूलेर? मुक्ति कि पंडितेर हाटे
उक्ति-राशिर बिकि-किनि यइ नेमेछे चाँदेर हासि
यइ खाने आप मिलबि आसि, वीणार तारे तारण-मंत्र
सिखेन तोर कविर काछे। आमि नटराजेर चेला,
चित्ताकाशे देखचि खेला, वान्धन-खोलार सिखछि साधन
महाकालेर विपुल नाचे।

सुनबिं रे आय कविर काछे, तरुर मुक्ति फुलेर नाचे,
नदीर मुक्ति आत्महारा नृत्य धारार ताले ताले।
रविर मुक्ति देख ना चैये आलोक आमार नाचन गेये,
तारार नृत्ये शून्य गगन मुक्ति जे पाय काले काले।

[मुक्ति-तत्त्व सुनने के लिए तत्त्व-शिरोमणि के पीछे घूमता है तू!—हाय रे मिथ्या (भ्रमण)—हाय रे मिथ्या!

जो मुक्त हैं, उन्हें देख, उनके अपने द्वार पर चला आ, वे अपनी वाणी को सूखे हुए पत्तों के जर्द रंग से लिखते हैं?

मरी डालों के झड़े हुए फूलों के साधन ही क्या उनके मुक्ति-कूल के साधन हैं? मुक्ति क्या पंडितों के बाजार में उक्ति-राशि का खरीद-फरोख्त है?

यह चाँद की हँसी उतरी हुई है, यहीं आ, यहीं आकर मिल, वीणा के तार में तारण-मंत्र अपने कवि से सीख ले।

मैं नटराज का चेला हूँ, चित्ताकाश में क्रीड़ा-कौतुक देख रहा हूँ, बंधन-मुक्ति की साधना सीख रहा हूँ--महाकाल के विपुल नृत्य से।

आ, अगर तुझे अपने कवि के निकट सुनना है, पुष्पों के नृत्य में तरु की मुक्ति है, नदी की मुक्ति आपा खोकर बहती हुई नृत्य-धारा की ताल-ताल पर है।

आँखें खोलकर सूर्य की मुक्ति भी देख, रश्मि-जागरण के नृत्य को गाकर होती है, ताराओं के नृत्य से शून्य गगन समय-समय पर मुक्ति पाता है।]

मुक्ति-तत्त्व की व्याख्या करते हुए रवींद्रनाथ जहाँ कहते हैं कि वे सूखे हुए पत्तों के जर्द रंग से अपनी वाणी नहीं लिखते, यह तो चंद्रालोक, ज्योत्स्ना की मधुर मुस्कराहट उतर रही है, यहाँ आकर तू वाणी के तारों से झंकार द्वारा उठता हुआ अपने कवि के निकट तारण-मंत्र सीख ले, ऐसे स्थलों में तत्त्व की जगह कल्पना और कविता के ही दर्शन होते हैं। यदि तत्त्व की भाषा खोजना कवि का अभिप्राय है जो जीर्ण में भी तत्त्व है और नवीन में भी—"तू गुले चमन मैं खारे दस्त नक्काश एक तस्वीरें दो। तू शाहंशाह मैं दर का गदा जुज रूह एक तकदीरें दो।" यदि ज्योत्स्ना के हास्य में तारण-मंत्र होगा, तो पीले पत्रों में भी होगा। लेकिन तारण-मंत्र न ज्योत्स्ना में है, न सूर्य की चमकीली किरणों में, न फूलों के विकास में। ज्योत्स्ना, सूर्य-रश्मि तथा पुष्पों को देखकर जो आनंद होता है वह संसार की सीमा के अंदर ही बँधा हुआ है, उस समय Time और Space (काल और सीमा) का ज्ञान रहता है और जब तक यह ज्ञान है तब तक मुक्ति कैसी?—यह बंधन के भीतर आनंद की छायामात्र है, जिससे बंधन ही जीवों को प्रिय लगता है, वे उसकी ओर और आकर्षित होते हैं। ताराओं के नृत्य से शून्य गगन की मुक्ति समय-समय पर होती है—यदि यह सब तत्त्व है तो पता नहीं प्रमाद और किसे कहते हैं। हाँ, उत्तम कविता अवश्य है जब हम इसका अर्थ करते हैं कि ताराओं के मूल्य से चमकता हुआ आकाश अप्सराओं का रंगमंच-सा बन जाता है। यहाँ मुक्ति को रवींद्रनाथ ने जितने उदाहरणों से प्रदर्शित किया है, वे सब पश्चिम के ढंग के उदाहरण हैं, जिनमें जड़ और चेतन दोनों का समावेश है और कवित्वजन्य एक प्रकाश। इस प्रकाश को हम मुक्ति नहीं कह सकते। तरु की मुक्ति किस तरह पुष्पों के नृत्य से होती है, यह कविवर रवींद्रनाथ के प्रकाशन में एक समझने की बात है। 'नटराज' के व्यापक नृत्य में जहाँ तक

जान पड़ता है, रवींद्रनाथ व्यापक मुक्ति दिखलाते हैं। तरु मुक्त इसलिए हुआ कि मुक्त आत्माओं की तरह उसने पुष्प के रूप में अपना पूर्ण विकास कर लिया। इसी तरह नदी ने अपनी मुक्ति नृत्य करती बहती हुई धारा, सूर्य ने अपनी चंचल किरणों द्वारा और आकाश ने ताराओं द्वारा प्राप्त की। नृत्य के उल्लेख से 'नटराज' का विश्व में नृत्य भी दिखलाया गया। पर यह मुक्ति इस अर्थ से कवित्व की ही मुक्ति ठहरती है, बन्धन की नहीं; यद्यपि वे कहते हैं 'बांधन खोलार सिखछि साधन महाकालेर विपुल नाचे।' (महाकाल के विपुल नृत्य से बंधन खोलने के साधन सीख रहा हूँ)। एक जगह इसी पद्य में जिसका उद्धरण नहीं दिया गया, रवींद्रनाथ लिखते हैं, 'ज्ञानेर मुक्ति सत्य-सूतार नित्य-बोना चिन्ताजाले।' (ज्ञान की मुक्ति सत्य के सूत्र के नित्य बुने गये हुए चिंताजाल में है), यानि ज्ञान जब सत्य की कल्पना करता जाता है तब वह मुक्त है। यहाँ भारतवर्ष के दर्शन में ज्ञान स्वयं मुक्त है। जब चिंताजाल में वह मन-बुद्धि-चित्त और अहंकार के रूपों में बदलकर उड़ता है, तब वह बद्ध समझा जाता है पर ज्ञान को कल्पना की प्रगति देखकर रवींद्रनाथ उसे मुक्त बतलाते हैं। यह उल्टवाँसी यहाँ की विचार-परंपरा नहीं, न सत्य है। मुक्त वह है जो स्थिर है। स्थैर्यवाला गुण यदि उसमें नहीं, यदि वह संसरणशील है—चलता-फिरता है तो वह ससीम है, संसार में है, 'भव-गुण' रखने के कारण बद्ध है। मुक्ति-लक्षण समाधि में है, इसीलिए सब प्रकार की निश्चलता बतलायी गयी है और उसी अवस्था में ज्ञान का यथार्थ प्रकाश होता है, कहा गया है; पर यहाँ रवींद्रनाथ की कल्पना में इसका विरोध मिल रहा है।

साम्य एक जगह कुछ मिलता है। जहाँ भारतीय दर्शन ने इस संसार की प्रत्येक वस्तु और जीव में ईश की स्वतंत्र सत्ता मानकर, उसी की स्वतंत्र क्रीड़ा यह संसार है, यह बतलाया है; पर वहाँ किसी में ईश का अभाव नहीं दिखलाया गया—जिस तरह रवींद्रनाथ उद्धृत पद्य के दूसरे बंध में, सूखे पत्तों की जर्दी से उनकी (ईश की, नटराज की) वाणी नहीं लिखाते।—एक जगह अभाव दिखलाते हैं।

कवित्व की दृष्टि स तो कुछ कहना ही नहीं। रवींद्रनाथ संसार के प्राचीन साहित्य से लेकर अब तक के कवियों में एक अद्भुत प्रतिभावान महाकवि हैं। पर इसमें संदेह नहीं, वे शुद्ध साहित्य के जितने अच्छे कवि हैं, दर्शन मिश्रित साहित्य के उतने अच्छे नहीं। यहाँ उनकी मौलिकता स्वयं तो धोखा खाती ही है, किंतु दूसरों को भी धोखा देती है।

**सपने होय भिखारी नृप, रंक नाकपति होई।**
**जागे हानि न लाभ कछु, तिमि प्रपंच जग जोई॥**

**मोह-निशा सब सोवनहारा। देखहिं स्वप्न अलीक अपारा॥**
**यहि जग-यामिनि जागहि जोगी। परमारथी प्रपंच वियोगी॥**

होई विवेक मोह भ्रम भागा। तब दृढ़ चरण-कमल अनुरागा॥

'जागे हानि न लाभ कछु' यह यथार्थ ज्ञान है। ज्ञान के होने पर जड़त्व-प्रेम बिल्कुल नष्ट हो जाता है। यह ज्ञान संसरणशील नहीं। अलीक स्वप्न ही संसरणशील है। यह प्रगतिशीलता ज्ञान के होने पर नष्ट हो जाती है। 'तैल धारावत् विश्वच्छिन्नं ध्याम्' द्वारा ईश से संलग्न जिस मन की अवस्था का वर्णन आया है वह मन इस अवस्था को प्राप्त हुए बिना नहीं तैयार होता और अन्य प्रकार की कल्पनायें भी मर जाती हैं, न मरें तो ध्यान का यह लक्षण गलत समझा जाय। ज्ञान के होने पर मनुष्य का मनुष्यत्व ईशत्व में परिणत होता है। तभी कहा है—'नींद नारि भाजन शत कोटी, तजत तासु महिमा अति छोटी।' यह जागृति का लक्षण, कभी बेहोश न होने का लक्षण ज्ञान की ही सूचना है—सर्वदा एकरस रहने की। 'अव्यक्तमेकमनादि तरु' में जहाँ 'संसार विट्प! नमामहे' तुलसीदास लिखते हैं वहाँ से सृष्टिमय ईश की सत्ता देखते हैं। यहाँ कुछ छोड़ नहीं दिया गया। दर्शन लिखते समय उन्होंने साहित्य को प्रधान भी नहीं किया, हमारे विचार से गोस्वामी तुलसीदास साहित्य और सत्य-दर्शन के पारंगत महाकवि हैं। रवींद्रनाथ साहित्य के महामान्य महाकवि हैं, पर उनकी दार्शनिक कविता जहाँ उनकी मौलिकता लिये हुए है या रचना-चातुर्य से चलती है, उतनी सहृदय नहीं।

**['मतवाला', साप्ताहिक, कलकत्ता, के 9 मार्च, 16 मार्च, 6 अप्रैल और 13 अप्रैल, 1929 के अंकों में चार किस्तों में प्रकाशित। संग्रह में 'दो महाकवि' शीर्षक से संकलित।]**

# मुसलमान और हिंदू कवियों में विचार-साम्य

सभ्यता के आदि-काल से लेकर आज तक जितनी बड़ी-बड़ी बातें साहित्य के पृष्ठों में लिखी हुई मिलती हैं, उनके बाह्य रूपों में साम्य रहने पर भी वे एक ही सत्य का प्रकाश देती हैं। आज तक मानवीय सभ्यता जहाँ कहीं एक दूसरी सभ्यता से टक्कर लेती आयी है, वहाँ उसके बाह्य रूपों में ही वैषम्य रहा है; वेश-भूषणों, आचार-व्यवहारों तथा उच्चारण और भाषाओं का ही बहिरंग भेद रहा है। उन सभ्यताओं के विकसित रूप देखिए, तो एक ही सत्य की अटल अपार महिमा वहाँ मिलती है। थोड़ी देर के लिए, उदाहरणार्थ, हम मुसलमानों को ले सकते हैं। मुसलमानों से हिंदुओं की लड़ाई शताब्दियों तक होती रही। आज भी यदि भारतवर्ष के स्वतंत्र होने में कहीं किसी को अड़चन मिलती है, तो वह हिंदू-मुसलमानों का वैषम्य ही कहा जाता है। जगह-जगह, मौके-बेमौके, आज भी दोनों एक-दूसरे की जान ले लेने को तैयार हो जाते हैं। बहुत कम हिंदू और बहुत कम मुसलमान ऐसे होंगे, जो इनमें से एक-दूसरे के उत्कर्ष का पूरा-पूरा पता रखते हों। मुसलमानों के आक्रमण के समय से लेकर आज तक दोनों जातियों में जो घृणा के भाव चले आ रहे हैं, वे दोनों जातियों की अस्थि-मज्जा में कुछ इस तरह से मिल गये हैं कि सुप्त रहते हुए भी वे जाग्रत् ही रहते हैं। हिंदू लोग, आचारों को प्रधानता देते हुए, खुदापरस्त मुसलमानों को म्लेच्छ आदि नामों से विभूषित करते हैं। उसी तरह मुसलमान भी हिंदुओं को मूर्तिपूजक देखकर उन्हें बुतपरस्त, काफिर आदि घृणासूचक शब्दों से याद करते हैं। सदियों से यह व्यवहार कुछ ऐसा चला आ रहा है कि दोनों के विचारों में जहाँ साम्य है वहाँ तक पहुँचकर दोनों में मैत्री-स्थापना की कोई चेष्टा ही नहीं की गयी। जिन हिंदुओं को 'आचारः प्रथमो धर्मः' सिखलाया जाता है, और यह इसलिए कि आचारों से चित्तशुद्धि होने पर ज्ञान या सत्य की प्रतिष्ठा मन में हो सकेगी, वे हिंदू आचारों में इसी बुरी तरह बँध जाते हैं कि वे आचार ही उनकी आध्यात्मिक उन्नति के अंतिम लक्ष्य-से बने रहते हैं, यद्यपि 'अघोरान्नापरो मंत्रः' का वे प्रतिदिन पाठ किया करते हैं। इधर मुसलमानों को बुत ही से खुदा का पाठ मिला; पर वे बुत को घृणा ही करते गये; केवल काव्य में ही रह गया—

"परस्तिश की याँ तक कि ऐ बुत, तुझे—
नज़र में सभों की ख़ुदा कर चले।"

किंतु बुतों के प्रति के भाव उनके नहीं रह गये, यद्यपि बुत-रूपी अपने बीवी-बच्चों को सभी मुसलमान प्यार करते हैं।

आज अब, विज्ञान के युग में, जिस तरह पश्चिम की रोशनी से अपने गृह का अंधकार दूर करने के लिए राष्ट्रवादी हिंदू प्रयत्नशील हैं, उसी तरह मुसलमान भी। परंतु स्वार्थ एक अजीब सत्ता है। यहाँ प्राणों का भरा हुआ आनंद बिलकुल ही नहीं, सिर्फ एक अभाव की आग भड़कती है। देश दीन है, दुखी है, परतंत्र है, स्वाधिकाररहित है, इस तरह की अभाव वाली जितनी भी बातें होंगी, वे जिस तरह प्राणहीन हैं, उनकी पूर्ति के लिए लड़ाइयाँ, उद्योग आदि भी इसी तरह प्राणहीन। कारण, स्वार्थ ही दोनों का मूल है। यदि ब्रिटेन के वीरसिंह हैं और भारत के दीन कृषक मेष, तो विचार की दृष्टि में, दार्शनिक की भाषा में, दोनों मनुष्यता से गिरे हुए हैं, और आधुनिक विकासवाद के अनुसार सिंह और मेष में कौन-सी सृष्टि अधिक उच्च है, यह बतलाना भी जरा टेढ़ी खीर है। मतलब यह कि जिस विज्ञान के बल पर पश्चिम सिंह बन सकता है, वह जिस तरह मनुष्यता की हद से गिरा हुआ होता है, उसी तरह हिंदुओं का ज्ञान-मूलरहित आचारवाद, जिसने सदियों से उन्हें गुलाम बना रखा है, और मुसलमानों की खुदापरस्ती भी, जो बुतों से घिरी हुई रहकर भी उनकी सत्ता से घृणा करे।

हिंदू और मुसलमान, दोनों जातियाँ ऊँची भूमि पर एक ही बात कहती हैं। इस लेख में हम यही दिखलाने की चेष्टा करेंगे। साथ ही हमारा यह भी विश्वास है कि जब तक हिंदू और मुसलमान इस भूमि पर चढ़कर मैत्री की आवाज नहीं लगायेंगे, तब तक वह स्वार्थजन्य मैत्री स्वार्थ में धक्का न लगने तक की ही मैत्री रहेगी—वैसी ही मैत्री, जैसी ब्रिटिश-सिंह और भारत-गऊ की हो सकती है।

**"न था कुछ तो खुदा था, कुछ न होता तो ख़ुदा होता
डुबोया मुझको होने ने, न होता मैं तो क्या होता।"**

—ग़ालिब

जब कुछ नहीं था, तब खुदा था। यदि कुछ न होता, तो खुदा होता। मुझे होने ने (भव ने संसार ने, 'हूँ' इस भाव ने) डुबा दिया। मैं न होता, तो क्या (अच्छा) होता!

महाकवि ग़ालिब के ये भाव हर्फ़-हर्फ़ वेदांत से मिलते हैं। जब कुछ नहीं था, तब खुदा था, यही वेदांत की तथा हिंदू आस्तिक और नास्तिक दर्शन की बुनियाद है। जहाँ ईश्वर की सत्ता है, वहाँ संसार नहीं। इसी पर गोस्वामीजी लिखते हैं—

**"जिहि जाने जग जाय हेराई।"**

यहाँ दोनों के भाव एक ही हैं। 'होने' ने या 'भव' ने ग़ालिब को डुबा दिया है अर्थात् दुनिया के ज्ञान के उन्हें ससीम कर दिया है, संसार में डाल रक्खा है, जिसके लिए वह कहते हैं, यह न होता तो क्या ही अच्छा होता! तब केवल ख़ुदा का ही अस्तित्व रहता, जिसके लिए कहा है–

"None else exists and thou art that."

कबीर भी कहते हैं, जहाँ ज्ञान रहता है, वहाँ मोह नहीं रहता–

**"सूर-परकास तहँ रैन कहँ पाइये**
**रैन-परकास नहिं सूर भासै;**
**होय अज्ञान तहँ ज्ञान कहँ पाइये**
**होय जहँ ज्ञान अज्ञान नासै।**
**काम बलवान तहँ प्रेम कहँ पाइये,**
**होय जहँ प्रेम तहँ काम नाहीं;**
**कहत कब्बीर यह सत्य सुविचार है**
**समझ तू, सोच तू, मनहिं माहीं।"**

आज तक मनुष्यों के मनों ने जितनी ऊँची उड़ानें भरी हैं, वे सब यहीं आकर ठहरती हैं। अन्यथा लक्ष्यभ्रष्ट हो गयी हैं। सांसारिक जितने भी चमत्कार हैं, उन सब पर प्रभुता करनेवाली यही भूमि है, और संसार में जितने भी भेद हैं, उन सबमें साम्य स्थापित करनेवाली भी यही भूमि है। बिना यहाँ आये हुए भेद का ज्ञान कदापि दूर नहीं हो सकता। यही हिंदुओं की अद्वैत-भूमि है। और, चूँकि यहाँ भेदभाव नहीं रह जाता, इसीलिए इसे अद्वैत कहा भी है–

नज़ीर कहते हैं–

**"तनहा न उसे अपने दिले तंग में पहचान;**
**हर बाग में, हर दश्त में, हर संग में पहचान।**
**बेरंग में, बारंग में, नैरंग में पहचान;**
**मंजिल में, मुक़ामात में, फ़रसंग में पहचान।**
**चित रूम में, औ हिंदू में, औ जंग में पहचान;**
**हर राह में, हर साथ में, हर संग में पहचान।**

× × ×

**हर आन में, हर बात में, हर ढंग में पहचान**
**आशिक़ है, तो दिलबर को हर रंग में पहचान।"**

यहाँ दुनिया की लावण्यमयी श्री भी है और वहाँ उस प्यारे की खोज भी। यह यहाँ विशिष्टाद्वैतवाद कहलाता है यानी दुनिया भी है और खुदा भी। या यों कहिए कि वह खुदा ही दुनिया के अनेक रूपों में विराजमान है। गो. तुलसीदासजी की एक उक्ति इसी अर्थ पर बहुत ही सुंदर हुई है–

**''अव्यक्तमेकमनादि तरु त्वच चारि निगमागम भने;**
**षट कंध, शाखा पंचविंश, अनेक पर्ण, सुमन घने।**
**फल युगल विधि कटु मधुर बेलि अकेलि जिहि आश्रित रहे;**
**पल्लवित, फूलित नवल नित संसार-विटप नमामि हे।''**

यहाँ राम को ही उन्होंने वेद के मुख से संसार-विटप कहकर संबोधित किया है, जिसकी तारीफ में संसार की कोई वस्तु छोड़ी भी नहीं, जैसे तमाम संसार में राम ही का रूप रहा हो।

एक जगह महाकवि ग़ालिब कहते हैं–

**''तेरे सर्वे क़ामत से एक क़द्दे आदम,**
**क़यामत के फ़ितने को कम देखते हैं।''**

यहाँ महाकवि ग़ालिब क़यामत को एक आदमी-भर लंबी बतलाते हैं, यानि क़यामत उतनी ही बड़ी है, जितना लंबा एक आदमी। यह प्रलय की सर्वोत्तम व्याख्या है। हर एक आदमी में प्रलय की नाशकारी कुल शक्तियाँ हैं, और वह चाहे, तो उन्हें प्रत्यक्ष कर सकता है। हर मनुष्य सौर ब्रह्मांड से मिला हआ भी उससे अलग है। संसार का अस्तित्व उसके पास सिर्फ इसलिए है कि वह अपने अस्तित्व पर विश्वास रखता है। जब मनुष्य सो जाता है, उस समय वह अपना अस्तित्व बहुत-कुछ भूल जाता है। यही कारण है कि सुप्ति-काल में संसार का ज्ञान नहीं रहता। संसार के सिर पर जो क़यामत क्रीड़ा कर रही है, उसको प्रत्यक्ष करनेवाला वही है और उसका शरीर भी क़यामत के कानून के अंदर है। इसलिए क़यामत को एक ही आदमी के कद के बराबर कहा, और यह केवल साहित्यिक उपमा ही नहीं, किंतु दार्शनिक महान् सत्य हो गया है।

बिलकुल यही भाव सूरदासजी के हैं, जहाँ उन्होंने बालक कृष्ण की वर्णना की है–'प्रभु पौढ़े पालने पलोटत' आदि-आदि। यहाँ भी श्रीकृष्ण के हिलने-डुलने से जो क्रिया होती है, वह प्रलय ही है–'विडरि चले घन प्रलय जानि कै'; कारण, किसी भी चेतन के हिलने से सौर-ब्रह्मांड हिलता-डोलता है, यह सूरदासजी के कहने का मतलब है। श्रीकृष्ण की चेतन-क्रिया में संसार डोल रहा है, कहीं-कहीं प्रलय हो रहा है, दिग्दन्ती बड़े धैर्य से धरा-भार को धारण कर रहे हैं। यहाँ भी एक ही की चेतन-क्रिया से संसार में क़यामत आ रही है, प्रलय मचा हुआ है, और इसे समझने वाले सूरदासजी

'सकट पगु पेलत'—धीरे-धीरे चल रहे हैं। ग़ालिब और सूरदासजी की उक्तियाँ बिलकुल मिल जाती हैं। कोई विरोध नहीं देख पड़ता। वहाँ भी एक ही कद के बराबर क़यामत की नाप होती है, और यहाँ भी एक कृष्ण की चेतन क्रिया से आफत उठी हुई है। दोनों महाकवि इस सत्योक्ति में पूर्णतया सहमत हैं।

"कुछ ज़ुल्म नहीं, कुछ जोर नहीं,
कुछ दाद नहीं, फ़रियाद नहीं;
कुछ क़ैद नहीं, कुछ बंद नहीं,
कुछ जब्र नहीं, आज़ाद नहीं।
शागिर्द नहीं, उस्ताद नहीं,
वीरान नहीं, आबाद नहीं;
हैं जितनी बातें दुनिया की,
सब भूल गये, कुछ याद नहीं।
हर आन हँसी, हर आन ख़ुशी,
हर वक़्त अमीरी है बाबा;
जब आशिक़ मस्त फ़कीर हुए,
फिर क्या दिलगीरी है बाबा।
जिस सिम्त नज़र कर देखे हैं,
उस दिलबर की फुलवारी है;
कहिं सब्जी की हरियाली है,
कहिं फूलों की गुलकारी है।
दिन-रात मगन ख़ुश बैठे हैं,
और आस उसी की भारी है;
बस, आप ही वह दातारी है,
और आप ही वह भंडारी है।
हर आन हँसी, हर आन ख़ुशी,
हर वक़्त अमीरी है बाबा;
जब आशिक़ मस्त फ़क़ीर हुए,
फिर क्या दिलगीरी है बाबा।
हम चाकर जिसके हुस्न के हैं,
वह दिलबर सबसे आला है;
उसने ही हमको जी बख़्शा,
उसने ही हमको पाला है।

दिल अपना भोला-भाला है,
औ इश्क़ बड़ा मतवाला है;
क्या कहिए और नज़ीर आगे,
अब कौन समझनेवाला है।
हर आन हँसी, हर आन खुशी,
हर वक़्त अमीरी है बाबा;
जब आशिक़ मस्त फक़ीर हुए,
तब क्या दिलगीरी है बाबा।

—नज़ीर

कविवर नज़ीर यहाँ फ़क़ीरी का हाल बयान कर रहे हैं। यह वह फ़क़ीरी है, जब तमाम दुनिया में अपना इष्ट-ही-इष्ट नजर आता है। संसार की हर वस्तु में उसी का रंग चढ़ा देख पड़ता है। प्रह्लाद के चरित्र-लेखक दिखलाते हैं कि शेर आता है, तो उससे भी प्रह्लाद 'हरि आये' कहकर लिपट जाते हैं। नरसी जी भूत देखते हैं, तो 'आये मेरे लम्बकनाथ' कहकर गाने और प्रेम विह्वल होकर नाचने लगते हैं। एक सिद्ध श्वान पर बैठा हुआ भोजन कर रहा था, और कभी-कभी अपना अन्न उस कुत्ते को भी खिला दिया करता था। दूर से कुछ लोगों ने यह तमाशा देखा। उसके पास गये। कहने लगे, "तुम कुत्ते की जूठन खाते हो, कैसे आदमी हो?" वह सिद्ध बड़ी देर तक चुप रहा। तब भी इन लोगों ने अपना व्याख्यान बंद नहीं किया। तब चिढ़कर वह सिद्ध कहता है—

"विष्णूपरिस्थितो विष्णुः विष्णुं खादति विष्णवेः
कथं हससि रे विष्णो सर्व विष्णुमयं जगत्।"

सूरदासजी इन्हीं भावों पर कहते हैं—

"जित देखो तित श्याममयी है;
श्याम कुंज, वन, यमुना श्यामा,
श्याम गगन-घन-घटा छई है।
श्रुति को अच्छर श्याम देखियत,
दीप-शिखा पर श्यामतई है;
मैं बौरी को लोगन ही की
श्याम पुतरिया बदल गयी है।
इंद्र-धनुष को रंग श्याम है,
मृग-मद श्याम, काम विजयी है,
नीलकंठ को कंठ श्याम है,
मनो श्यामता बेलि बई है।"

कवि के भाव-नेत्र चारों तरफ श्याम को ही प्रत्यक्ष करते हैं। तमाम संसार में वह एक ही श्याम-छवि रमी हुई है। रामायण में गोस्वामी तुलसीदास जी इस भाव की सुंदर व्याख्या-सी कर देते हैं। जिस कारण से यह इष्ट-मूर्ति भक्त को चारों ओर दिखलायी पड़ती है, उस कारण की जड़ चित्त में है, जहाँ इष्ट की छाप पड़ जाने पर फिर और कोई रूप नहीं देख पड़ता, दूसरे रूपों की सत्ता छिप जाती है–

**"चित्रकूट चित चारु, तुलसी सुभग सनेह बन;**
**सिय-रघुबीर-बिहारु, सींचत माली नयन-जल।"**

मृत्यु की नश्वरता को दिखलाते हुए कविवर नज़ीर कहते हैं–

**जब चलते-चलते रस्ते में**
**यह गौन तेरी ढल जावेगी;**
**यक बधिया तेरी मिट्टी पर**
**फिर घास न चरने पावेगी।**
**यह खेप जो तूने लादी है,**
**सब हिस्सों में बट जावेगी;**
**धी, पूत, जमाई, बेटा क्या,**
**बनजारन पास न आवेगी।**
**सब ठाट पड़ा रह जावेगा,**
**जब लाद चलेगा बंजारा।**
**क्या जी पर बोझ उठाता है**
**इन गोनों भारी-भारी के;**
**जब मौत का डेरा आन पड़ा,**
**तब दोनों हैं व्यापारी के।**
**क्या साज़ जड़ाऊ ज़र-ज़ेवर,**
**क्या गोटे थान किनारी के;**
**क्या घोड़े, जीन, सुनहरी के,**
**क्या हाथी लाल अमारी के।**
**सब ठाट पड़ा रह जावेगा**
**जब लाद चलेगा बंजारा।**
**मग़रूर न हो तलवारों पर,**
**मत भूल भरोसे ढालों के;**
**सब पट्टा तोड़ के भागेंगे**
**मुँह देख अजल के भालों के।**

क्या डिब्बे मोती-हीरों के,
क्या ढेर ख़ज़ाने मालों के;
क्या बकचे ताश मुशज्जर के,
क्या तख़्ते शाल-दुशालों के।
सब ठाट पड़ा रह जावेगा,
जब लाद चलेगा बंजारा।''

नश्वर संसार का जो चित्र यहाँ विवेक को जाग्रत करने के लिए नज़ीर साहब ने खींचा है उसका प्रभाव हिंदू कवियों पर पहले ही से बहुत ज्यादा रहा। नश्वरता पर प्रायः यहाँ के सभी कवियों ने कविताएँ लिखी हैं। भगवान् शंकराचार्य आदि धर्म-प्रचारकों से लेकर आधुनिक कवियों तक में यह भाव यहाँ परिपुष्ट ही मिलता है—

''कस्त्वं कोऽहं कुत आयातः
का मे जननी को मे तातः।
इति परिभावय सर्वमसारं
विश्वं त्यक्त्वा स्वप्न-विचारम्।
पुनरपि जननं पुनरपि मरणं
पुनरपि जननी-जठरे-शयनम्;
इह संसारे खलु दुस्तारे
कृपया पारे पाहि मुरारे।
पुनरपि रजनी पुनरपि दिवसः
पुनरपि पक्षः पुनरपि मासः।
पुनरप्ययनं पुनरपि वर्षं
तदपि न मुंचयत्याशामर्षम्।''

—श्री शंकराचार्यः

''चढ़कर मेरे जीवन रथ पर
प्रलय चल रहा अपने पथ पर
मैंने निज दुर्बल पद-बल पर
उससे हारी होड़ लगायी।''

—श्री जयशंकर 'प्रसाद'

''लक्ष अलक्षित चरण तुम्हारे चिह्न निरन्तर,
छोड़ रहे हैं जग के विक्षत वक्षःस्थल पर;
शत-शत फेनोच्छ्वसित स्फीत फूत्कार भयंकर,
घुमा रहे नित घनाकार जगती का अंबर,
मृत्यु तुम्हारा गरल-दंत, कंचुक कल्पांतर,

अखिल विश्व ही विवर,
वक्र-कुंडल दिङ्-मंडल!
अये दुर्जेय विश्वजित्!
नवाते शत सुरवर नरनाथ,
तुम्हारे इंद्रासन-तल माथ।
घूमते शत-शत भाग्य अनाथ
सतत रथ के चक्रों के साथ।
तुम नृशंस नृप-से जगती पर चढ़ अनियन्त्रित,
उत्पीड़ित संसृति को करते हो पदमर्दित;
नग्न नगर कर भग्न भवन, प्रतिमाएँ खंडित,
हर लेते हो विभव, कला-कौशल चिरसंचित;
आधि-व्याधि बहुवृष्टि पात उत्पात अमंगल,
वह्नि, बाढ़, भूकंप तुम्हारे विपुल सैन्यदल;
अये निरंकुश पदाघात से वसुधा टलमल,
हिल-हिल उठता है प्रतिफल पद-दलित धरातल!"

—श्री सुमित्रानंदन पंत

नश्वरता को प्रत्यक्ष करा देने पर ज़रा देर के लिए मन में वैराग्य का उदय होता है। फिर वह वैराग्य यदि स्थायी हो, तो मनुष्य संसार की नश्वर वस्तुओं से प्रेम करना छोड़कर एक ऐसी ज्ञान-स्थिति प्राप्त करता है, जिससे उसे यथार्थ शांति मिलती है। जिस तरह हिंदुओं में वैराग्य की यह शिक्षा मिलती है, उसी तरह मुसलमानों में भी। सूफीवाद में ज्ञान, वैराग्य और मादकता, तीनों की प्रधानता है। मुलसमानों के दर्शन में तो नहीं, हाँ कुरान के साथ अद्वैतवाद की सूक्तियाँ जरूर मिल जाती हैं। पर कविता में और सूफियाने ढंग की कविता में यहाँ के बड़े-बड़े दर्शन-शास्त्र का तो बिलकुल जोड़ मिल जाता है। खान-पान और रहन-सहन का भेद रहने पर भी जिस विकास की ओर मुसलमान सभ्यता गयी है, वह यहाँ से कोई पृथक् सत्ता नहीं। कुरान का असल तत्त्व जो 'ला इलाह इल्लिल्लाह' है, वह 'एकमेवाद्वितीयम्' का अक्षर-अक्षर अनुवाद है। हम यह नहीं कहते कि क़ुरान की उक्ति अनुवाद के रूप में आयी है; क्योंकि हमें मालूम है, ईश्वर को प्रत्यक्ष करनेवाले महापुरुष एक ही सत्य का प्रचार करते हैं। और, जिस तरह हिंदुओं के महापुरुषों ने सत्य से ओतप्रोत एक ही ज्ञानमय कोष का तत्त्व हासिल किया, उसी तरह मुहम्मद ने भी तपस्या द्वारा 'अवाङ्मनसोऽगोचरम्' सत्य का साक्षात्कार किया। सिंधु और बिंदु की उक्ति से ब्रह्म और जीव की जो बातें भारतीय साहित्य में मिलती हैं, वही मुसलमान कवियों की कविता में, दरिया और क़तरे के रूप से आयी हैं।

**''तुमहिं मिलत नहिं होय भय, यथा सिंधुगत नीर।''**

—तुलसीदास

**''इशतरे-क़तरा है दरिया में फ़ना हो जाना।''**

—ग़ालिब

**"यक क़तरए-मै जब से साक़ी ने पिलाया है;**
**उस रोज़ से हर क़तरा दरिया नज़र आता है।''**

खुदनुमाई पर की गयी वह गुफ्तगू याद आती है, जो अपनी बाँदी के साथ शायद बेगम नूरजहाँ ने की थी जब उसका चीनी आईना बाँदी के हाथ से गिरकर फूट गया था, और एकाएक महर्षि वाल्मीकि की तरह बाँदी के मुँह से यह शेर का एक टुकड़ा निकल पड़ा था—

**''अज़ कज़ा आईनए-चीनी शिकश्त।''**
**''ख़ूब शुद सामाने ख़ुदबीनी शिकश्त।''—**

यह मेहरुन्निसा का उत्तर था। तमाम हिन्दोस्तान की सम्राज्ञी के हृदय में भी वैराग्य की यह भावना प्रबल थी,—वह शिक्षा जो गोस्वामी तुलसीदास-जैसे महापुरुष ही दे सकते हैं—

**''सेवहिं लखन सीयरघुवीरहिं,**
**जिमि अविवेकी पुरुष शरीरहिं।''**

एक तरफ श्रीरामचंद्रजी की सेवा लक्ष्मण और सीताजी धर्मभावना से प्रेरित होकर करते हैं, जैसे अपने परम इष्ट की सेवा की जाये, दूसरी तरफ महाकवि शिक्षा से भरी हुई उसकी उपमा में कहते हैं, जैसे अविवेकी पुरुष अपने शरीर की सेवा करते हैं—उसे किसी क्षण के लिए भी नश्वर नहीं समझते। यहाँ शरीर-ज्ञान में बँधे हुए मनुष्य सदा ही नश्वरता के ग्रास में पड़े रहते हैं, यह भावना भी उद्दीप्त होती है, और आलंकारिक व्यंजना श्रीरामचंद्र की तल्लीन सेवा का बोध भी अच्छी तरह करा देती है—एक ढेले में दो पक्षियों का शिकार हो गया है।

**''तुम मेरे पास होते हो गोया,**
**जब कोई दूसरा नहीं होता।''**

—ग़ालिब

यह बहुत ऊँचे दर्जे का प्यार है। सच्चा प्यार भी यही है। लोग इसका अर्थ यह भले ही करें कि निर्जन रहने पर ही प्रिय की याद आती है—दिल के आईने

में उसकी सूरत देख पड़ती है; पर इसका मतलब वह नहीं। यह सांसारिक प्रेम नहीं, यह ईश्वर-प्रेम है जब मन बिलकुल निस्संग हो जाता है, किसी भी दूसरे से लगावट नहीं रहती, तभी उस मन में ईश्वर का ध्यान आता है, वह भगवत्-संग प्राप्त करता है, वह मित्र—जिसके लिए कहा जाता है, "रामप्राण के जीवन जी के"—मिलता है, साथ रहता है; इसी क्षण को इष्ट-प्राप्ति का समय कहते हैं, और इसी अवस्था में वह मिलता भी है। कविवर मैथिलीशरण कहते हैं—

**"प्रभो, तुम्हें हम कब पाते हैं,**
**जब इस जनाकीर्ण जगती में एकाकी रह जाते हैं।"**

ज़ौक़ के एक शेर में परलोक, यहाँ तक कि अर्थ लगाने पर हिंदुओं के पितृलोक, देवलोक, प्रेतलोक आदि की सिद्धि भी हो जाती है—

**"अब तो घबरा के यह कहते हैं कि मर जायेंगे;**
**मर के भी चैन न पाया तो किधर जाएँगे।"**

—ज़ौक़

मृत्यु के बाद चैन न पाने की उक्ति परोक्ष रीति से उसी प्रेतयोनि को सिद्ध कर रही है, जहाँ जीवों को शांति नहीं मिलती, एक प्रकार की जलन, क्षोभ, अशांति तथा चंचलता बनी रहती है। इसके अर्थ से प्रेतलोक की सिद्धि कोई भले ही न करे, पर इतना तो जाहिर ही है कि मृत्यु के बाद अशांति की चिंता कवि को लगी हुई है। वह इस पर भी विश्वास करता है। दूसरे, महाकवि ग़ालिब को भी ज़ौक़ का यह शेर पसंद आता है। इसके मानी ये हैं कि इस तत्त्व पर वह भी विश्वास करते हैं। बहिश्त और दोजख़ तो मुसलमानों के शास्त्र मानते ही हैं। जहाँ हिंदुओं का बिलकुल साम्य है। वह बेचैनी की हालत, जो मृत्यु के बाद होती है, और उस मृत्यु के बाद जिसे आत्महत्या कहते हैं—'मर जायेंगे' के अर्थ से असमय मृत्यु या आत्महत्या का ही भाव व्यंजित है—बहुत कुछ उसी अवस्था की वर्णना है, जो प्रेतयोनि में होती है। यहाँ हिंदू और मुसलमान मृत्यु के बाद के एक ही विचार रखते हुए देख पड़ते हैं। यों तो प्रेत या जिन्न मुसलमानों के यहाँ भी कम नहीं—

**"जिन्नों ने वहीं अपना मैख़ाना बना डाला।"**

और, रात बारह बजे शहर-भर की मिठाई खरीद लेनेवाले लखनऊ के जिन्न अब भी देहात में काफी मशहूर हैं, वे आजकल की व्याख्या के अनुसार मुँह ढककर आनेवाले छज्जे पर बैठनेवालियों के यार और आशिक भले ही हों, अथवा चाहे लखनऊ की प्राचीन व्याख्या के अनुसार 12 लाख साफ करने के बाद रईसों के शोहदा-खाते में नाम लिखानेवाले हों। हिंदी में तो—

**"भूत-पिशाच निकट नहिं आवे;**
**महावीर जब नाम सुनावे।"**

से लेकर

**"सावर-मंत्र-जाल जिन सिरजा, प्रेत, पितर, गंधर्व;**
**बन्दौ किन्नर रजनिचर, कृपा करहु अब सर्व।"**

तक, पता नहीं इस परलोकवाद की कितनी चर्चा हुई है, और समाज में इस पर कितना दृढ़ विश्वास है जबकि ज्ञान की जननी गीता स्वयं कहती है—'पतन्ति पितरोह्येषां लुप्तपिण्डोदक क्रियाः' और केशवदास का प्रेत होना तमाम साहित्यिकों के दिमाग में भरा ही हुआ है, उधर गोस्वामी तुलसीदासजी की जीवनी से 'बसै तहाँ इक प्रेत पुरानो' जबकि अभी तक नहीं निकाला गया; और उन्हें भगवान् श्रीरामचंद्र से मिलने का पता भी बताता है प्रेत!

**"जहाँ में हाली किसी का अपने सिवा भरोसा न कीजियेगा;**
**य' भेद है अपनी जिंदगी का कि इसका चर्चा न कीजियेगा।"**

हाली साहब जिस तरह यहाँ हर एक को अपनी ही सत्ता पर जोर देने के लिए कहते हैं, और इसे ही वह दुनिया में कामयाब होने की कुंजी समझते हैं, उसी तरह यहाँ के हिंदुओं की भी शिक्षा है। 'नायमात्मा बलहीनेन लभ्यः, न मेधया न च बहुना श्रुतेन' में सबसे कठिन कार्य आत्म-प्राप्ति के लिए जिस तरह मनुष्य को अभ्यन्तर-बल प्राप्त करने के उपदेश दिये गये हैं, उसी तरह अन्य सफलताओं के लिए भी। यथार्थ बल अपने ही भीतर से प्राप्त होता है, जिससे कुल सिद्धियाँ हासिल होती हैं, यही यहाँ की शिक्षा है। इस प्रकार मन को प्रसन्न करने के लिए ही कहा है—

**"मन के हारे हारिये, मन के जीते जीत;**
**परब्रह्म को पाइये, मन ही की परतीत।"**

यहाँ के साहित्य में अपनी ही आत्मा पर विश्वास रखने के केवल उपदेश ही नहीं, किंतु जीवनियाँ भी अनेक लिखी हुई हैं। इस कोटि में स्त्री और पुरुष दोनों को बराबर जगह मिली है। पार्वती तपस्या में दृढ़निष्ठ हैं। वह महादेव को पतिरूप से प्राप्त करना चाहती हैं। उनकी तपस्या की परीक्षा करने, उनके मनोबल को तोलने के इरादे से ऋषि उनसे कहते हैं, "तुम क्यों व्यर्थ ही शिव जैसे एक पागल के पीछे पड़ी हो? इससे तो अच्छा है कि विष्णु की कामना करो। वह सुंदर हैं, और सब तरह से महादेव से श्रेष्ठ हैं।" यह सुनकर पार्वती का उत्तर नम्र होकर भी दृढ़ होता है। वह अपनी प्रतिज्ञा पर अटल रहती हैं। कहती हैं—

**"सत्य-सत्य शिव अशिव-घर, विष्णु, सकल-गुण धाम;**
**जाको मन रम जाहि सँग, ताहि ताहि सन काम।"**

उद्धव को अपने ज्ञान का गर्व है। श्रीकृष्ण उनका यह अहंकार तोड़ना चाहते हैं। साथ ही एक दूसरे मन का बल भी उन्हें दिखाना चाहते हैं। इस विचार से वह उद्धव को गोपियों के पास अखिल व्यापक निरंजन ब्रह्म का उपदेश करने के लिए भेजते हैं। उद्धव गोपियों के बीच में व्यापक ब्रह्म की कथा सुनाते हैं, और गोपियाँ बार-बार उनसे श्रीकृष्ण का कुशल तथा अन्यान्य संवाद पूछती हैं, बार-बार उद्धव को उनके विषय से अलग कर देती हैं। पर वह भी अपने ज्ञान-हठ पर अड़े रहते हैं। वह भी बार-बार वैराग्य की वाणी के प्रभाव से उनका प्रेमजन्य मोह दूर कर देना चाहते हैं। पर गोपियों का प्रेम शरीर-प्रेम नहीं था। उसमें कृष्ण की चेतन सत्ता थी, जिससे उनके हृदय का मोहांधकार दूर हो चुका था। वे प्रेम ही की वाणी में जो उत्तर देती हैं, उसका फिर प्रत्युत्तर उन्हें उद्धव से नहीं मिलता–

**''ऊधो, मन न होहिं दस-बीस।**
**एक रह्यो सो गयो स्याम सँग,**
**काह करब अज, ईस?''**

और 'राधें-दृग-सलील-प्रवाह में सुनौ हो ऊधौ, रावरे समेत ज्ञान-गाथा बहि जवैगो' आदि सुनकर प्रेम के प्रभाव से उद्धव मौन ही रह जाते हैं। यह यहाँ का मानसिक बल है, अपना अटल विश्वास, जिससे अपने संपूर्ण कार्य सार्थक हो जाते हैं। यही अँग्रेजों का concentration power (एकाग्रता शक्ति) है। 'The real I is real He' अर्थात् यथार्थ मैं और यथार्थ वह (ईश्वर) एक ही है, अतः अपने पर यथार्थ विश्वास और उस पर अकृत्रिम विश्वास एक ही है।

**''जन्म कोटि शत रगर हमारी;**
**बरौं शम्भु, न तु रहौं कुमारी।''**

यह अपनी शक्ति पर विश्वास है, और

**''नट-मरकट इव सबहिं नचावत;**
**राम खगेस वेद अस गावत।''**

यह ईश्वर पर किया गया विश्वास है। यहाँ ईश ही की शक्ति सफल-काम है।

हिंदू और मुसलमानों के सामाजिक आचार-व्यवहार और वेश-भूषण आदि निस्संदेह एक-दूसरे से नहीं मिलते; परंतु यह कोई बहुत बड़ा भेद नहीं। कारण, मनुष्य की जाँच उसकी मनुष्यता और उसके उत्कर्ष से होती है, और वहाँ ये दोनों जातियाँ एक ही पथ की पथिक तथा एक ही लक्ष्य पर पहुँची हुई जान पड़ती हैं। हिंदू सभ्यता बहुत पुरानी है और मुसलमान-सभ्यता हिंदुओं के मुकाबले बहुत आधुनिक। यह तो हम दावे के साथ कहेंगे कि जहाँ भी सभ्यता ने अपने उत्कर्ष के प्रति संसार को

आकृष्ट करना चाहा है, जहाँ कहीं उसकी सुप्त अपार शक्ति जाग्रत हुई है, वहीं, किसी-न-किसी रूप में, प्रत्यक्ष या प्रकृति की अपर शक्तियों की तरह परोक्ष रीति से, हिंदू-सभ्यता के बीज संचालित हो गये हैं। आज संसार में जितने भी धार्मिक विचार अपना आधिपत्य जमाये हुए हैं, वे सब हिंदुओं के किये हुए विचारों के अनुवाद-से प्रतीत होते हैं। हमारा विचार है कि यह हिंदुओं की ही मानसिक दुर्बलता है, जिसके कारण वे हर तरह से पराधीन हो रहे हैं। यदि वे अपने-आपको पहचानें, तो उनके भीतर के भेदभाव तो दूर हों ही, किंतु संसार में एक अद्‌भुत साम्य का प्रचार भी हो, जिसकी अब तक संसार के लोग प्रतीक्षा कर रहे हैं। जहाँ प्रतिद्वंद्विता के भाव प्रबल हैं, वहाँ मानवीय शक्ति भी नहीं पशुशक्ति काम करती है, चाहे कितने ही बड़े-बड़े शब्दों तथा वाक्यों की आवृत्ति वहाँ की जाये। मानवीय प्राथमिक शक्ति का विकास ही कार्य की शक्ति है। धर्म के अनुकूल चलकर शक्ति को विकसित करना, यही शास्त्रीय शिक्षा है। पर आज इसके प्रमाण बहुत ही कम रह गये हैं। पाशविक वृत्तियों की प्रबलता मानवीय वृत्ति को, जिसे प्रवृत्ति कहते हैं, दबाये हुए है। युग-धर्म ही कुछ ऐसा बन रहा है कि प्रवृत्तिमूलक बातें अत्यंत रुचिकर मालूम देती हैं यद्यपि उनसे पतन के सिवा एक इंच भी उत्थान की गुंजाइश नहीं है। यही कारण है कि समाज के विवेक की तुला टूट गयी है। बड़े-से-बड़े और छोटे-से-छोटे, सब मनुष्य, सब संप्रदाय अंधानुसरण को ही सनातन-धर्म या अपना सच्चा मज़हब समझ रहे हैं। उधर विज्ञान के प्रकाश ने वहाँ के मनुष्यों के हृदय से यह विश्वास ही दूर कर दिया है कि ईसा को भजोगे, तो डूबते वक्त पानी में आप ही जमीन बन जायेगी। वहाँ नास्तिकता का राज्य है, यहाँ अंधानुकरण का। संसार की अशांति इस तरह कब दूर हो सकती है? मोटर, रेल, तार, जहाज, मैशीनगन, ऐरोप्लेन, टारपेडो, मेन ऑफ वार और तीस मील की चाँदमारी करनेवाली तोपें, बम, तरह-तरह की विषैली बारूदें, हजारहा मैशीनें, ये सब अभाव ही की आग भड़कानेवाले हैं; इनसे कुछ मनुष्यता की प्राप्ति नहीं होती। यूरोप में जो दो-चार मनीषी मनुष्यता के तत्त्व को समझकर उसका प्रचार तथा प्रसार करते हैं, उन्हें वहाँ के गवर्नमेंट से तिरस्कार ही मिलता रहता है। प्रभुता स्वयं अनिष्टकर है, इसलिए विभूतिपाद के आचार्यगण मनुष्यता के दायरे से सदा ही निकाले हुए रहे हैं। मनुष्यता किसी कीमत से नहीं मिलती। वह तो एक प्रकार की शिक्षा है, जिस पर अभ्यास दृढ़ हो जाने पर मनुष्य, मनुष्य कहलाता है। भारत की राष्ट्रोन्नति के लिए जो अनेक प्रकार की चर्चाएँ सुनने में आती हैं, उनसे प्रतीत होता है कि यहाँ लोगों की आँखों में यूरोप का ही चश्मा लगा हुआ होता है, और वे बेचारे झूठ बोलकर जिंदगी-की-जिंदगी पार कर देनेवाले भारतवर्ष के वकील-लीडर यह क्या जानें कि यहाँ की शिक्षा किस रंग की चिड़िया थी? भारतवर्ष में जो सबसे बड़ी दुर्बलता है, वह शिक्षा की है। हिंदुओं और मुसलमानों में विरोध के भाव दूर करने के लिए चाहिए कि दोनों को दोनों के उत्कर्ष का पूर्ण रीति से

ज्ञान कराया जाये। परस्पर के सामाजिक व्यवहारों में दोनों शरीक हों, दोनों एक-दूसरे की सभ्यता को पढ़ें और सीखें। फिर जिस तरह भाषा में मुसलमानों के चिह्न रह गये हैं, और उन्हें अपना कहते हुए अब किसी भी हिंदू को संकोच नहीं होता, उसी तरह मुसलमानों को भी आगे चलकर एक ही ज्ञान से प्रसूत समझकर अपने ही शरीर का एक अंग कहते हुए हिंदुओं को संकोच न होगा। इसके बिना, दृढ़ बंधुत्व के बिना, दोनों की गुलामी के पाश कट नहीं सकते, खासकर ऐसे समय जबकि फूट डालना शासन का प्रधान सूत्र है।

हिंदुओं की जो मानसिक स्थिति पहले थी, वह मुसलमानों के आक्रमण-काल तक नहीं थी। पंच-देवताओं की उपासना में पड़े हुए हिंदू द्वैतवादी हो रहे थे। यों तो भारतवर्ष की धार्मिक स्थिति भगवान् बुद्ध से पहले ही बिगड़ गयी थी। बुद्ध के आने के बाद कुछ सुधरी, और यही कारण है कि बुद्ध-काल में कला के विस्तार के साथ-ही-साथ भारत की शासन-शृंखला भी सुदृढ़ हो गयी थी। भगवान् शंकर के आविर्भाव के पश्चात् भी भारतवर्ष की कुछ अच्छी अवस्था थी। पर देश सब तरह से मानसिक दुर्बल हो रहा था। वह शंकराचार्य द्वारा प्रचारित अद्वैतवाद की धारणा करने में समर्थ नहीं रहा। उसे एक ऐसे धर्म की जरूरत पड़ी, जो सरस हो, और गृहस्थों के सामने त्याग का महान् आदर्श न रख उन्हें कोई प्रेम तथा पूजा का मार्ग बतलाये। मनुष्यों के मन के अनुकूल धर्म का भी उद्भव हो जाता है। भगवान् रामानुज ने वैष्णव धर्म का प्रचार किया। इसमें ईश्वर और संसार, दोनों रहे। अद्वैत की सूक्ष्म छानबीन नहीं रही। किंतु रस से भरा हुआ एक दूसरा ही प्रेम-धर्म लोगों के सामने आया। चूँकि साधारण मनुष्य जन्म से ही मूर्तिप्रेमी हुआ करता है और संसार के अस्तित्व पर विश्वास रखता है, इसलिए यह विशिष्टाद्वैतवाद उस समय के लोगों को बहुत पसंद आया। भारतवर्ष में आज भी अधिकांश मनुष्य इसी सम्प्रदाय की शाखा-प्रशाखाओं में शामिल हैं। परंतु मूर्ति स्वयं समीम होती है इसलिए उसके उपासक भी, समीम होने के कारण, भाव तथा क्रिया की भूमि में छोटे ही होते गये। महाभारत के समय से लेकर कई बार महापुरुषों ने भारतवर्ष को गिरने से रोकने की चेष्टाएँ कीं; पर स्वाभाविक गति में कोई रुकावट हो नहीं सकती। जिस हद तक इस देश को गिरकर पहुँचना था, उस अवश्यंभावी परिणाम को कौन रोकता? वह गिरता ही गया। उधर दीन-इस्लाम की नयी रोशनी अद्वैतवाद से भरी हुई फैली। उसका वह नवीन वेग कोई भी देश नहीं रोक सका। भारत भी जिस मानसिक अवस्था को प्राप्त था, उसके लिए हारना स्वाभाविक ही था। वह हारा। किसी भी वृहत् तथा व्यापक वस्तु या धर्म से कोई भी ससीम वस्तु या धर्म हार जाता है। ससीम हो रहने के कारण भारत की शक्ति भी खंडशः हो रही थी। मुसलमानों की संगठित तलवारों की चोट से भारत का स्वाधीन दंभ चूर-चूर हो गया।

हिंदुओं के साथ मुसलमानों का यह प्रथम संबंध हुआ जेता और विजित के

भावों से। वे शासन भी करने लगे। उस समय के संगठित मुट्ठी-भर मुसलमान किस तरह आतंक की तरह तमाम भारतवर्ष में फैल गये, यह पढ़कर आश्चर्य होता है। उनकी दक्षता, उनकी कार्यपटुता के प्रभाव से राजपूत शक्ति ने भी उनका आधिपत्य स्वीकार कर लिया। जहाँ देखिए, जिस प्रांत में देखिए, मुसलमानों का ही शासनाधिकार हो गया। पठानों के बाद मुग़ल आये। ऐयाशी में पड़कर पठान दुर्बल हुए, और उसी ऐयाशी ने मुगल-बादशाहत को बरबाद कर दिया। खैर, मुसलमानों के वे भाव, जो पहले से हिंदुओं के प्रति थे, अब भी ज्यों-के-त्यों ही रहे गये, और यह स्वाभाविक भी है। अभी उस दिन तक यह प्रचार किया जाता था कि एक मुसलमान 50 हिंदुओं के लिए काफी है। और, यह सब हिंदुओं की ही कमजोरी है। इस समय कुछ को छोड़कर प्रायः सभी हिंदू क्षुद्रतम सीमा में बँधे हुए हैं। यही कारण है कि देश शताब्दियों के लिए पिछड़ा हुआ नजर आ रहा है। मुसलमान भी अब वे मुसलमान नहीं रहे। एक प्रकार की कट्टरता मूर्खता से मिली हुई रह गयी है। इन दोनों जातियों के सुधार के लिए मनुष्यता की शिक्षा आवश्यक है, जिससे एक-दूसरे के प्रति प्रेम तथा आदर-भाव धारण करें। तब तक यूरोप का वर्तमान धर्म अवश्य ही नष्ट होगा। वहाँ विज्ञान की चर्चा से जिस नास्तिकता का उदय हुआ है, उससे सुफल के ही होने की संभावना है। चरम नास्तिकता और चरम आस्तिकता एक ही बात है। शून्य को चाहे कुछ नहीं कह लीजिए या सबकुछ। वह पूर्ण भी है और कुछ भी नहीं। यह आस्तिकवाद और नास्तिकवाद का रहस्य है। यही कपिल, बुद्ध और नास्तिक दर्शन कहते हैं। और यही वेदांत, गीता और पातंजल आदि आस्तिक दर्शन। यही सबसे ऊँची भूमि है। यहीं हिंदू और मुसलमान परस्पर मिलते हैं। यूरोप के भौतिक विज्ञानवाद को और एक सीढ़ी चढ़ना है, बस। सब फैसला वही प्रकृति कर देगी, जिसने इतना सब चमत्कार पैदा किया है। फिर ये सब 'यथा पूर्वमकल्पयत्' ही रहेंगे, अन्यथा मनुष्य की जीवन-प्रगति रुकेगी। मशीन के पहिये जितना तेज चलते हैं, आदमी की चाल उतनी ही द्रुत बंद होती है। इस पर बहुत-कुछ लिखा-पढ़ी हो चुकी है, और होती जा रही है। यही कारण है कि महात्माजी का चर्खावाद यहाँ की अपेक्षा यूरोप के किसानों को अधिक पसंद आया है, और वे अपने जीवन को अन्नवस्त्रोत्पादन के पश्चात् शुभचिंतन में लगाने का प्रत्यन भी कर रहे हैं। जब-तब अनेक प्रकार के वितंडावाद भारतवर्ष में चक्कर काट रहे हैं, तब तक यदि हिंदू और मुसलमान अपनी-अपनी यथार्थ प्राचीन शिक्षा को प्राप्त कर दबाने या दबनेवाले अपर भावों को त्यागकर आपस में मैत्री स्थापित करके एक-दूसरे के उत्कर्ष को समझने की चेष्टा करें, तो दोनों के लिए उन्नति का रुका हुआ रास्ता निस्संदेह खुल जायेगा।

**['सुधा', मासिक, लखनऊ, नवंबर, 1929। प्रबंध-पद्य में संकलित।]**

# साहित्य की नवीन प्रगति पर

जिस समय रोगी की नाड़ी छूटने लगती है—वैद्यराज रोग को असाध्य बतलाकर रोगी के मरने से पहले ही अपने मकान पहुँच जाना चाहते हैं, उस समय रोगी के मकानवालों को ही नहीं, किंतु गाँव-भर के लोगों को मालूम हो जाता है कि अब बीमार का बचना कठिन है। यही हाल इस समय खड़ी बोली के प्राचीन ठाट की कविता का हो रहा है। वैद्यराज सुकवि किंकरजी ने तो जवाब दे दिया। उनके और-और साथी भी सहायक का वसूल पूरा कर गये। पहले खड़ी बोली की कविता-कामिनी को छायावाद के रोग से प्रतिदिन दुर्बल होती हुई बतलाया, फिर जब वह एक तरह से चलने-फिरने की शक्ति से भी रहित हो गयी, चारपाई में लग गयी, उसके प्रणयी कविगण साहित्य के उषाकाल में आकाश के नक्षत्रों की तरह नजर आने लगे, तब आचार्यदेव ने एक बार फिर जोर मारा, अपनी अव्यर्थ महौषधि मकरध्वज का सानुपान प्रयोग कर गंभीर भाव से अपने शिष्य-समुदाय से कहा, "देखो, यह वह दवा है जो अनपान-विशेष से विविध प्रकार के गुण दिखलाती है। **'अनुपानविशेषेण करोति विविधान गुणान्।'** अब कोई भय नहीं, यह छायावाद का रोग अवश्य नष्ट होगा।" यह कहकर आप जरा मुस्कराये। इधर छायावाद कह रहा था, "वैद्यराज, आप गलती कर रहे हैं, मैं मीयादी बुखार की तरह हूँ, अपना वक्त पूरा किये बिना उतरूँगा नहीं, चाहे आप मकरध्वज नहीं, मृत-संजीवनी पिला दें।" ऐसा ही हुआ। अंत तक "**दैवायत्तं जीवनम्**" की दोहाई देकर वैद्यराज तथा उसके गणों ने अपने-अपने मकानों की राह ली। इधर जनता को विश्वास हो गया कि हिंदी की कविता को छायावाद का भूत ले गया। ब्रज-भाषा में तीन साल पहले जब 'ही' की समस्या निकली थी, शायद कानपुर के 'कविन्द' में, उस समय 'पलाले' जी की पूर्ति ऐसी अच्छी आयी थी कि दिल फड़क उठा था। आजकल न जाने लोग क्या लिखते हैं, कुछ समझ में खाक आता ही नहीं!

इस संदिग्ध परिस्थिति में कुछ दूसरे लोग मैदान में आये हैं। कोई नवीनता नहीं सूझी तो किसी प्रगति में ही उल्टे-सीधे बह चले। 'विशाल भारत' के संपादक पं. बनारसीदास चतुर्वेदी और काशी हिंदू विश्वविद्यालय के हिंदी के अध्यापक,

छात्र-संसदि लब्धकीर्ति, पं. रामचंद्र शुक्ल इस श्रेणी के हैं। 'विशाल भारत' के संपादक को अपने पत्र में कोई मौलिकता पैदा करनी ही थी। उन्होंने 'छायावाद' और 'घासलेट' साहित्य की कल्पना निकाली, कैसी मौलिकता है। अब देखें, 'छायावाद' का क्या निष्कर्ष 'विशाल भारत' निकालता है। यदि चतुर्वेदीजी एक लेख महात्माजी से इसी संबंध में लिखा लें, विशेष रूप से खंडनात्मक, तो शायद उन्हें इतना हैरान न होना पड़े। इधर उनकी सहायता के लिए धुरी धारण करनेवाले पं. रामचंद्रजी शुक्ल जैसे कभी साहित्य की लीक न छोड़नेवाले उसके यथार्थ भार के वेत्ता तो हैं ही जिन्होंने पहले ही से 'सुधा' में मस्त साहित्यिकों को अपनी अभयवाणी सुना दी है–

**''देख चुके दंभ के विकास का विधान यह,**
**सह चुके गिरा के भी गौरव का अपमान;**
**लालसा अज्ञात की बताके ढोंग रचते जो**
**शब्दों का झूठ-मूठ, अब हों वे सावधान।**
**आवें लोक-लोचन समक्ष, देखें एक बार**
**अपनी यह कलाहीन कोरी शब्द की उड़ान;**
**बोलें तो हृदय पर हाथ रख सत्य-सत्य,**
**इसका वहाँ के किसी भाव से भी है मिलान।**
**भाषा है, न भाव है, न भूति भाँपने को आँख,**
**शिक्षा की सुभिक्षा भी न पायी कभी एक कन;**
**गाँथते हैं गर्वभरी गुरु ज्ञान गूदड़ी वे**
**चुने हुए चीथड़ों से, किये ब्रह्मलीन मन।**
**कहीं बंग-भंग-पद चकती चमक रही,**
**कहीं अँगरेजी अनुवाद का अनाड़ीपन;**
**ऐस सिद्ध साइयों की माँग मतवालों में है,**
**काव्य में न झूठे स्वाँग खींचते कभी हैं मन।''**

साहित्य में इस तरह की आवाज, प्रचार आदि यद्यपि इस समय असभ्यता और गँवारपन का परिचय देते हैं, परंतु हमारे लिए इसके स्वीकार करने के सिवा दूसरा उपाय ही क्या है! अतएव शुक्लजी गद्य में लिखें, हम उन्हें उत्तर देने के लिए तैयार हैं। अवश्य पद्य में इस तरह की बकवास करना हम नहीं जानते। लोक-लोचन-समक्ष तो हम हैं ही, अब ज़रा आप ही कलेजा मजबूत करके आ जायें, फैसला हो जायेगा। यों तो पं. मातादीनजी शुक्ल ने 'सुधा' के बाद वाले अंक में ही आपको उत्तर दे दिया था, परंतु उत्तर-प्रत्युत्तर का इस जमाने में कुछ भय तो रहा नहीं, कारण **'सपदि होहु पक्षी चण्डाला'** वाले महर्षि अब नहीं रहे। शुक्लजी ने 'सुधा' को शुक्ल 'दी सेकेंड' से घबराकर छोड़ा तो 'हृदय का मधुर भार' अब 'माधुरी' के अंक में उतार रहे हैं।

स्वभाव बुनियादी ठहरा, 'कुछ नहीं है तो अदावत ही सही।' इधर 'प्रताप' से आपको एक 'चैलेंज' और मिल गया है। देखें, इन इतने निमंत्रणों की आप किस तरह रक्षा करते हैं। शायद **'शिक्षा की सुभिक्षा भी न पायी कभी एक कन'** सबको कह दें। अच्छा हो यदि इसके साथ ही अपनी छिपायी हुई वह जबदरस्त डिगरी भी शुक्लजी जाहिर कर दें। हम लोगों को हलाहलानंद स्वामी की 'एलु ए फेल, इति आख्यया' परिचय-निर्णायिका तालिका पढ़कर बड़ा आनंद आता है। 'पाखंड प्रतिषेध' शुक्लजी खूब करें, यहाँ आपत्ति को जगह दी ही नहीं गयी, कहना सिर्फ यह है कि उक्त शीर्षक के चौथे पद्य के अंतिम चरण में जो आया है 'खोलने में मंगली शुभ्र-भावना का रंग', यहाँ कवित्त छंद के दायरे से निकलकर यह चरण मेरे स्वच्छंद-छंद में आ गया है, जिससे जान पड़ता है कि शुक्लजी के हठी अध्यापक ने तो नहीं, परंतु उनके अनुकूल कवि ने मेरा शिष्यत्व स्वीकार कर लिया है और इस तरह उनके हठ को अपनी स्वाभाविक कोमलता द्वारा मूर्च्छित कर उनकी अज्ञात दशा में प्रकृति ने ऐसा लिख दिया। यहाँ मैं इस पूरे छंद का उद्धरण देता हूँ–

**''सहन हुआ न उस सत्त्वगर्भ मानस को**
**खग के भी जीवन की हानि और सुख-भंग;**
**वेदना से क्षुब्ध ज्यों ही उमड़ पड़ा है वह,**
**भारती की वीणा झनकारती उठी तरंग।**
**रोष ने, अमर्ष ने, पराये अपकर्ष ने भी**
**करके संचार उन करुण स्वरों के संग,**
**साधन सहायक के रूप में ही काम किया**
**खोलने में मंगली शुभ्र भावना का रंग।''**

देखिए, सोलह-सोलह अक्षरों की गिनती शुरू से ही चल रही है, प्रत्येक पंक्ति 16 अक्षरों की है, पर अंतिम पंक्ति में केवल 15 अक्षर आते हैं, यह लड़ी मेरे अभिन्न-स्वच्छंद की-सी हो गयी है। शुक्लजी ध्यान दें, आपकी पंक्ति में कहीं छापे की अशुद्धि नहीं है, पंक्ति साफ बोल रही है। जिस गवैये को ताल का ज्ञान न हो वह गायक गायक नहीं कहलाता, उसी तरह जिस कवि को छंद का ज्ञान नहीं, वह कवि भी कवि की श्रेणी में नहीं आता। कविता में और सब दोष क्षम्य हैं, पर गति-भंग, यति-भंग अक्षम्य अपराध है। आपका 'मंगली' 'मांगलिक' होता तो आपके दोष कट जाते। पर कटते कैसे? आपकी 'वीणापाणि वाणी-लोकमानस-विहारिणी' ने लोकविरोधियों का साथ तो कभी दिया नहीं, सदा से उनकी बुद्धि को भी भ्रष्ट करती आयी है। उन्होंने साहित्य के उन्हीं कवियों के हृदय और कंठ में आसन ग्रहण किया है जो अपने-अपने समय का संदेश लेकर आये हैं। इस तरह आपके कंठ से भी उन्होंने उन्हीं का समर्थन कर दिया।

विलियम ब्लेक के संबंध में जो आपने लिखा है कि, "वह अपने को ईश्वर का दूत प्रकट करना चाहता था और इसी प्रकार की बातें और चेष्टाएँ करता था, जिस प्रकार यहाँ पहुँचे हुए सिद्ध महात्मा बननेवाले पाखंडी साधु किया करते हैं—यह घोषित किया करता था कि 'मैं तो इस काया का केवल मुहर्रिर हूँ। लिखनेवाले असली कवि तो अमरलोकवासी फरिश्ते हैं। मैं इसे संसार का सबसे उत्कृष्ट काव्य मानता हूँ।' पर संसार अंधा नहीं था—होशियार हो चुका था! इसकी रहस्यवाद की रचनाएँ बिलकुल निकम्मी ठहरायी गयीं।" यह दिव्य-साहित्य-ज्ञान देने के लिए आपको धन्यवाद देकर मैं आपसे पूछता हूँ, **'तुलसी अनाथ की परी रघुनाथ हाथ सही है'** के वक्त शायद भारतवर्ष भी घोर अज्ञान-तिमिर में डूबा हुआ था जो इस तरह की बात उसने मान ली, परंतु अब तो आपने अवतार ग्रहण कर ही लिया है, लोगों को अज्ञानांधकार से मुक्ति देने की शीघ्र ही कृपा करें और **'हाथ छुड़ाये जात हौ निबल जानि के मोहिं'** वाले सूर के इस परलोकवाद-प्रलाप तथा मूर्ति के आने-जानेवाली उक्ति पर विश्वास करनेवाले भारतवर्ष के हृदय में शीघ्र ही अपने दिव्य ज्ञान की ज्योति भर दीजिए, नहीं तो आपका अवतार अधूरा ही रह जाएगा। **'सुंदरि को धनि सहचरि मिलि, मो जीवन संग करतहि केलि'** वाले गोविन्द दास, **'सुमिरत सारद आवत धाई'** वाले तुलसीदास, **'अंतर माधोबसि अह रह, मुख होते तुम भाषा केड़े लह'** वाले रवींद्रनाथ, सूरदास, कबीरदास आदि प्रायः अधिकांश कवियों ने ब्लेक ही की तरह जनता को घोर अंधकार में डाल रक्खा है। आपने यदि कृपापर्वूक शरीर धारण किया तो **'ज्ञानांजन-शलाकया अज्ञान-तिमिरान्धानां चक्षु रुन्मलीनं'** अवश्य कर जायें। जिस तरह आपने अपनी कोई महान् उपाधि अपार विद्या छिपा रक्खी है उसी तरह इस अपूर्व ज्ञान ज्योति को भी न छिपा रखिए, लोगों को **'तुभ्यं श्रीगुरवे नमः'** कहने का यह ज़रा-सा अधिकार तो दीजिए।

ब्लेक पाखंडी था, अपनी रचनाओं को छपाने में विचित्र-विचित्र ढोंग निकाला करता था। उसका प्रत्येक पृष्ठ एक भिन्न रचना के रूप में होता था, आजकल के छायावादियों की क्षुद्र पंक्तियों की तरह उसकी पंक्तियाँ भी टेढ़े-मेढ़े ढंग से सजी रहती थीं, यह सब तो था, पर आप शायद नहीं जानते, जानते होते तो लिखते, नहीं मैं ही भूलता हूँ, यहाँ आपने ब्लेक की उज्ज्वल कवित्व-शक्ति को उसी तरह छिपाने की कोशिश की है जिस तरह आप अपनी महोच्च डिगरी को छिपाया करते हैं। ब्लेक अपने समय का युग-प्रवर्तक था, देखिए अँग्रेजी साहित्य का इतिहास, इसीलिए जितने भी अँग्रेजी कविताओं के संग्रह निकले हैं प्रायः सबों में ब्लेक की कविताएँ आयी हैं। आपके शब्दों में शायद महामूर्ख हो पर आपके हिंदू विश्वविद्यालय में प्रोफसेर रह चुकनेवाले मिस्टर निक्सन जो अब त्याग और तपस्या में लगे हुए हिंदू-तत्कर्ष पर मनन कर रहे हैं—शायद आपके शब्दों में ब्लेक की तरह ढोंग कर रहे हों—आपकी

हिंदू-यूनिवर्सिटी मैगजीन में प्रबंध लिखते हुए ब्लेक ही की इस कविता से श्रीगणेश करते हैं। उनका दुर्भाग्य कि आपके दिव्य ज्ञान से वे वंचित रह गये–

"To see a world in a grain of sand
And haven in a wild flower
To hold infinity in the palam of your hand
And eternity in an hour"

—Blake.

ब्लेक की इस कविता पर विचार कीजिए तो चुने हुए वेदांत के ऊँचे-से-ऊँचे भाव मिलते हैं। Infinity in the palam of your hand का जो अर्थ है बहुत कुछ तुलसीदास के **'करतलगत आमल क समाना'** का वही अर्थ है। **'विश्वबदर-कर'** भी यही बतलाता है। Heaven in a wild flower मेरे विचार से वर्ड्स्वर्थ की सर्वोत्तम पंक्ति–To me the meanest flower that blows, can gibe thoughts, that do often lie too deep for tears—से बढ़कर है। तुलसीदास के 'कागभुसुण्ड' बालक रामचंद्र के पेट में समाकर, अगणित उड्गण, रवि, रजनीश, लोकपाल, ब्रह्मा, शिव, विष्णु, शेष आदि-आदि और सहस्र-सहस्र लोकों में, सब जगह, राम अवतार देखते हैं, एक-एक ब्रह्मांड में एक-एक सौ वर्ष रहते हैं फिर भी कहते हैं **'उभय घरी महँ मैं सब देखा'**, कुछ हो, इस अनादि तत्त्व को उभय घड़ी में दिखानेवाले तुलसीदास से ब्लेक की कितनी समता है!

–वह भी कहता है–

Eternity in an hour

मुमकिन है, हमारे साहित्य के आधुनिक मर्मज्ञ पं. रामचंद्रजी शुक्ल ब्लेक की इन पंक्तियों का जैसा उत्तम अर्थ समझते हैं और इनमें जो 'ढोंग' छिपा हुआ है, उसे जिस तरह प्रकट कर सकते हैं, 'अँग्रेजी साहित्य का इतिहास' लिखनेवाले या ब्लेक को एक श्रेष्ठ कवि बतलानेवाले या उसकी कविताओं के उद्धरण देनेवाले या निक्सन साहब अथवा हम न समझते हों! हमें आशा है, ब्लेक के साथ, छायावादी की आख्या प्राप्त करनेवालों की कविताओं के उद्धरण देकर, हमारे शुक्लजी–'बंग-भंग-पद-चकती' से चमकनेवाली तथा 'अँग्रेजी अनुवाद के अनाड़ीपन' से अस्त-व्यस्त उन पंक्तियों का ढोंग और 'कलाहीन कोरी शब्दों की उड़ान' साहित्य के पृष्ठों पर रखकर **'कहहिं कर इक'** की सार्थकता दिखलायेंगे और **'जनि जल्पना कर सृजस नासहि'** के स्वयं ही अपवाद न होंगे। खासकर जबकि 'लोक लोचन समक्ष' आने का हमें उन्होंने ही निमंत्रण दिया है।

'Never seek to tell thy love
love that never told can be,
For the gentle wind doth move
Silently, invisibly'

—Blake.

यहाँ भी ब्लेक की कविता में वेदांत के सर्वश्रेष्ठ भाव मिलते हैं। 'लव' या प्रेम ही यथार्थ ईश्वर है जिसे **'अवाङ् मनसोऽगोचरम्'** कहा है। **'ढाई अच्छर प्रेम के पढ़े सो पंडित होय'** से लेकर आज तक भिन्न-भिन्न भाषओं में जितने भी उल्लेख ईश्वर के संबंध में आये हैं, प्रेम ही का स्वरूप उनमें पुष्ट किया गया है। आजीवन तपस्वी संसार-विजयी स्वामी विवेकानंद भी कहते हैं—'We are children of Bliss.' Bliss, ज्ञान, आनंद, प्रेम, अमृत आदि एक ही अद्वैतसत्ता का बोध कराते हैं **'अमृतस्य पुत्राः'** का अमृत प्यार से कोई पृथक सत्ता नहीं। जो अमृत है, न मरनेवाला है, वह प्यार है, वही अव्यक्त है। **'प्रेम प्रेम यह मात्र धन'**, स्वामी विवेकानंद की इस उक्ति में प्रेम ही की सत्ता मानी गयी है। उनकी इस लंबी कविता में व्रत, त्याग, श्मशान वास, तपस्या आदि की निःसारता और प्रेम ही की सत्ता कायम की गयी है। **'रामहिं केवल प्रेम पियारा, जानि लेहु जो जानन हारा।'** ब्लेक साहब भी that never told can be से प्रेम को 'अव्यक्त' बतला रहे हैं। इतनी साफ और हृदय में भावों की ज्योति पैदा करनेवाली पंक्तियों के लेखक को जिन शब्दों में शुक्लजी ने याद किया है, वे शब्द उन्हीं के स्वभाव का परिचय दे रहे हैं। यदि हिंदुओं के विशद ग्रंथों को अनार्य भाववाले मनुष्य क्षेपकों द्वारा विकृत कर सकते हैं तो क्या यह संभव नहीं कि ब्लेक का कोई विरोधी उसके समय या कुछ काल बाद पैदा हुआ हो और उसके संबंध में अपनी इतर पंक्तियाँ साहित्य के पृष्ठों में रख गया हो जिस तरह शुक्लजी छायावादियों के संबंध में अपनी ज्ञान-राशि साहित्य की भेंट कर रहे हैं?

'In the sleep
Little sorrows sit and weep.'

—Blake.

सुप्त सौंदर्य पर इससे अच्छी उक्ति और क्या होगी? कितनी कोमल और सुकुमार पंक्तियाँ हैं, जैसे सात ही वर्ष की एक बालिका कुंद के फूल की तरह डल-बल बड़ी-बड़ी आँखों से पथिक को देख रही हो। भाषा, सरल दृष्टि, दूर तक पहुँचनेवाली, साफ आईने की तरह तमाम चित्रों को सच्चे रूप में ग्रहण कर लेनेवाली।

अब के हिंदी-साहित्य-सम्मेलन के सभापति के आसन से दिया गया पं. पद्मसिंह जी शर्मा का भाषण भी नवीन कवियों के लिए चिर-स्मरणीय और प्राचीन साहित्य मर्मज्ञों के व्यापक ज्ञान का सुरक्षणीय उदाहरण हुआ है। आप रहस्यवाद के परम

प्रेमी हैं उसकी खोज में रहते हैं, कहीं मिल जाता है तो भावावेश की दशा में पहुँच जाते हैं, सिर धुनते हैं और मजे ले-लेकर पढ़ते हैं, जी खोलकर दाद देते हैं, दूसरों को सुनाते हैं; पर रहस्यवाद पर लिखते हैं तो उदाहरण नहीं देते। कारण यह प्राचीन रहस्यवाद है जो उन्हें पसंद है; हिंदी की नवीन रचनाओं में ऐसा रहस्यवाद कम पैसे में पाई से भी बहुत कम सो भी कभी किसी की रचना में उन्हें मिला है और वह भी उस दर्जे का नहीं जैसा उर्दू में तसव्वुफ़ का रंग है। आप हिंदी में उच्चकोटि के हृदयस्पर्शी रहस्यवाद के इच्छुक हैं, इस कच-कुच-स्पर्शी रहस्यवाद के नहीं। पहेलियों से बेशक पहलू बचाते हैं। और कागज के पत्ते को पारिजात का फूल नहीं कहते। आजकल के नवयुवक कवियों की रचनाएँ बिलकुल निस्ससार होती हैं या विकासवाद के सिद्धांत के अनुसार अपने पिछले समय की कविताओं से अधिक पूर्णता लिये हुए होती हैं, इस पर कई विद्वान अधिकारियों ने हिंदी के मासिक साहित्य में प्रकाश डाला है, और यद्यपि इनके प्रबंध पं. पद्मसिंह जी के भाषण लिखने के बहुत पहले ही निकल चुके थे फिर भी विद्वान शर्माजी ने इनके प्रबंधों पर विशेषरूप से विचार करने का श्रम-स्वीकार नहीं किया, यह शायद इसलिए कि ये लोग अँग्रेजी और हिंदी आदि के विद्वान् हैं और शर्माजी संस्कृत, फारसी, हिंदी आदि के। विचारों का मतभेद भी ध्यान न देने का एक दूसरा कारण हो सकता है। कुछ हो, हिंदी-साहित्य-सम्मेलन के सर्वोच्च आसन से दिया गया भाषण और वह भी इकतरफा—केवल हिंदी की कविता की ओर झुका हुआ, क्या प्राचीन कविता-प्रेमियों को प्रसन्न करने के लिए ही दिया गया था? मैं तो जिस तरह हिंदी की सीमा को विस्तार देने की कल्पनाएँ किया करता हूँ, उसी तरह उसके सम्मेलन के सभापति के विचारों को भी पूर्व-काल की रत्न-राशियों से दूसरे को चमत्कृत कर देनेवाला, अक्षय अनादि रहस्य में डूबे हुए, महान तथा ऐश्वर्ययुक्त समझता रहा हूँ। अकबर और हाली की जिन उक्तियों से आज-कल की कविता पर शिक्षा का प्राणहीन शव आपने रक्खा है, आप अवश्य नहीं जानते, उन उक्तियों की तुलना में आजकल के कवियों की उक्तियाँ बहुत आगे चली गयी हैं, उस शिक्षा से उन्हें लाभ तो हुआ ही नहीं बल्कि आप ही के वर्तमान साहित्य के ज्ञान की ढकी हुई मर्यादा प्रकाश में आयी है। आपको पैसे में पाई से भी कम रहस्यवाद मिला तो इससे न मुझे लोभ है न ईर्ष्या; बल्कि दुख है कि उस एक पाई की पूँजी आपने अपने भाषण में किसी तरह भी नहीं जाहिर की, ज़रा हम लोग भी देख लेते कि आपने पाई को ही पाई समझा है या किसी 'गिनी' को 1927-29 की टकसाल से निकली हुई नयी पाई समझ बैठे हैं। नये कवियों को इस तरह शिक्षा तो आपने खूब ही दी पर उनकी एक पाई—रहस्यवाद—वाली कविता की एक पंक्ति भी नहीं रक्खी। ऊपर से और एक बोझ रख दिया—

मगर एक इल्तमास इन नौजवानों से मैं करता हूँ।<br>
खुदा के वास्ते अपने बुज़ुर्गों का अदब सीखें॥ —अकबर

जिन पंक्तियों के बाद, वर्तमान रहस्यवाद या छायावाद को इसी तरह समझते हुए, आपने अकबर का यह उद्धरण दिया है उस जगह आपकी समझ को देखते हुए यदि गोस्वामी तुलसीदास का यह पद–

**''पिता तज्यो प्रहलाद, विभीषन बन्धु, भरत महतारी।**
**गुरु बलि तज्यो नाह ब्रज-बनितन भइ जग मंगलकारी॥''**

रख दिया जाए तो कैसा वसूल हो, ज़रा हृदय पर हाथ रखकर बतलाइये। क्या तुलसीदासजी का यह जवाब उन्हीं बुजुर्गों के लिए नहीं था जो नाकाबिल समझे गये थे? और हाली की उक्तियों को हर जगह जो आपने हलाल किया है, क्या आप जानते हैं–प्राचीनता के रंग-रूप से ये नौजवान कहाँ तक परिचय रखते हैं?

शर्माजी जैसे संस्कृत-साहित्य के पारदर्शी विद्वान्, सरल, मधुरभाषी, प्रसन्नमुख, स्नेहशील, सहृदय, यथार्थ काव्य मर्मज्ञ के प्रति मेरी यथेष्ट श्रद्धा है! देखकर जी चाहता है, उनकी सेवा करूँ, उन्हें प्रसन्न करूँ। उनकी तरह बिना किसी कारण के स्नेह करनेवाले आचार्य हिंदी में दो ही चार मुश्किल से होंगे। उनके प्रति प्रतिकूल लिखकर मैं दुःखी हुआ हूँ। मुझे विश्वास है जल्दी में शर्माजी ने कुछ कल्पनाओं के आधार पर ही अनर्गल लिख डाला है। यदि उन्हें वर्तमान कविता की कुछ अच्छी पंक्तियाँ मिलतीं तो प्राचीनता के प्रेमी अपने समसामयिक मित्रों को प्रसन्न रखने पर भी हिंदी की नवीन प्रगति पर वे ऐसा हरगिज न लिखते। **'पल्लव'** और **'वीणा'** के प्रति उन्होंने जो कटाक्ष किया है वह शायद 'पल्लव' की केवल भूमिका पढ़कर और ब्रजवाणी के प्रति विशेष प्रेम रखने के कारण। 'पल्लव' की इस तरह की पंक्तियाँ शायद उन्होंने नहीं देखीं–

''काल का अकरुण भृकुटि-विलास
तुम्हारा ही परिहास;
विश्व का अश्रु-पूर्ण इतिहास
तुम्हारा ही इतिहास!''

''एक कठोर कटाक्ष तुम्हारा अखिल-प्रलयकर
समर छेड़ देता निसर्ग संसृति में निर्भर!
भूमि चूम जाते अभ्र-ध्वज सौध, शृंगवर,
नष्ट-भ्रष्ट साम्राज्य भूति के मेघाडंबर!
अये, एक रोमांच तुम्हारा दिग्भू कंपन,
गिर-गिर पड़ते भीत पक्षि-पोतों-से उडगन!
आलोड़ित अंबुधि फेनोन्नत कर शत-शत फन,

**मुग्ध-भुजंगम सा इंगित पर करता नर्तन!''**

**''जननि, श्याम की वंशी-से ही कर दे मेरे सरस वचन,**
**जैसा-जैसा मुझको छेड़ें बोलूँ अधिक मधुर मोहन;**
**जो अकर्ण अहि को भी सहसा कर दे मंत्र मुग्ध नत-फन**
**रोम-रोम के छिद्रों से वह फूटे तेरा राग गहन।''**

—सुमित्रानंदन पंत

एक उद्धरण प्रसादजी की चार पंक्तियों का देता हूँ—

**''चढ़कर मेरे जीवन-रथ पर,**
**प्रलय चल रहा अपने पथ पर,**
**मैंने निज दुर्बल पद-बल पर,**
**उससे हारी-होड़ लगाई॥''**

किसी वाद-विवाद को जगह न देकर शर्माजी देखें ये पंक्तियाँ किस लक्ष्य पर पहुँचकर ठहरती हैं।

काशी हिंदू विश्वविद्यालय के विद्यार्थी-मित्रों से निमंत्रण पाने पर वहाँ रहस्यवाद के संबंध में मैंने अपने साधारण भाषण में जो कुछ कहा था, यहाँ उसका मर्म लिख दूँ तो शायद अनुचित न होगा। 'रहस्य' तब तक रहस्य है जब तक अच्छी तरह समझ में न आये। 'रहस्य' जो कबीर ने लिखा है, साधारण जनों के लिए जो अध्यात्म तत्त्व नहीं समझते, रहस्य है, पर कबीर की दृष्टि में वह रहस्य न था; साधारण सत्य था। इंद्रजाल उन्हीं के लिए इंद्रजाल है जो इंद्रजाल नहीं जानते, जाननेवाले के लिए साधारण-सत्य है। देहातियों-अनपढ़ मूर्खों ही की समझ में—**''अस्सी मन का लकड़ा उस पर बैठा मकड़ा; रत्ती-रत्ती खाय तो कितने दिन में खाय''**, जैसा सवाल 'रहस्य' पैदा करनेवाला, कभी न सुलझनेवाला है, पर जब सोम दर्जे का विद्यार्थी-बालक इसे लगाकर बता देता है तब उसके वयोज्येष्ठ सधऊ काका 'चल चल, कल का जोगी, चला पुजाने' कहकर अपनी उम्र की बड़ाई से लड़के की अक्ल को बेदखल करते हुए चले जाते हैं, तब भी उन्हें विश्वास नहीं होता कि लड़के का उत्तर ठीक है। वे तो उस सवाल को महाकूट समझे हुए हैं। इसी तरह आजकल के सधऊ काका कम-उम्रवाले लड़कों के रहस्यवाद से प्रसन्न तो हो ही नहीं सकते, कारण उस तरह उनकी सत्ता ही मिटी जाती है, किंतु अपना अंधअविश्वास जो उन्हीं के अज्ञान से पैदा हुआ है, ऊपरी आवरण की तरह छोड़ जाते हैं, जिससे हिंदी के साधारण विद्यार्थियों को विशेषतः हानि ही पहुँचती है—

''नैया-विच नदिया डूबी जाय''—

यहाँ कुछ चतुर साहित्यिक 'बिच' का संबंध 'नैया' से छुड़ाकर 'नदिया' से कर देते हैं–"नैया, विच-नदिया डूबी जाय।" इस तरह अब वह सत्य की अलंकारोक्ति नहीं रह गयी, साधारण सत्य हो गया। जिसे साधारण लोग अक्सर देखते हैं, यानी नाव में नदी का डूबना साधारण जन असत्य मानते हैं क्योंकि ऐसा कभी उन्होंने देखा नहीं, न सुना ही है; पर नदी में नाव का डूबना सब लोग समझते हैं; इसके बाद फिर चतुर साहित्यिक चाहे जैसी टीका करें। परंतु यह प्रोफेसर श्रेणी के लोगों की बात हुई जिनकी जीविका है किसी तरह लड़कों को सन्तोषप्रद उत्तर दे देना। सत्य यहाँ और है। उससे नाव में ही नदी डूबती है और इस असंगत उक्ति में आध्यात्मिक संगति दिखलायी जाती है। यहाँ नाव है शरीर और नदी है–'The stream of knowledge, thruth and Bliss' ज्ञान, सत्य, प्रेम या ईश, जिसे स्वामी विवेकानंद ने अपने 'The Song of Sanyasin' में कहा है। उस ज्ञान-रूपी नदी का प्रवाह जीव-शरीर-रूपी नाव में हमेशा हर वक्त रहा है। कबीर की इस उक्ति का यही अर्थ है। **'ततः क्षेत्रिकवत्'** से खेत में नालियों द्वारा पानी भरने की उक्ति से, इसी सत्य की पुष्टि भगवान् पतंजलि ने अपने राजयोग में की है। भगवान् श्रीरामकृष्ण अपनी साधारण भाषा में कहते हैं–"सबके भीतर एक ही रूई है, सब तकियों के आवरण और-और हैं।" (यानी सब नावों में एक ही नदी डूबती है, पर नावें विभिन्न आकार-प्रकार की हैं।) देखिये कबीर की यह उक्ति अब रहस्य नहीं रह गयी। अब यह एक साधारण सत्य है, जिस तरह नदी में नाव का डूबना एक साधारण सत्य था, साधारण लोगों की दृष्टि में। यहाँ रहस्यवाद को केवल एक साधारण सत्य कहकर मैं केवल यह बतलाना चाहता हूँ कि कविता की जो अनेकानेक परिभाषाएँ हुई हैं, अनेक नामरूप जो दिये गये हैं, वे विभागात्मक ही हैं। उनसे कविता के व्यापक स्वरूप का निर्णय नहीं होता। जैसे रहस्यवाद का रहस्य समझ लेने पर फिर वह रहस्य नहीं रह जाता, सत्य के रूप में वहाँ एक अच्छी कविता ही रहती है।

मेरी दृष्टि में रहस्यवाद एक अच्छी कविता, मनुष्य-मन की उत्तम कृति के सिवा कुछ नहीं। जिस तरह लक्ष्मी का वाहन उल्लू बनाकर प्राचीन चित्रकारों ने धनवानों की खिल्ली उड़ायी–यानी लक्ष्मी या ऐश्वर्य जिसके पास हो वह उल्लू की ही तरह अक्लमंद है कि उसे प्रकाश नहीं सूझता, वह अँधेरे में देखता है। (जिसके पास धन हो वह 'आँख का अंधा और गाँठ का पूरा'–कहावत चरितार्थ करननेवाला उल्लू होता है।) और उन चित्रकारों के चित्र का प्रभाव भी (इस छायावादी या रहस्यवादी चित्र का प्रभाव) ऐसा पड़ा कि आजकल भी भारतवर्ष के तमाम धनी महाशय लक्ष्मी की मूर्ति तैयार कराते हैं तो अपने प्रतिनिधि उल्लू को भी वाहन के रूप में उस मूर्ति के नीचे बैठा देते हैं। यह नहीं समझते कि ये हमारे प्रतिनिधि हैं और इस पूजन में हमारी ही बदनामी होती है, वे यथार्थतः उल्लू को लक्ष्मी का वाहन ही समझ

बैठे हैं। उसी तरह वाणी के वाहन राजहंसों का हाल है। जो नीर-क्षीर विवेक रखते हैं, जिनकी आत्म-दृष्टि विकसित हो चुकी है वे तो इस रहस्यवादी चित्र की तरह साहित्य की तमाम शाखाओं का परिचय प्राप्त कर लेते हैं। पर जिनके लिए **'भारस्य वेत्ता न तु चन्दनस्य'** कहा गया है, वे बेचारे उन्हीं लक्ष्मी के वाहनों की तरह अपनी बुनियादी चाल पर चलते जाते हैं और चित्र, काव्य तथा साहित्य के ऊपरी अंगों का निरीक्षण प्रकाश में न कर अंधकार में अपने मनमाने ढंग से करते हैं। इनके लिए किसी वाद को विवाद के रूप में खड़ा कर देना (कारण 'वाद' ही 'विवाद' हुआ है और अब तक 'विवाद' ही आगे चलकर 'वाद') निहायत आसान बात है। और यदि हमारे बुजुर्ग सरस्वती के वाहन, राजहंसगण क्षीर-नीर विवेक छोड़कर 'चंदन-भारवाही' बनकर वही 'गुरुता' हमारे ऊपर रखना चाहते हैं तो अवश्य ऐसे बुजुर्गों का अदब करने से हम अपने को भरसक बचायेंगे। क्योंकि चंदन भले ही हो, हम भारवाही होने से बहुत घबराते हैं।

रहस्यवाद और छायावाद पर अभी हमें और लिखना है। इधर कैफियत में ही लेख बढ़ गया। अतएव फिर—

**['साहित्य-समालोचक', द्वैमासिक, लखनऊ, ज्येष्ठ-आषाढ़, संवत् 1985 (वि.) (मई-जून और जून-जुलाई, 1928)। प्रबंध-प्रतिमा में संकलित)।]**

# कला के विरह में जोशी-बंधु

कभी सोचा था, दलबंदी के दलदल में न फँसूँगा, मार का जवाब प्यार से दूँगा; परंतु 'आपन-चेती होय नहिं, हरि-चेती तत्काल' की आफत का पहाड़ हरि की इच्छा से मुझी पर आ टूटा। जिस रोज मैंने साहित्य के खाते में नाम लिखाया, उसी रोज से हिंदी-साहित्य के आचार्यों ने पाठ पढ़ाना शुरू कर दिया कि जब तक जियो, अपने हाथों अपनी नाक काटकर दूसरों का सगुन बिगाड़ते रहो, बस, साहित्य-सेवा के यही माने हैं। पहले तो मैं इस 'महाजनो येन गतः स पन्थाः' का अनुसरण नहीं कर सका—और कौन भला आदमी इस अतिमानवीय कार्य का एकाएक परशुरामी निर्वाह कर सकता?—लेकिन कुछ ही काल की साहित्य-सेवा के फलस्वरूप जब चारों ओर से साहित्य के स्वाधीनचेता महापुरुषों ने बगावत का झंडा खड़ा किया, डेढ़ इंच की कविता की खाई को पार कर जाने की सलाह साहित्य के वृद्ध सम्पाती ने समागत लंगूरदल को दी, और फिर पार करने का अपार कार्य करके लौटने में संदेह करने वाले अंगदजी ने अपने अतीत काल के अभिशाप का हाल बयान किया तब सलाह-मशविरे की धूम पड़ी। किसी ने कहा, यह है तो डेढ़ ही इंच की चौड़ी खाई, लेकिन छायावाद की माया से कभी डेढ़ हाथ की और कभी-कभी गज-भर की भी हो जाती है। अतः इस डेढ़ इंच के हिसाब से लांग जम्प करने पर अगर यह तत्काल डेढ़ गज की हो गयी, तो फिर हमारा क्या हाल होगा। इसी तरह किसी ने कुछ कहा, किसी ने और कुछ। उस समय मुझे मालूम हो गया कि हाँ, 'वृद्धस्य वचनं ग्राह्यम्' एक मूल्यवान् कथन जरूर है। लेकिन पहले-पहल किसी को मारूँ भी तो कैसे? कुछ दाँव-पेंच भी तो नहीं मालूम। फिर किसे मारूँ, किसे नहीं, यह भी एक टेढ़ा सवाल है। कहीं किसी बेजोड़ पर हाथ छोड़ बैठा, तो अंत में हरसूब्रह्म के भौतिकवाद में परिणाम प्राप्त न करना पड़े। फिर उद्धार के लिए सदियों तक किसी तुलसीदास की बाट जोहता रहूँगा। इस युग में कितने काल पश्चात् ऐसे महापुरुष आवेंगे! कुछ रोज ठहरकर सोचा, तो दिल ने कहा, शिकार ही करना है, तो किसी शेर का करो, जंगल

से गीदड़ क्या उड़ाओगे? शेर के नाम से एक शेर की याद आ गयी (भगवान् जाने शेर है या सवा सेर)–

**"यारो शेरे-बबर से न डरना कभी;**
**पर विधवा से शादी न करना कभी।"**

मैंने कहा, बस-बस मिल गयी, मैं साहित्य की किसी विधवा का ही शिकार खेलूँगा। भई, लगा पता लगाने, हरेकृष्ण-हरेकृष्ण, तमाम खेत ऊजड़; जिस तरह वैवाहिक प्रस्तावों-के-प्रस्ताव जोर मार रहे हैं, विधवाएँ तो क्या, क्वाँरियाँ ही बही-बही फिरती हैं। विधवाओं का दीवाला तो महर्षि दयानंदजी ने पहले ही निकाल दिया था। लेकिन अध्यवसाय तो कुछ कर ही गुजरता है, और मैं भी खोज के महकमे में बहुत काल तक सी.आई.डी. का अफसर रह चुका हूँ। साहित्य के हर मासिक दफ्तर की जाँच शुरू कर दी। बहुत काल के बाद गत चैत्र मास की 'सुधा' में एक लेख मिला, और आरंभ ही में–'साहित्य-कला और विरह' देख पड़ा। मैंने कहा, नाम देखा, तो "पं. हेमचंद्र जोशी बी.ए. और इलाचंद्र जोशी!" पहले तो नाक सिकुड़ गयी, दिल को मजबूत करके मन-ही-मन कहा कि यह जमाना विश्ववाद का है, और इस काल में विधवा-संबंधी इतने संकीर्ण विचार रखना ठीक नहीं, दूसरे जिस किसी के अंदर विधवा के भाव हों, वही विधवा, मुझे मतलब तो बस भाव ही से है न?–पुरुष-विधवा ही सही, मुझे विवाह थोड़े ही करना है? प्रमाण ने कहा, तुम ठीक रास्ते पर हो, जोशी-बंधुओं ने आरंभ में जो उद्धरण दिया है, उससे तुम्हारा पूरा समर्थन होता है--

**"आमार माझारे जे आछे से गो**
**कोनो विरहिणी नारी।"**

–रवींद्रनाथ

रवींद्रनाथ कहते हैं, मेरे अंदर जो है, वह कोई विरहिणी स्त्री है। बस, इसी तरह विरह के जोशी-बंधुओं के अंदर भी किसी विरहिणी विधवा स्त्री की मूर्ति अवश्य ही होगी, और इसी तरह वे विधवा भी सिद्ध होते हैं। मैंने कहा, अच्छा, तो अब मैं शिकार खेलता हूँ, मम दोषो न विद्यते।

महाजनों के मार्ग का अनुसरण जोशी-बंधुओं ने भी किया है। मुझे स्मरण है, जब कलकत्ते में 'मारवाड़ी अग्रवाल' के विरहिणी बड़े भाई साहब संपादक थे, और औपन्यासिक बाबू शरच्चंद्र के गृहरूपी सरस्वती-सदन में श्रद्धा से विकंपितपद प्रवेश करने की उन्होंने हिम्मत कर डाली थी, तथा इसी भाव को श्रीयुत प्रेमचंदजी की कला-रहित कृति की तीव्र समालोचना करते हुए अपने शब्दों में प्रकट किया था, उस समय आपने सत्यं शिवं सुंदरम् की आड़ ली थी। कुछ हो, महाजनों के मार्ग से होकर गुजर भी गये, और 'सत्यं शिवं सुंदरम्' की एक मौलिकता भी अलौकिक

हिंदी-संसार को हमेशा याद रखने के लिए दे गये। विरहिणी बड़े भाई साहब इस तरह तो एक थपेड़ा कसकर प्रतिक्रिया के रूप से सातों सागर पार कर अपने प्रियतम से जा मिले, इधर कुछ काल बाद छोटे भाई साहब का भी विरह चर्राया। कहते हैं, बाज-बाज रोग संक्रामक होता है। खैर, विरह की दवा तो अब तक एक मिलन ही रहा है। आप भी 'माडर्न रिव्यू' से मिले, और आपने वहाँ से भी कुछ छलाँगें उसी शिकार पर भरीं, जिस पर कभी बड़े भाई साहब झपट चुके थे। लेकिन 'सत्यं शिवं सुंदरम्' तो पहले ही से बड़े भाई साहब के हक में चला गया था। अब छोटे भाई साहब कौन-सी मौलिकता प्रकट करते? आपने कला की आवाज उठायी। धीरे-धीरे दोनों भाई साहबान कला के विरह में सम्मिलित हो गये। अब मुझे उसी का विचार करना है।

आप लोग प्रथम पैरे में लिखते हैं–"सभ्य संसार के इतिहास में कला की अभिव्यक्ति एक आश्चर्य घटना है। इससे यह पता चलता है कि मानव-हृदय प्राथमिक अवस्था से कितनी दूर तक विकसित होता हुआ चला गया है। प्राथमिक अवस्था में मनुष्य कला से अनभिज्ञ होने पर भी, अज्ञान में, एक प्रकार की निगूढ़ वेदना का अपने अंतस्तल के सुदूर किसी निभृत प्रांत में अवश्य ही अनुभव करता था। आज भी हम देखते हैं, अफ्रिका तथा आस्ट्रेलिया की जंगली जातियों में और हमारे देश के भील-संथाल आदि लोगों में नाना प्रकार की नृत्य-गीतादि कलाओं के उत्सव मनाये जाते हैं। ये उत्सव अंतस्तल की उसी निगूढ़ वेदना का प्रकाश हैं। बर्बर लोगों की इन्हीं कलाओं से सभ्य-समाज के भीतर साहित्य, संगीत, चित्र-शिल्प, भास्कर्य आदि सुउन्नत कलाएँ अभिव्यक्त हुई हैं। अब यह देखना चाहिए कि अंतस्तल की जिस निगूढ़तम वेदना से ये सब कलाएँ उत्थित हुई हैं, उसका मूल-उत्स कहाँ पर है।"

जब साहित्य के विकास पर आश्चर्य प्रकट करने के पश्चात् मनुष्यों की प्राथमिक अवस्था का अनुसंधान करते-करते आप लोग अफ्रिका, आस्ट्रेलिया तथा अपने देश के बर्बर और कोल-भील-संथालों के मकानों में दाखिल हो जाते हैं, उस समय किसी समझदार से छिपा नहीं रह सकता कि आप लोगों की अंतरात्मा किस मत की अनुयायिनी है, यानी बिल्कुल खुलासा हो जाता है कि आप लोग विकासवाद में डार्विन-पंथी हैं, भारतीय सृष्टि-तत्त्व का ककहरा भी नहीं मालूम। जिस परा विद्या और अपरा विद्या के प्रचार से दोनों के विश्लेषणात्मक रूप भारतवर्ष के आर्य हमेशा आँखों के सामने रखते थे, जिससे आर्य और अनार्य का, देव और असुर का चित्र देखते ही वे पहचान लेते थे, चाहे वह कितने ही सूक्ष्म रूप से, चाहे केवल भावमय होकर ही, उनके सामने क्यों न आवे, आर्यों के उस जातीय सूत्र को वेदांत के लच्छेदार प्रमाण उद्धृत करने वाले जोशी बंधु कहाँ तक समझ सके हैं, यह उनके उद्धृत बिसमिल्लाह से ही समझ में आ जाता है। तिस पर मजा यह कि आपने एक लेख भी अद्वैतवाद पर लिख डाला था!–किताबों की रटंत विद्या और लेखों के झटकंत

प्रयास से साहित्य का सागर तो अनायास ही पार कर डाला। लेकिन वृत्ति को किस ताक पर रख आते? वह तो आप लोगों के साथ ही फिरती हुई आप लोगों का सच्चा साधनालब्ध ज्ञान प्रकट करती जाती रही है। प्रमाण-स्वरूप आप लोग डूबे या नहीं उसी कॉलेज की परिचित, दृढ़ अभ्यास में समायी हुई डार्बिन-थ्योरी के गोष्पद-जल में? "प्राथमिक अवस्था में मनुष्य कला से अनभिज्ञ होने पर भी" आप लोगों का यह कथन सिद्ध करता है कि सृष्टि अज्ञान से हुई, यानी पहले लोग बेवकूफ पैदा हुए, अब तरक्की कर रहे हैं—कैसी अवैज्ञानिक बात है!—यह न वर्तमान जड़-विज्ञान से मिलनेवाली है और न प्राचीन धर्म-शास्त्रानुसार परा-विद्या से। आजकल के जड़-विज्ञान ने जो इतने ये आविष्कार किये हैं, यदि प्रकृति में पहले ही से ये बातें न रही होतीं, ये विषय सूक्ष्म रूप से न रहे होते, तो मनुष्यों के मस्तिष्क में आते कहाँ से और आए भी कैसे? यदि वाष्पाकार पानी न रहा होता, तो उसकी बूँदें क्या आप लोगों को दिखलायी पड़तीं?—जो रहा ही नहीं, वह क्या कभी हो भी सकता है?—अभाव से कभी भाव सम्भव है? इसीलिए सृष्टि भी अनादि मानी गयी है। आप लोग कला का विकास भीलों-संथालों के घरों से करते हैं, और यहाँ के वेद, जो अब तक के उपलब्ध ग्रन्थों में सबसे प्राचीन हैं, संसार की सब प्राचीन भाषाएँ जिनके शब्दों के अपभ्रष्ट रूप सिद्ध हो रही हैं—अनार्यत्व-प्राप्त मनुष्यों के उच्चारण की अक्षमता से विकृत पश्चात् निष्क्रान्त हैं, वे यहाँ के वेद कहते हैं कि सृष्टि ज्ञान से हुई है और उस ज्ञान को ही ब्रह्म कहा है। उस ब्रह्म या ज्ञानात्मक सत्ता में अनादि-भाव, अनादि-सृष्टि-वैचित्र्य बतलाए गए। ऐसे ब्रह्म के जाननेवाले उस आदिम काल के मनुष्यों के सम्बन्ध में कहा गया कि संसार के रहस्यों के आप पूर्ण ज्ञाता हैं, आपकी मुट्ठी में संसार एक बेर की तरह दबा हुआ है—"आप 'विश्व-बदर-कर' हैं, यह विश्व-आमलक-समान आपके करतल-गत है।" उन महापुरुषों की संतानों को जोशीबंधु कला में विरह दिखलाते-दिखलाते शिक्षा दे रहे हैं—"बर्बर लोगों की इन्हीं कलाओं से सभ्य-समाज के भीतर साहित्य, संगीत, चित्र-शिल्प, भास्कर्य आदि सुउन्नत कलाएँ अभिव्यक्त हुई हैं।" आप लोगों के वेदान्त-ज्ञान का यह कैसा समुज्ज्वल प्रमाण है! मजा यह कि इसी में आप लोगों ने एक उपनिषत् का भी उद्धरण दिया है, जिसकी चर्चा आगे चलकर की जाएगी। इस विचार से आप लोगों ने कलाओं को सु + उन्नत तो बिलकुल ही नहीं किया, किन्तु कला-कौशल की ( सु + उन्नत =) सून्नत जरूर कर डाली है।

सृष्टि की सम्पूर्ण अभिव्यक्तियों में सत् और असत्, दैव और आसुर भावों का मिश्रण है, चाहे वह मनुष्यकृत हो या प्रकृति-संजात। कला के लिए भी यही विचार है। भारतवर्ष के आर्यों में मनोविनोद के लिए जिस कला का प्रचार था, वह दैव थी, इसीलिए देवतों के सद्गुण-संयुक्त पात्रों के चित्र यहाँ अंकित किए जाते थे। इनके दर्शन से हृदय में दिव्यता का विकास होता है। यह बिलकुल स्वाभाविक है

कि रूप, रस, शब्द, गंध और स्पर्श द्वारा जिस प्रकार की भावना हृदय में प्रवेश करती है, उस समय मनुष्य के मस्तिष्क में उसी प्रकार का नशा छा जाता है। यदि पूर्वोक्त परमाणु दैवगण-संयुक्त होते हैं, तो आत्मा में एक प्रकार के दिव्य आनन्द का स्फुरण होता है, और यदि वे तन्मात्राएँ (रूप, रस, शब्द, गंध या स्पर्श से आनेवाली) किसी विकृत भावना की, किसी आसुर प्रकृति की होती हैं, तो हृदय को उसी प्रकार का मोह, नशा या उन्माद आच्छन्न कर लेता है। कला की अभिव्यक्ति में इसीलिए यहाँ दिव्य भावना का ही विकास किया गया है, और आसुर भावों से भरसक बचने की कोशिश की गयी है। वे तमाम भाव आसुर हैं, जो मोह के आकर्षण से पतित कर देते हैं। हिंदू-जाति अपने समाज की रक्षा के लिए आदिम काल से ही इस विषय पर सूक्ष्मातिसूक्ष्म विचार करती चली आयी है। उसका साहित्य इसका प्रमाण है। वह निर्मल आत्मा की प्राप्ति के लिए ही सचेष्ट रही है। बौद्ध-युग से अधिक कला-कौशल का काल शायद ही संसार में आया हो। उस समय भी भारतवर्ष की कला का रुख किस तरफ था, देवत्व के विकास की ही ओर या नहीं, इसका सहज ही निर्णय हो जाता है, और साथ ही यह भी समझ में आ जाता है कि उस देवत्व-पूर्ण कला के विकास से संसार के किसी भी मनुष्य को, किसी भी सम्प्रदाय को यथार्थ विवेचन से कष्ट या किसी प्रकार का दुःख नहीं पहुँच सकता, अवश्य आसुर भाववालों की खुराक—इतर प्रवृत्तियों का विकास—उसमें न रहने से उन्हें कष्ट जरूर होता है; क्योंकि कुछ काल के लिए उनकी अधोगति रुक जाती है। हृदय-यंत्र स्तंभित तथा निष्क्रिय-सा होकर उन पथ भ्रष्ट जीवों को अधोगामी होने से रोक लेता है—यह क्रिया उन्हें मृत्यु-यंत्रणा-तुल्य असह्य होती है। परंतु इससे उस दिव्य कला का कोई कुसूर नहीं सिद्ध होता। उल्लू अगर सूर्य का प्रकाश नहीं देख सकता, तो इसमें प्रकाश का क्या कुसूर? इस विचार से भारतवर्ष हमेशा उल्लुओं को इस काबिल करता रहा कि वे सूर्य का प्रकाश देख सकें। भारतवर्ष की तमाम शिक्षाओं की बुनियाद दैवी विकास के अनुकूल, अंत तक ब्रह्म की प्राप्ति कराने में सहायक रही है। भारत के लोग बुरी भावनाओं को दबाते ही रहे हैं, समाज में उनका विकसित रूप नहीं रखने दिया, और अगर रक्खा भी, तो व्यंग्य के तौर से, ताकि जन-साधारण पर उनका प्रभाव न पड़े, लोगों की भावनाएँ कलुषित न हों, यहाँ जितने भी चरित्र-चित्रण साहित्य में हुए, सबमें अंत तक धर्म की ही विजय दिखलायी गयी। 'यतो धर्मस्ततो जयः' की कहावत आज भी पराधीन, पददलित भारतवर्ष रट रहा है। दक्षिण के मंदिरों में आज जितनी चित्रकारी दिखलायी पड़ती है, उसमें पाप और पुण्य के संग्राम में पुण्य की ही विजय प्रदर्शित की गयी है। पाप और कलि के सैकड़ों व्यंग्य-चित्र हैं। इसी पुण्य की बदौलत दक्षिण के मुट्ठी-भर ब्राह्मण करोड़ों अंत्यजों पर शासन कर रहे हैं। भारतवर्ष की पराधीनता का गहन विचार सिद्ध करता है कि शक्ति से उद्धत, लक्ष्य-भ्रष्ट मनुष्यों को भारतवर्ष में लाकर

आदि-शक्ति एक विशेष शिक्षा देना चाहती है। आज तक हिंदू इसीलिए नहीं मरे। क्या जोशी-बंधु बतलाएँगे कि संसार की अमुक पराधीन जाति इतने दिनों तक की दासता के पश्चात् भी जीवित रही है? भारतवर्ष का यह जीवन उसकी अपनी शिक्षा, अपनी कला, अपने साहित्य और अपने भास्कर्य के बल पर ही इतने दिनों से टिका हुआ है। यदि जोशी-बंधुओं की अंध नकल यहाँ कामयाब हुई होती, तो बौद्ध ही इस जाति को तब तक हजम कर गए होते, और वेदों का नामोनिशान भी अब तक न रह गया होता, सनातन-धर्म के जीर्ण अंग-प्रत्यंग आर्य-समाज के निर्मम प्रहारों से, लेक्चरों की तीव्र ज्वाला से दग्ध होकर राख होने के पश्चात् अब तक मिट्टी में मिल गये होते। **'स्वधर्मे निधनं श्रेयः परधर्मो भयावहः'** के उज्ज्वल करोड़ों दृष्टांत इसी भारतवर्ष की दिव्य कलावाली जाति ने दिखाये, और अपनी पराधीन अवस्था के दीन दिनों में यह जौहर प्रदर्शित किया। यहीं के लोग, जो आठ-आठ रुपये की मासिक वृत्ति पर गुलामी करते हैं, जूता उठाने की आज्ञा देने वाले साहब के, अपने पैरों से पंचसेरी चमरौधा उतारकर, भय-बाधारहित हो दनादन-दनादन जड़ सकते हैं। चमड़े के कारतूस को दाँतों से काटने से इनकार करने वाले धर्म-जीवन यहीं के लोग सन् 57 की ऐसी संगठित शक्ति की करामात दिखाने का हौसला रख सकते हैं—वह संगठन कर सकते हैं, जितना बड़ा आज तक राजनीति के अंधकार में उड़ने वालों से नहीं हो सका। यहीं के वीर क्षत्रियों का सम्मुख-समर में प्राण तक विसर्जन कर देने की शिक्षा मिली है, जो एक बार बिना हथियार के भी मोर्चे पर अड़ सकते हैं—अरे, उनके बिना सिर के धड़ तक ने पूर्वावेश के कारण संग्राम किया, और यह सब यहीं के साहित्य, कला, शिल्प, संगीत और भास्कर्य की शिक्षा की बदौलत!

जो लोग कहते हैं, कहते क्या हैं, "Art for art's sake" की प्रतिध्वनि किया करते हैं, जैसा कि रवींद्रनाथ ने कहा था—अभी उस दिन 'सरस्वती' की पुरानी फाइलें उलटते-उलटते देखा—जब किसी महिला ने उनसे कहानी लिखने का उद्देश्य क्या है, पूछा। रवींद्रनाथ कहते हैं, "उद्देश्य कुछ भी नहीं, कहानी लिखने की इच्छा होती है, इसीलिए लिखता हूँ।" Art for art's sake की तरह यह भी "कहानी for कहानी s sake" ही हुआ। खैर, यह तो अपनी-अपनी मर्जी है। एक बार बलऊ के बकरे ने महमूद मियाँ के बगीचे में घुसकर आम की एक टहनी कतर ली। आपने लठ लेकर पीछा किया, तो बकरा भागकर घर में घुस गया। आपने कहा—"ठहर बेटा, मैं जुलाहे का जना ही नहीं, अगर जल्द ही तेरी खबर न ली।" दूसरे दिन आप बलऊ के पास पहुँचे। बकरा ज्यादा-से-ज्यादा छः रुपये का था। आपने आठ लगा दिये। सोचा, न सही मुनाफ़ा, घाटा तो है ही नहीं। बलऊ ने भी सोचा, मौका चूकना बेवकूफी है। खैर, तय हो गया। मियाँ महमूद ने आठ रुपये गिन दिये, और बकरे का कान पकड़कर बड़ी पहचान से निगाह मिलाते हुए अपने मकान ले चले। दरवाजे पर पहुँचे,

तो लड़के से कहा, अबे ले तो आ छुरा। लड़का छुरा ले आया। पड़ोस में कुछ हिंदू भी रहते थे। महमूद मियाँ ने वहीं बकरे को दे मारा, और पूँछ की तरफ से छुरा भोंकने लगे। हिंदुओं ने कहा, अरे मियाँ, यह क्या करते हो? लगता होगा बेचारे के! महमूद ने कहा, बस चुप रहो, बकरा मेरा है, मैं इसे पूँछ की तरफ से ज़िबा करूँगा।

इसी तरह जबान हर एक की अपनी है, चाहे वह किसी विषय का वर्णन सिरे की तरफ से करे, चाहे पूँछ की तरफ से। ज़माना दूसरा है, कहने वाला भी कोई नहीं।

जिन कहानियों में आजकल के समालोचकों को कला की कोई विभूति नहीं मिलती, उन कहानियों और उपन्यासों में यदि किसी विशद आदर्श की रक्षा की गयी है, तो कौन कह सकता है कि वही आज या कुछ समय के अनंतर इस जाति के गले का हार न होंगी? **''स्वल्पमप्यस्य धर्मस्य त्रायते महतो भयात्''**—चिर-काल से अब तक इस जाति की यही शिक्षा रही है। उन कहानियों का वह विशद आदर्श जिस प्रकार से निर्वाह प्राप्त करता हुआ पूर्ण होता है, वह 'अनंत-अनंत' की रट भले ही न लगाता हो, पर उस आदर्श की परिपूर्णता की व्याख्या 'अनंत' ही होती है। अगर कोई औपन्यासिक एक सच्चरित्र स्त्री का चित्र अनेक भावनाओं के भीतर से खींचकर लोक-समाज के सामने रखता है, और यद्यपि वह सच्चरित्र स्त्री को 'अनंत' या 'विश्वदेव' के सिंहासन की बगल में नहीं खड़ा करता, तथापि उसकी उस सच्चरित्रता की परिणति अंत तक कहाँ होती है?—उसी अनंत में या और कहीं? नदी का पानी नदी के ही पानी से अगर मिला दिया गया तो क्या वह वहीं रुक गया, या बहकर अंत तक अपार महासागर से जा मिला?—जब हिंदुओं के हजार वर्ष तक गुलामी करके भी न मरने के कारण की जाँच की जाती है, तब उत्तर में अनंतदेव नहीं उतरते; बल्कि उस जाति के सदाचरण, सच्चरित्रता, दिव्य भाव और शुभ संस्कार ही काम आते हैं, जो उस अनंत शक्तिमान परमात्मा को धारण करने के स्तंभ-स्वरूप हैं—अनंत की छत का भार इन विशद शिक्षाओं की भीत पर ही टिका हुआ है। जब आजकल की तरह, आसुरी शक्ति का औद्धत्य अनंत को ग्रहण करता है, तब ग्रहण तो कर सकता है, पर तत्काल वह आसुरी शरीर नष्ट-भ्रष्ट भी हो जाता है। यहाँ के पुराणों के उदाहरण देखिए—हिरण्यकशिपु, रावण, बाण, मधुकैटभ, रक्त-बीज आदि असुरों का उत्कर्ष, उनकी शक्ति का परिचय, उनकी राज्य परिचालना-शक्ति, शासन-शृंखला कितनी विशाल, कितनी सुदृढ़, कितनी सुशृंखल थी! विज्ञान में, जिसे पहले के आर्य-परिभाषाकारों ने माया कहा है (चूँकि यह अपरा, अविद्याजन्य दुःखद है, और विज्ञान परा की कोटि में है, जिसे विद्या कहते हैं), उन असुरों ने कितनी उन्नति की थी! पर जिस घड़ी नृसिंह-भगवान् हिरण्यकशिपु का मुकाबला करते हैं, तब विराट् की शक्ति से उसका साक्षात्कार होता है—अनंत का वह अनुभव करता है, वह शरीर

से निष्प्राण होकर उनमें परिसमाप्त होता है; परंतु वह महाशक्ति का विकास प्रह्लाद का कुछ नहीं कर सकता—प्रह्लाद इतना बड़ा दिव्यधार है कि उस समय देवतों के देवता तो भगवान् नृसिंह का भयंकर रूप देखकर कूच कर ही जाते हैं, किंतु उनकी धर्म-पत्नी श्रीलक्ष्मीजी में भी यह साहस नहीं होता कि वे नृसिंहदेव का सामना करें—उनका क्रोध शांत करें। अंत में प्रह्लाद ही उन्हें शांत करते हैं। इस कथा में कितना बड़ा सत्य छिपा हुआ है!—दिव्य भावना की कितनी बड़ी महत्ता प्रकट की गयी है! आसुरी शक्ति के सामने ईश की उस अनंत की आसुरी शक्ति का ही विकास होता है, घात प्रतिघात की ही सृष्टि करता है और उसी से उसका नाश भी होता है। इसी तरह असुर अपनी शक्ति से ईश्वर को, उस अनंत को, प्रत्यक्ष करते हैं; परंतु उनका शरीर इसके बाद नष्ट भी हो जाता है। इसीलिए कहा है—**''प्रभु से बैर कीन सो हारा।''** आजकल योरप के विज्ञानवेत्ता भी कहते हैं कि हर एक घात प्रतिघात की सृष्टि करता है। आप दीवार में चपत मारेंगे, तो आपके हाथ में भी चोट लगेगी। आसुरी प्रकृति स्पर्द्धा से अनंत को प्रत्यक्ष करती है। यहाँ वालों ने इसका बहुत पहले ही विश्लेषण कर डाला था, और जहाँ सख्य, दास्य, मधुर और वात्सल्य आदि भाव निश्चित किये वहाँ एक वैर-भाव को भी जगह कर दी है। अस्तु, यहाँ हमें मालूम हो जाता है कि अनंत को धारण कर रखने की शक्ति दिव्य भावों में ही है, और इस दृष्टि से उन कृतियों में यदि दिव्य भावों का विकास मिलता है, तो वह जातीयता के विकास का यथार्थ मार्ग ही है, और एक आदर्श कला से भी रहित नहीं।

यहाँ तक हम यह देख चुके कि दिव्य भावना, दिव्य कला, सत्साहित्य, सत्संगीत की आवश्यकता क्यों है, और किस तरह ये इस जाति के जीवन और अनंत को धारण कर रखने के मूल-आधार हैं। साथ ही यह भी दिखलाया गया कि सृष्टि के आदिम काल से ही इन तमाम दिव्य गुणों पर आर्य-जाति का उसकी वैदिक भाषा द्वारा एकाधिकार है—'विद्'—'ज्ञान', 'विद्या' और 'वेद' के रूप भी सिद्ध करते हैं कि ज्ञान-जन्य सृष्टि हुई, और चूँकि वेदों से प्राचीन ग्रंथ अब तक उपलब्ध नहीं हुए, इसलिए इससे भी प्रमाण मिल रहा है कि जब तक प्राचीन साहित्यों का क्रम इस तरह नहीं दिखलाया जायगा कि असभ्यता के अंदर से सभ्यता निकली, अविद्या के भीतर से विद्या का प्रकाश हुआ, तब तक इस तरह की धारणा डार्विन की कल्पना और एक मोहांध कल्पना के अतिरिक्त और किसी मान्य अस्तित्व का परिचय नहीं दे सकती। 'वेदांत', जिसे ज्ञान का अंत या ब्रह्म-ज्ञान कहते हैं, वह भी यही बतलाता है। आज तक डार्विन-थ्योरी के विरोधी योरप में भी अनेक हो गये हैं, परंतु 'वेदांत' अनादि काल से आज तक उसी सत्य पर स्थित और अविचल है, आज भी उसके समझने और मानने वाले भारतवर्ष में और बहिर्देशों में अनेक हैं। उसके अनुसार चलने वाले मनुष्य गलत रास्ते पर हैं या ठीक मार्ग पर, यह स्वामी विवेकानंद और

स्वामी रामतीर्थ की ओर देखने से समझ में आ जाता है। उस वेदांत का सृष्टितत्त्व भी बतलाता है कि सृष्टि का विकास ज्ञान से ही हुआ।

जोशी-बंधुओं के वेदांत-ज्ञान की कुछ परीक्षा करना आवश्यक है। आप लोगों ने लिखा है–"जब आनंद के कंपन ने अव्यक्त को द्विधा करके व्यक्त प्रकृति को परिस्फुटित किया, तब सृष्टि के रोम-रोम में विरह का भाव व्याप्त था।"

पहले इस वाक्य का विभाजन करना ही ठीक होगा; क्योंकि जो लोग वेदांत का यथार्थ आशय नहीं समझते, उन्हें समझने में कठिनता होगी। आप लोगों का यह वाक्य सिद्ध करता है–

1. आनंद के कंपन ने–

(इसमें आनंद और कंपन दो हैं, यानी आनंद में एक कंपन हो रहा है, जिसने)–

2. अव्यक्त को–

(यह अव्यक्त का उल्लेख साफ कह रहा है कि आनंद के कंपन से अलग यह एक तीसरा कुछ है, अर्थात् कर्तारूपी 'आनंद के कंपन' की क्रिया का यह 'अव्यक्त' कर्म 'आनंद के कंपन' से भिन्न एक और सिद्ध विषय, वस्तु या कुछ है, जिसे)–

3. द्विधा करके व्यक्त प्रकृति को।

(यहाँ आनंद के कंपन से अव्यक्त के भिन्न होने पर भी, उससे पहले, यानी उसके भिन्न होने से पहले भी एक व्यक्त प्रकृति का अस्तित्व आप लोग सूचित करते हैं, अर्थात् अब कई हो गये–1. आनंद 2. कंपन 3. अव्यक्त 4. व्यक्त प्रकृति–जिसे–यानी व्यक्त प्रकृति को भी)–

परिस्फुटित (!) किया–

(अर्थात् व्यक्त प्रकृति को भी व्यक्त किया!)

कैसा सृष्टितत्व समझाया है आप लोगों ने! कहाँ तो उपनिषद् कहते हैं–"वह अव्यक्त खुद ही व्यक्त हुआ, उसकी व्यक्ति ही यह तमाम सृष्टि है", कहाँ आप लोग जिस वाक्य में न नाक है, न कान, न सिर है, न पूँछ–और हो भी कैसे? एक की जगह चार-चार को ठूँसते चले गये हैं! अंत में जो कहा कि तब सृष्टि के रोम-रोम में विरह का भाव व्याप्त था, यह कल्पना और गजब ढा रही है–इस कुल वाक्य के बाद एक 'छूः' जोड़ देने की आवश्यकता थी, बस, बना-बनाया साँप का मंत्र था। हम लोग समझ लेते कि तुलसीदास की चौपाई सार्थक हो गयी–

**"अनमिल आखर अर्थ न जापू**
**'जोशी-युग-कृत' प्रगट प्रतापू।"**

अब जरा मुलाहिजा फर्माइए कि बृहदारण्यकोपनिषद् का दिया हुआ आप लोगों का उद्धरण आप लोगों के पूर्व-कथन से कहाँ तक मिलता है–"उस अनादि, अव्यक्त पुरुष को अपने तईं व्यक्त करने की इच्छा हुई।" जोशी-बंधु देखें, अनादि अव्यक्त

पुरुष अपनी इच्छा से खुद ही व्यक्त होता है—कोई आनंद (यद्यपि वह खुद आनंद-स्वरूप है, जोशी-बंधुओं के कहने की त्रुटि है, जो एक दूसरे कर्ता से उसे व्यक्त किया)—कोई असर—कुछ उसे व्यक्त नहीं करता। "वह काँपता है और वह नहीं भी काँपता", यह जो विशेषाभास श्रुतियों में ब्रह्म के लिए, उस अनादि अव्यक्त सत्ता के लिए, कहा है, इसका सत्य यह है कि वह पूर्ण है, तब नहीं काँपता, और जब वह अपने को व्यक्त करता है, तब काँपता है। जब कभी जोशीजी समाधि-मग्न होकर ब्रह्म का दर्शन करेंगे, तब शरीर की सब क्रियाएँ रुक जायेंगी—डॉक्टर लोग बाहर से परीक्षा करके कहेंगे, मृत्यु हो गयी, और जब जोशीजी ब्रह्म-दर्शन के पश्चात् हम लोगों के उद्धार के लिए इस पाँच भौतिक संसार में उतरेंगे, तब उनके शरीर की क्रियाएँ फिर पूर्ववत होने लगेंगी, वह काँपने लगेंगे, आनंद-स्वरूप में इच्छारूपी कंपन होने लगेगा। अस्तु, यह कंपन इच्छाजन्य है—वह इच्छा ब्रह्म की है, और इस तरह ब्रह्म काँपता है और नहीं भी काँपता; किंतु कोई आनंद का कंपन ब्रह्म या उस अव्यक्त को नहीं हिलाता, इस तरह के कहने में दोष आ जाता है। खैर, उपनिषद् के बाद का उद्धरण जोशी-बंधुओं ने यों दिया है—"क्योंकि एकत्व में किसी को आनंद नहीं मिलता, दो होने में ही आनंद है। द्वैध भाव से ही आनंद का रस मथित होता है, इसलिए उसने अपने को पुरुष और नारी में विभक्त किया। यही कारण है कि पुरुष और नारी एक-दूसरे के प्रति इतने प्रबल आकर्षण के साथ मिलित होना चाहते हैं। समस्त शून्य-मंडल नारीत्व के भाव से भरा हुआ है।"

इसके बाद सृष्टि के मूल में स्थित विरह के दिखलाने से प्रत्यन में जोशी-बंधुओं ने फिर उसी तरह साँप के मंत्रों का उल्लेख करना शुरू कर दिया है। बार-बार इस पचड़े में पड़ने की मेरी इच्छा नहीं। या तो जोशी-बंधुओं को हिंदी भाषा में अपने भावों के व्यक्त करने का तरीका नहीं मालूम या वे खुद, जो लिखना चाहते हैं, नहीं समझते, और उनके इस अज्ञान का फल पाठकों पर भी पड़ता है।

खैर, मैं अब यह दिखलाने का प्रयत्न करता हूँ कि जोशी-बंधुओं द्वारा उद्धृत उपनिषद् की उपर्युक्त बातों का क्या अर्थ है। कितने ही महापुरुषों ने इस कथन का अनुभव कर लेने के पश्चात् इसे दुहराया है, कहा है चीनी बन जाने में क्या आनंद? आनंद तो उसका स्वाद लेने में है। उद्धृत वाक्य सृष्टि-तत्त्व के इसी कारण को खुलासा करता है, यानी ब्रह्म ने आनंद लेने के लिए अपने को अनेक रूप में व्यक्त किया! इस पर श्रुति के अनेक वाक्य हैं। अब व्यक्त करने का तरीका भी देखिए—नारी और पुरुष, शक्ति और ब्रह्म एक-दूसरे से अभिन्न हैं या भिन्न होकर भी अभिन्न, जैसा कि कालिदास रघुवंश के प्रारंभ में ही कहते हैं—

"वागर्थाविव सम्पृक्तौ ..."

गोस्वामी तुलसीदास कहते हैं—

"गिरा-अरथजल-बीचि-सम कहियत भिन्न न भिन्न",

फिर चित्रकारों ने दिखलाया—"आधा अंग शिव और आधा अंग पार्वती।"

साहित्य-शास्त्र ने सिद्ध किया—स्वरों की शक्ति के बिना व्यंजन के हलंत अक्षरों का उच्चारण तक नहीं हो सकता—दोनों, स्वर और व्यंजन, एक-दूसरे से जुड़े हुए भी हैं, और पृथक-पृथक भी।

इसी तरह, शिव और पार्वती की तरह, एक ही ब्रह्म में पुरुष और स्त्री-भाव मौजूद हैं, जैसे एक चित्र में शिव और पार्वती, दोनों आधे-आधे अंग में मिले हुए। फिर दूसरे चित्र में दोनों, पूर्ण पुरुष और पूर्ण स्त्री के रूप से, अलग-अलग। यहाँ एक ही में, चित्र द्वारा, स्त्री और पुरुष का अलग-अलग विकास दिखलाया गया। फिर दोनों प्रेमाकर्षण से संभोग-आनंद की पूर्ण मात्रा के समय भी एक ही आनंद में लीन हो जाते हैं।

देखिए, उस अनंत के भाव को यहाँ के चित्रकारों ने चित्र द्वारा भी किस खूबी से व्यक्त कर दिया है। आश्चर्य है, यहाँ जोशी-बंधुओं को विरह कहाँ उपलब्ध हो जाता है। उपनिषद् के पूर्वोक्त उद्धरण में यह गुंजायश तो है ही नहीं। अगर एक ने अपने को पुरुष और नारी में विभक्त किया, और इसलिए पुरुष और नारी एक-दूसरे से इतने प्रबल आकर्षण द्वारा मिलित होना चाहते हैं, तो यह 'मिलित' शब्द, जिसका उल्लेख जोशी-बंधुओं ने ही किया है, 'मिलन' का ही द्योतक है, न कि 'विरह' का। परंतु इसके बाद ही के अपने भाष्य में—जिसमें उन्होंने अपने शब्दों के बैलों की पूँछ जुए से बाँधकर, सिर पहिए की तरफ करके, भाव की गाड़ी चलाने की चेष्टा की है—लिखते हैं—"सनातन नारीत्व (Eternal Femine) के इस भाव के कारण ही सृष्टि-जन्य विरह के भाव के द्वारा हम आनंद का अनुभव कर पाते हैं।" जोशी-बंधु ही जानें, 'मिलन' का उल्लेख, और वह भी वेदांत-वेद्य, परंतु उसके बाद क्या?—'सृष्टि-जन्य विरह' का भाव!! मुमकिन है, यह भी गदाधर का गद्य-काव्य हो।

गदाधर मेरे एक मित्र थे। साधारण हिंदी जानते थे। चार-छः वर्ष पहले की बात है। उन दिनों हिंदी के किसी प्रसिद्ध पत्र में गद्य-काव्य बहुत छपा करता था, और गद्य-काव्य के लेखक शीर्षक के नीचे ही लिखा करते थे (खास 'क'-पत्र के लिए लिखित)। गदाधर ने सोचा, जिस शीर्षक के नीचे इतना बड़ा साइन-बोर्ड है, वह जरूर बड़े महत्त्व की चीज होती होगी। फिर मैं उन्हें जब कभी देखता, पत्र लेकर उतना अंश बड़े ध्यान से पढ़ते। एक रोज कुछ लिख रहे थे। उसी समय मैं भी उनके यहाँ जा पहुँचा। बस, उसी रोज हिंदी की सेवा के लिए उन्होंने लेखनी उठायी थी। मुझे देखकर बेचारे बहुत झेंपे। मैंने पूछा, क्या हो रहा है? इतना कहकर मैं बढ़ा उनके कागज की ओर, और उनके छिपाने से पहले ही छीन लिया।

लिखा था—"गद्य-काव्य"

(खास 'क' पत्र के लिए लिखित)

"हे सखि! मैं जो मर रहा हूँ, यह सब तुम्हारी ही करुणा है। मेरे जीवन की हरी-हरी डालियाँ–"

बस, इतना ही लिख पाये थे। मैंने पूछा, यह क्या है गदाधर? उन्होंने कहा, गद्य-काव्य। मैंने पूछा, तुम्हारे मरने से तुम्हारी सखी की करुणा का क्या संबंध? उन्होंने कहा, कुछ नहीं। मैंने कहा, तब तो यह जरूर गद्य-काव्य है!

अब रामायण की सीता के पाताल-प्रवेश में जो विरह जोशी-बंधुओं ने प्रदर्शित किया है, उसकी भी आधिभौतिक व्याख्या सुन लीजिए–

"रामायण में स्नेह-प्रेम, सुख-दुःख, युद्ध-विग्रह की अनेक जटिलताओं के परे राम और सीता का प्रेम अनंत के प्रति अपनी विरहांजलि निवेदित करके सीमा का उल्लंघन करता हुआ, असीम के संधान में चला जाता है। रामायण के कवि के हृदय में अनंतकालिक विरह की कितनी तीव्र अनुभूति वर्तमान थी, इसका परिचय इसी बात से मिलता है कि लंका-विजय के अनंतर सुकठिन मिलन के बाद भी राम और सीता का चिर-विच्छेद संघटित हो जाता है। समग्रता की दृष्टि से यदि विचार किया जाय, तो फिर सती सीता के पाताल-प्रवेश की सार्थकता केवल इसी बात पर है कि वह स्त्री और पुरुष का जन्म-जन्मांतर का विरह प्रस्फुटित करके सृष्टि के केंद्र में स्थित अनंत-व्यापी विरह की अनुभूति हृदय में जागरित कर देता है। अन्यथा सीता-जैसी साध्वी स्त्री का पति के कैसे ही भारी दोष के कारण पाताल-प्रवेश करके सदा के लिए विच्छिन्न हो जाना बिल्कुल असंगत है। पाताल-प्रवेश का यह अर्थ नहीं कि वह सदा के लिए पति से अलग हो गयीं। जिस अभिमान के भाव के कारण उन्होंने पृथ्वी के भीतर प्रवेश किया, उसी अभिमान की प्रेरणा से उनका प्रेम जन्म-जन्मांतर के लिए प्रेरित हो गया। विरह के विस्तार का भाव ही इस रूपक से ध्वनित होता है; क्योंकि विरह के आधार पर ही हम आनंद का अनुभव कर सकते हैं।"

ये कुल वाक्य खुराफात के सिवा और कुछ नहीं। भाष्यकार की ही तरह उनके वाक्य भी क्रोध-विस्फारित-नेत्र होकर, धमकियाँ देते हुए जैसे कह रहे हों–मान लो, ऐ अक्ल के पीछे लठ लिये फिरने वालो, हमारा यह नवीन आविष्कार है। लेकिन समालोचक भी तो एक अजीब जीव होता है। जब व्याकरण के चर्खे से कुल शब्दों को सूत-जैसा कातना शुरू कर देता है, तब क्या मजाल, जो कहीं एक भी बिनौला रह जाय। लेकिन इस समालोचक के पास इतना समय नहीं, और शायद संपादक महोदयों के पास इतनी जगह भी न होगी कि इन तमाम वाक्यों का विश्लेषण करने पर जितनी दीर्घसूत्रता होगी, उसके लिए वे अपने पत्र में स्थान-निरूपण कर सकें। उधर पाठकों के धैर्य का हाल मुझे अच्छी तरह मालूम है। लेकिन, खैर, इसके कुछ उदाहरण, देखने के लिए पेश करता हूँ।

पहले एक यथार्थ घटना सुन लीजिए। एक बार ब्राह्मसमाज की गोल के कोई

श्रीरामकृष्ण परमहंस देव के पास गये। वह व्याख्यान बहुत देते थे। परमहंसदेव ने कहा, मैंने सुना है, तुम व्याख्यान खूब देते हो; धर्म पर एक रोज मुझे भी कुछ सुनाओ। परमहंसदेव की बात उन्होंने मंजूर कर ली। एक रोज उनका व्याख्यान हुआ भी। जोशी-बंधुओं की तरह वह भी बड़े विद्वान थे, और इसी तरह अपने भावों को शब्दों की पूँछ पकड़ाकर अपने व्याख्यान की वैतरणी से पार कर देते थे। उन्होंने कहा, भाइयो, ब्रह्म नीरस है, रस द्वारा हमें ही उसे सरस करना होगा। सुनकर परमहंसदेव कहते हैं, यह क्या कहते हो जी, जो स्वयं रस-स्वरूप हैं, उन्हें नीरस बतलाते हो? इसी तरह जोशी-बंधु लिखते हैं–''सृष्टि के केंद्र में स्थित अनंतव्यापी विरह की अनुभूति।'' कैसी अद्‌भुत शब्द-मरीचिका है कि भाव का प्यासा भटकता ही मर जाय! और सत्य कितना उज्ज्वल!–दीपक की तरह अपने ही नीचे अंधकार! धन्य है–धन्य है!–जिस सृष्टि के केंद्र में ब्रह्म है, आनंद है, सत्य है, ज्ञान है, वहाँ अनंत-व्यापी विरह!–अनंत वियोग!–अनंत अभाव!–अनंत अज्ञान!–अनंत दुःख!–क्या बात!–क्या कहना!–तभी तो समझ लेना, कोई दिल्लगी नहीं।

अब जरा आप लोगों के शब्द-शास्त्र और प्रकाशन के ढंग को भी देख लीजिए–आप लोगों ने लिखा है–''लंका-विजय के अनंतर सुकठिन मिलन के बाद भी राम और सीता का चिर-विच्छेद संघटित हो जाता है।'' 'सुकठिन मिलन!' अगर कहा जाय मिलन या मिलना सुकठिन या बड़ा कठिन है, तो यह मिलन की ओर इशारा करता है, या जुदाई की ओर?–आज तक हिंदी में 'मिलन' के साथ 'कठिन' का संबंध 'वियोग' का ही द्योतक रहा है, पर आप लोग जो लंका-विजय के पश्चात् राम और सीता के मिलन को–जो तीव्र मिलन है–सुकठिन बतलाते हैं, पता नहीं, इस 'सुकठिन' से अपने भाव का आप लोग कौन-सा कठिन प्रश्न हल करना चाहते हैं! फिर प्रथम वाक्य में, जहाँ आप लोगों के शब्दों में, राम और सीता का प्रेम अनंत के प्रति अपनी विरहांजलि निवेदन करके, सीमा का उल्लंघन करता हुआ, असीम के संधान में चला जाता है, वहाँ साफ जाहिर हो जाता है कि आपके अनंत महाशय, जिनके प्रति विरहांजलि निवेदित की गयी, कोई और हैं, और असीम महाशय, जिनके संधान में वह (राम और सीता का प्रेम) चला जाता है, कोई और। अगर नहीं, अगर आप लोग शब्द-शास्त्र से इतने अनभिज्ञ रहना स्वीकार नहीं करते, तो प्रश्न है कि जिस समय राम और सीता का प्रेम अनंत के प्रति अपनी विरहांजलि निवेदित करता है, उस समय अनंत की प्राप्ति का सरल संबंध पाकर भी उसे छोड़ फिर उसके संधान में चला क्यों जाता है। दूसरे ''संधान में चला जाता है'' सिद्ध कर रहा है, राम और सीता के प्रेम को अनंत की प्राप्ति नहीं हुई। जहाँ अनंत का संधान है, वहाँ प्राप्ति कैसी? इतने बड़े दो महान् चरित्रों का यह हाल!

अधिक कथा कौन कहे, तमाम वाक्यों में इसी तरह गदाधर का गद्य-काव्य भरा हुआ है।

श्रीसीतादेवी के पाताल-प्रवेश का आध्यात्मिक सत्य ही यथार्थ सत्य है, अन्यान्य सत्य कल्पना-मात्र, इसीलिए उन कल्पनाओं में कोई दम नहीं। उनकी बुनियाद कमजोर, प्रतिपादनशैली प्रलापवत्, शब्दों की दशा शराबियों की हालत से भी बुरी। रामायण में भगवान् श्रीरामचंद्र और भगवती श्रीसीतादेवी के चरित्र-चित्रण द्वारा महर्षि वाल्मीकि का उद्देश्य किसी "अनंतकालिक विरह" के उद्दीप्त करने का तो था ही नहीं, किंतु वे अपनी रचना द्वारा दो आदर्श मनुष्यों का—जिनकी स्थिति सुख की उच्चतम सीमा में रहती है—जो इच्छा करने पर तमाम जीवन सुखपूर्वक व्यतीत कर सकते हैं, परंतु धर्म के विचार से नहीं करते, प्रत्युत धर्म प्राणता ही जिनके जीवन की व्याख्या है—उच्चातिउच्च चरित्र त्याग के मार्ग से ले जाकर प्रदर्शित करते हैं। यह अनुभव महर्षि को दीर्घकाल की तपस्या के पश्चात् होता है।

रही पाताल-प्रवेश की बात। सो सीतादेवी की उत्पत्ति का पहले पता लगा लीजिए। परिनिर्वाण आप ही अपनी व्याख्या कर देगा। जो लोग सीतादेवी को नारी-मूर्ति में देखकर ही संतुष्ट रहना चाहते हैं, वे आर्यों के सूक्ष्म विवेचन को कहाँ तक समझ सकेंगे, इसमें संदेह है। यथार्थ बात यह है कि रामायण भी वेदांत-ज्ञान का एक इतना बड़ा रूपक है। महर्षि वाल्मीकि सिद्ध महापुरुष थे। आत्मा और अनंत का ज्ञान उन्हें हो चुका था। उन्होंने रूप के भीतर से अरूप की व्याख्या की है। जब कुछ कहने और लिखने की भूमि में आत्मज्ञान-संयुक्त मनुष्य उतरता है, तब स्वभावतः उसकी दृष्टि में बहु हो जाते हैं, क्योंकि वह संसरण की भूमि में—संसार में आ जाता है। अतएव इस बहु की भूमि से वह अपनी रचना के रूपों के भीतर से—चरित्र-चित्रण के द्वारा क्रमशः उत्कृष्ट व्याख्या करता हुआ उसे उसी अनादि सत्य में परिणत कर देता है। महर्षि वाल्मीकि ने भी ऐसा ही किया है। यहाँ रामायण पर आध्यात्मिक विवेचन भी हो चुका है। अध्यात्मरामायण देखिए। तुलसीकृत रामायण दोनों का मिश्रण है। इसीलिए वह जगह-जगह भगवान् श्रीरामचंद्रजी को अनादि और अनंत विभु कहते जाते हैं और सीतादेवी को आदि शक्ति।

रामायण में सात कांड हैं, बल्कि छः ही। मैं कई बार अपने लेखों में रामायण के यथार्थ सत्य पर प्रकाश डालने की चेष्टा कर चुका हूँ। अपने भाषण में भी उसके संबंध में बहुत कुछ कह चुका हूँ। आज तक हिंदी में रामायण पर मैंने जितनी टीकाएँ देखी हैं, उनमें कोई भी टीका दमदार नहीं। इसके कारण साधारण मनुष्यों तक गोस्वामी श्रीतुलसीदासजी का अपार वेदांत-सत्य नहीं पहुँचता। पढ़े-लिखे लोग भी रामायण के काव्य-सौंदर्य तक ही पहुँच पाते हैं। गोस्वामीजी जितने बड़े साहित्यिक थे, उससे भी महान् आत्मद्रष्टा थे। सत्य के समझने वाले। उनका जीवन साहित्य के विश्लेषण में नहीं पार हुआ, किंतु तपस्या में, और भगवान् श्रीरामचंद्रजी के यथार्थ रहस्य के समझने में। वह गोस्वामीजी भी रामायण का

रहस्य अपने रूपक से इस तरह प्रकट करते हैं–

**"सप्त-प्रबंध-सुभग सोपाना; ज्ञान-नयन निरखत मनमाना।"**

रामायण में जो सुभग सात प्रबंध (सात कांड) बतलाये गये हैं, वे जोशी-बंधुओं की तरह की गयी केवल एक अंध-कल्पना के आधार पर नहीं, किंतु यह भीतर और बाहर का साम्य दिखलाया गया है–भीतर भी द्रष्टा योगियों ने बतलाया है कि सात चक्र हैं–मूलाधार, स्वाधिष्ठान, माणिपूर, अनाहत, विशुद्ध, आज्ञा और सहस्रार। इसी तरह बाहर भी सात ही कांडों का सन्निवेश उचित समझा गया है। मूलाधार में आदि-शक्ति का निवास है–जिसे योगियों ने अपनी परिभाषा में कुंडलिनी शक्ति कहा है, और जिसे जाग्रत कर सप्तम भूमि सहस्रार में ले जाना ही योगियों की साधना है। इधर सप्तम उत्तर कांड को भी ज्ञान-कांड ही कहा है। देखिए, भीतर और बाहर का कैसा साम्य है। गोस्वामीजी अपने इन सप्त-प्रबंध सुभग सोपानों के निरीक्षण के लिए 'ज्ञान-नयनों' का स्वागत करते हैं, 'मोह-नयनों' या 'अविद्या-नयनों' का नहीं। फिर देखते ही (मन माना) मन मान जाता है, मन को विश्वास हो जाता है।

रामचरित को 'मानस-सरोवर' कहा है, मन की निर्मलता को वारि बतलाया है–अरूप, अनाम, अनादि, ब्रह्म, सच्चिदानंद कहा है। यहाँ रामचरित का आशय बिलकुल साफ हो जाता है। फिर जहाँ पर वह लिखते हैं–

**"रघुपति-महिमा अगुण अबाधा**
**बरनब सोइ बर बारि अगाधा।"**

यहाँ और स्पष्ट हो जाता है कि वही मानस-सरोवर का वारि भगवान् श्रीराम चंद्रजी की अबाध, अरूप, अगाध महिमा है। फिर जब लिखते हैं–

**"राम-सीय-जस सलिल-सुधा-सम**
**उपमा वीचि-विलास मनोरम।"**

जब उसी अगाध ब्रह्म से रूप प्रकट करते हैं–राम और सीता में पुरुष और स्त्री में–जैसा कि पूर्वोद्धृत उपनिषद् के उद्धरण में है–अव्यक्त अपनी इच्छा से व्यक्त होता है, उस समय कैसी चुभती हुई उपमा देते हैं कि जैसे जल पर जल की वीचियाँ, वैसे ही अरूप से रूप; भिन्न होकर भी अभिन्न है। यहाँ रामायण की परिणति उसी उपनिषद्-वाक्य में–ब्रह्मवाद में होती है या और कहीं?–राम और सीता को उसी जल की वीचियाँ सिद्ध किया या और कुछ?

अस्तु, अब सीतादेवी के पाताल-प्रवेश का विवेचन भी हो जाना चाहिए। कहा जा चुका है कि महाशक्ति का निवासस्थल मूलाधार-चक्र, सर्व-निम्न चक्र है। इधर

सीतादेवी या महाशक्ति पैदा होती हैं भूमि से, सर्व निम्न स्तर से—देखिए, यह सत्य है या कल्पना। अस्तु, महर्षि वाल्मीकि जहाँ से उस महाशक्ति को पैदा करते हैं, बाह्य रूपक द्वारा जिस भूमि से सीतादेवी को जन्म देते हैं, लीला के पश्चात् उन्हें रखते तो कहाँ रखते?—उसी भूमि में या और कहीं?—जहाँ की वह हैं, वहीं या जोशी-बंधुओं के विरही दिमाग में? योगियों की भाषा में लीला के पश्चात् महाशक्ति अपने आधार-चक्र में चली गयीं, बाहरी रूपक में भूमि-सुता ने लीला की समाप्ति कर भूमि की गोद में ही शरण ली।—देखिए, कितनी सार्थकता ऋषि-कल्पना में है। मनुष्य-चरित्र को पूर्ण करते हुए वह अनेक प्रकार की लीलाओं के भीतर से ले जाकर किस तरह वेदांत के चरम सत्य में प्रतिष्ठित कर देते हैं। राम और सीता का चरित्र इसीलिए यहाँ के लोगों का अब तक आदर्श बना हुआ है।

एक बात और। न्यूटन के मध्याकर्षण-शक्ति का आविष्कार करने से बहुत पहले ही महर्षि वाल्मीकि ने सीतादेवी के जन्म के रूपक में शक्ति के जन्म का हाल बयान कर दिया था। यद्यपि इससे पहले भी ऋषि लोगों को यह सब रहस्य मालूम हो चुका था, परंतु इतना बृहत् और विशद वर्णन शायद किसी ने नहीं किया।

अब ज़रा यह भी देख लीजिए कि रवींद्रनाथ और तुलसीदास का उल्लेख करते हुए, तुलसीदास के संबंध में जोशी-बंधुओं की कितनी इतर धारणा है। आप लोग लिखते हैं—"किसी अन्य कविता में रवींद्रनाथ ने लिखा है—'लोग मेरे गीतों के नाना प्रकार के अर्थ करते हैं; पर उनका अंतिम अर्थ तुम्हारे ही प्रति निवेदित होता है।' तुलसीदास ने जब लिखा था कि राम के चरित्र-वर्णन के बिना कविता शोभित नहीं होती, तब उन्होंने कुछ अंश में इसी भाव का आभास पाया था।"

देखा आप लोगों ने? रवींद्रनाथ जो कुछ अनंत के प्रति निवेदित करते हैं, उसका कुछ ही अंशों में तुलसीदास को आभास मिलता है!!! यहाँ हमें मालूम हो जाता है कि तुलसीदास को और तुलसीदास के राम को आप लोग क्या समझते हैं। जिस तुलसीदास का जीवन कठोर तपस्या में, निश्छल सत्य-परता में, भगवद्-दर्शन में, आदि-रहस्य के समझने में व्यतीत होता है, उस महापुरुष को—उस महान् प्रतिभाशाली तपस्वी को जोशी-बंधुओं के और रवींद्रनाथ के अनंत का कुछ ही अंशों में आभास मिलता है! और जोशी-बंधुओं को—जिनके विवेचन में प्रलाप और चीत्कार के सिवा और कुछ नहीं—और रवींद्रनाथ को—जिन्हें अर्थोपार्जन की चिंता न रहने के कारण और उपनिषद् भावसंयुक्त ब्राह्म-समाज के सिद्धांत-स्वरूप कविता में एक प्रकाश-निरूपण करते रहने के कारण मनुष्योचित कृति में, कवि-कर्म में, सफलता प्राप्त हुई है—अनंत का आभास पूर्ण मात्रा में मिल जाता है!!! "कहता सो कहता रहा, सुनता बड़ा सरेख!!!"

लेख बहुत बढ़ गया है। पर जोशी-बंधुओं द्वारा प्रतिपादित 'साहित्य-कला और विरह' पर अब तक मुझे एक पंक्ति लिखने का मौका नहीं मिला। उन्होंने कबीर,

रवींद्रनाथ, टेनिसन और कालिदास के उत्तम-से-उत्तम जो उदाहरण दिये हैं, और उनके भाव-प्रवाह को जो अपने अनुकूल बहाने का प्रयत्न किया है, इस पर भी इस लेख में विचार करने का समय नहीं रहा। सच तो यह कि अब तक मैं उनके विचारों के मूल का पता लगाने, यहाँ की कला का आदर्श दिखलाने और उनकी विचार-शैली के प्रलाप के प्रतिपादन में ही पड़ा रहा। मुझे विश्वास है, जोशी-बंधुओं के शब्दों और भावों का यथार्थ चित्र मैंने पाठकों के सामने रख दिया है। इस शीर्षक के दूसरे प्रबंध में मैं 'साहित्य-कला और विरह' के प्रमाणपुष्ट सत्य का विचार पाठकों के सामने रखने का प्रयत्न करूँगा। यदि इस समय लिखता हूँ, तो लेख का बृहत् कलेवर पाठकों की भीति का कारण तो होगा ही, किंतु विचारधारा भी एक दूसरी भूमि से होकर बहेगी, जिससे मुझे अब तक के विचारों का स्वत्व पाठकों के मस्तिष्क से उठ जाने का भय है। इस लेख में जहाँ जोशी-बंधुओं के संबोधन में मेरे शब्द कुछ कटु हो गये हैं, उनके लिए मुझे विशेष दुःख है, और इस विचार से नहीं भी कि यह अपराध, अपराध के ही उत्तर में, मुझे करना पड़ा, आवेश के अज्ञान में नहीं; जोशी-बंधुओं के अज्ञान का इतना बड़ा ज्ञानाडंबर मेरी प्रसन्न प्रकृति को असह्य हो रहा था।

**['सुधा', मासिक, लखनऊ, दिसंबर, 1928।**
**प्रबंध-प्रतिमा में संकलित।]**

# मेरे गीत और कला

बाजार के बनियों पर, बैल जोतकर गाड़ी ले जानेवाले अनाज के व्यापारियों का तो प्रभाव पड़ता है, पर गोन लादकर घोड़ी पर जाने वाले हुसेन का नहीं। जब किसी काव्य की दो ही पंक्तियों के उद्धरण पर मारे सहृदयता के आलोचक बेहोश होने लगते हैं, तब बाहोश पाठक बिना मिहनत के पूँजी का हिसाब मालूम कर लेते हैं। वे देखते हैं, यह अकेली 'कला-कला' की रट गलार हुशकानेवाली 'गला-गला' की सार्थकता भी नहीं रखती।

विज्ञजन जानते हैं, 'प्रसिद्धि' का भीतरी अर्थ यशोविस्तार नहीं, विषय पर अच्छी सिद्धि पाना है; अवश्य उपसर्ग के धात्वर्थ के लिए 'बलादन्यत्र नीयते' कहा है, पर विचार करने पर 'उपसर्ग' और 'बलात्' अपने ही रूपों में अस्वाभाविक मालूम होते है। यदि यशोविस्तार पर निगाह रखकर निर्णय किया गया तो धोके की जितनी गुंजाइश है, उतनी 'प्रसिद्धि' के विवेचन में नहीं; कारण बगीचे के प्रशंसा-प्राप्त फूल से, संभव है, उपवन का न जाना हुआ फूल और बड़ा, और सुंदर एवं और सुगंध हो। इसलिए फूल के खुल जाने पर खुशबू के खोलने की जरूरत नहीं, जो कहा गया है, यह समझदारों के लिए है, नहीं तो राजा के लड़के की इत्र चाट जाने वाली बात मशहूर है।

ज्यों-ज्यों मैं 'प्रसिद्धि' की सच्ची साधना के विचार से अपने संबंध में चुप रहा, त्यों-ज्यों उड़ने की शक्ति प्राप्त करते ही, आलोचक शायरी की शमा के चारों ओर समा बाँधते रहे; नतीजे की याद न रही। मेरी इच्छा न थी कि पूरी जलने से पहले अपनी शमा लेकर निकलूँ; मेरा खयाल है कि अब भी वह पूरी-पूरी नहीं जली, यानी हजार-दो हजार बत्तियों की ताकत एक साथ उसमें नहीं आयी, फिर भी जितनी रोशनी आयी है, मैं सोचता हूँ कि अगर दिखा दूँ तो यह जो बेले को चमेली और चमेली को गंधराज कहना कसरत पर है, और साड़ी के रंग पर जो सर के बल हो रहे हैं लोग–रंग भी जो कहीं-कहीं भद्दे ढंग से, बेमेल दाग की तरह लगा हुआ है, न रहे, नामों की जानकारी के साथ रंगों की अस्लियत, मिलावट और अकेलापन

मालूम हो जाए और न होती हुई सबसे बड़ी बात यह हो कि साड़ी देखने वालों की साड़ी पहनने वाली से भी चार आँखें हो जाएँ।

मैं तारीफवाली बाहरी बातों में पहले से पीछे रहा; किताबों का गेट-अप साधारण, तस्वीर नदारद, छपाई मामूली। मेरी तस्वीर तो मेरे साथ वालों के बहुत बाद निकली है। वह भी वैसी भड़कीली नहीं; निकली भी पत्रिकाओं में, मेरी पुस्तकों में नहीं। इस वक्त भी कितने संपादक तस्वीर माँगकर निराश होते हैं। पर हर तरह बचता हुआ भी बदनामी में पहले रहा, जिन-जिन लोगों ने अपना काँवला भूलकर मुझे पीला बतलाया है, उनकी कार्यावली की लंबी तालिका न पेश करूँगा, हालाँकि लेखक न होकर, अगर इस लेख का मैं पाठक होता तो सप्रमाण उस कार्यावली का पाठ ही मेरे लिए सविशेष आनंददायक ठहरता। यह मानी हुई बात है कि जब भ्रम एक के पास न होगा, तब दूसरे के पास अवश्य होगा, क्योंकि स्वामी दयानंदजी सरस्वती के मतानुसार अनादि तीन हैं, जिनमें भ्रम मजे में आता है, नहीं तो तीन की गिनती बन्द हो जाए। इस तरह जब वह मेरे पास जगह न पा सका, तब दूसरों के सर चढ़कर मेरी ओर मुँह करके बोला। इसके प्रतिकूल मुझे ऐसे मित्र भी मिले, जिन्होंने मेरी तारीफ की। इस स्तुति और निंदा के मार्ग से चलता हुआ वर्तमान काव्यालोचना का रूप वास्तव में पुच्छविषाण-हीन नहीं रह पाया। मैं जहाँ तक समझता हूँ, पहले पहल मेरे मित्र हिंदी के मर्मज्ञ विद्वान् और आलोचक पं. नंददुलारेजी वाजपेयी ने वर्तमान कवियों की वृहत्त्रयी निकाली और 'भारत' में एक लंबी आलोचना लिखी। उनकी आलोचना का दूसरी जगह उद्धरण किया गया। इसके बाद उनके इस पेड़ पर चढ़कर 'फल खात न वारा' बहुतों ने किया; कुछ ने नयी बात पैदा की—श्रीमती महादेवीजी को जोड़कर वर्तमान काव्य के चारों पैर बराबर कर दिए। पं. बनारसीदासजी कब पीछे रहनेवाले थे?—उन्होंने नयी सूझ पैदा की, खोज-खाजकर एक पूँछ की कसर पूरी कर दी, अब साबित कर रहे हैं कि काव्य के चतुष्पद तत्त्वों में उनकी पूँछ का ही महत्त्व सबसे ज्यादा है। यह है खड़ी बोली के काव्यालोचन का सच्चा रूप, जो कला की पहचान से अब तक तैयार हो पाया है।

मैं खड़ी बोली का वाल्मीकि नहीं, न 'वाल्मीकि की प्रिये दास यह कैसे तुझको भाया' मेरी पंक्ति है, पर 'भयो सिद्ध करि उलटा जापू' अगर किसी पर खप सकता है तो हिंदी के इतिहास में एकमात्र मुझ पर। कबीर उल्टवाँसी के कारण विशेषता रखते हैं, पर वहाँ छंदों का साम्य है, उल्टवाँसी नहीं; यहाँ छंद और भाव, दोनों की उल्टी गंगा बहती है।

यह सब उलटापलट मैंने जान-बूझकर नहीं किया, और यह उलटापलट है भी नहीं, इससे सीधा और प्राणों के पास तक पहुँचता रास्ता छंदों के इतिहास में दूसरा नहीं।—वेद इसलिए वेद हैं। यह उलटापलट उसके लिए कहा जा सकता था, जिसकी मातृभाषा हिंदी न हुई होती। मेरी बैसवाड़ी, माता-पिता की दी वाग्विभूति, जिससे

सभी रसों के स्रोत मेरे जीवन में फूटकर निकले हैं, साहित्यिकों में प्रसिद्ध है। मैंने भाषण भी इस भाषा में किए हैं। भाषा के उत्थान-पतन पर विचार करते हुए मैंने देखा, वेदों से ब्रजभाषा तक भाषा के पतन का एक मनोहर इतिहास तैयार होता है। बदलती हुई भाषा क्रमशः सुखानुशयी होती गयी है। **"तदानाशंसे विजयाय सञ्जय"** पूर्व पराधीनता के पूर्व मुहूर्त की भाषा बोलती है। यहाँ एक दूसरे विचार पर भी ध्यान देना उचित होगा। जिस तरह वैदिक और संस्कृत में 'कं, खं, गं,' का रूप है और इसके अनुरूप जातीय जीवन, जो अपभ्रष्ट भाषाओं के आधार पर दुर्बल होता हुआ, एक प्रकार निस्तेज हो गया, उसी तरह फारसी में 'क़, ख़, ग़,' का रूप है, जो वैदिक और 'संस्कृत' के पूर्ण प्रतिकूल है, जिसके अनुरूप मुलसमानों का जीवन है। पड़ोसी के कमजोर होने पर दूसरा पड़ोसी शहजोर होगा; यह प्राकृतिक नियम है। हम देखते हैं, क्रमशः पराजय होते-होते हिंदुओं पर एक दिन मुसलमानों का पूरा आधिपत्य हो जाता है। इसे कहना चाहिए कि यह अपभ्रष्ट वैदिक या संस्कृत पर फारसी की विजय है। इसके बाद, इन दोनों पर, हिंदोस्तान आये हुए पड़ोसी अँगरेज विजयी होते हैं। यहाँ भी महत्त्व में हम भाषा का विचार कर सकते हैं। अँगरेजी भाव और साहित्य में अधिक पुष्ट मालूम देगी, मैं सक्षेप में विचार रहा हूँ, जो लोग इसकी प्रतिकूलता करेंगे, यहाँ के दर्शन और साहित्य की उच्चता के प्रमाण देंगे, उन्हें मालूम होना चाहिए कि दर्शनों का संस्कृत-जीवन है, ऐसा ही साहित्य का भी, पर प्रकृति ने देश का अपभ्रष्ट जीवन तैयार कर दिया था, और तब भी, जब कालिदास की कला का देश ने चमत्कार देखा—श्रीहर्ष का समय तो पूर्ण पतन का पूर्व मुहूर्त है, इसलिए यह संस्कृत और ये काव्य जातीय जीवन के नहीं कहे जा सकते, शंकर से लेकर बाद के समस्त भाष्यकार अपभ्रष्ट-भाषा-काल के हैं; संस्कृत के द्वारा उन्होंने दिग्विजय ही किया है, अपने मत की प्रतिष्ठामात्र की है, जाति की जीवनीशक्ति का वर्द्धन नहीं—उस समय की भाषा का उद्धार नहीं, और यह संभव भी न था, कारण अनेक प्रादेशिक भाषाएँ थीं; उनका लक्ष्य उन्नयन अवश्य था; पर अनेकानेक भेदोपभेद तथा प्राकृतिक विवर्तन के कारण अपभ्रष्ट भाषाएँ उल्टा चलकर संस्कृत नहीं बन सकीं; फलतः हार होती गयी, जीवन दुर्बलतर होता रहा। अँगरेजी फारसी की तरह प्राणों की भाषा थी। साहित्य उत्कर्ष पर था, जिसके बल पर मेकाले ने भारतीय साहित्य पर मजाक किया, पंडितों को मालूम होगा। अस्तु, ब्रजभाषा के उच्चारण और भाव-रूप पर, मैंने देखा, उर्दू सवार है, उसी तरह जैसे हारे हुए पर जीता हुआ रहता है। जितने कवि-सम्मेलन देखे, जहाँ उर्दू और ब्रजभाषावाले एकत्र हुए थे, उर्दूवालों को ही बाजी मारते देखा। इसका कारण यह पाया कि जिस जगह ठहरकर वे बोलते हैं, वह जीतने वालों का घर है—ब्रजभाषा के मुकाबले; ब्रजभाषावाले बड़ा जोर मारकर कहीं वहाँ तक पहुँचते हैं, देखिए, भूषण के कवित्तों में गँवार की तरह चिल्ला रहे हैं या देव के छंदों में मारे शृंगार के दुहरे हुए जा रहे हैं। एक दफा

डॉ. सुनीति कुमार चटर्जी महाशय ने मुझसे पूछा, मेरे एक बंगाली मित्र हैं, वे उर्दू में कविता लिखते हैं, कहते हैं, हिंदी में भाव के प्रकाशन में दिक्कत होती है, यह क्या बात है? मैंने कहा, बंगला की तरह उर्दू में दीर्घ को बहर की लपेट में ह्रस्व कर लेने की गुंजाइश है, हिंदी में नहीं, हिंदी में जहाँ कहीं ऐसा है, वहाँ चाहे सब ह्रस्व हों या सब दीर्घ, कोई हानि नहीं; 'गड गड गड गड' हो या 'गड्ड गड्ड गड्ड गड्ड' अथवा 'गाडा गाडा गाडा गाडा' मजे में करते जाइए, बस अक्षर गिने रहिए। अस्तु दो-चार बार उर्दूवालों के बीच मुझे भी पढ़ने का मौका मिला है। जहाँ धड़ाधड़ मुक्त छंद के गोले निकलने शुरू हुए कि भाइयों की समझ में आ गया कि हाँ कुछ पढ़ा जा रहा है–यह 'गड्ड गड्ड गड्ड गड्ड' नहीं है। बंदिशवालों के बंद मुक्त छंद की होड़ में नहीं टिक सकते। यह वह मशीनगन है, जो उर्दूवालों के पास भी नहीं, हालाँकि इकबाल तक वे लोग पहुँच चुके हैं। भावों की मुक्ति छंद की भी मुक्ति चाहती है। यहाँ भाषा, भाव और छंद तीनों स्वतंत्र हैं। इसका फल जीवन में क्या होता है, हिंदी में समझदार होते तो अब तक व्यापक रूप से मालूम कर चुके होते। ले-देकर दो-चार जानकार हैं। प्रमाण मैं इतने दे चुका हूँ, इतने बार पढ़ चुका हूँ, कि और आवश्यकता उनकी साहित्यिकता पर ही शंका होगी। मैंने पढ़ने और गाने, दोनों के मुक्त रूप निर्मित किए हैं। पहला वर्ण-वृत्त में है, दूसरा मात्रा-वृत्त में।

इनसे हटकर मुक्त रूप में छंद जा नहीं सकता। गाना भी जो मैंने सिखाया है, वह हिंदी का पुराना राग नहीं कि कवि जी कवि-सम्मेलन में शाम के वक्त भैरवी में कविता पढ़ने लगे। तबले के सामने बैठा दीजिए तो भैरवी भी भूल जाय। मेरा गाना भी कविता का ही गाना है। गीत तो मैंने अलग लिखे हैं।

प्रकृति की स्वाभाविक चाल से भाषा जिस तरफ भी जाय–शक्ति, सामर्थ्य और मुक्ति की तरफ या सुखानुशयता, मृदुलता और छंद-लालित्य की तरफ, यदि उसके साथ जातीय जीवन का भी संबंध है तो यह निश्चित रूप से कहा जाएगा कि प्राणशक्ति उस भाषा में है। ब्रजभाषा के संतों और त्यागी रहीम-जैसे वीरों का विचार पूर्वोक्त प्रकरण में नहीं किया गया; ब्रजभाषा को उस समय जो व्यापक राष्ट्रीय महत्त्व प्राप्त हुआ था–अपर प्रादेशिक भाषाओं पर उसका प्रभाव पड़ा था, इसका भी नहीं; कारण, वह विषय भिन्न था। यहाँ, जातीय साहित्य के प्राणों की चर्चा करते हुए, यह कहना पड़ता है कि ब्रजभाषा में भाषाजन्य जातीय जीवन था, जो बुद्ध के बाद के संस्कृत-कवि और दार्शनिकों में नहीं। इसलिए, यह निर्विवाद है कि ब्रजभाषा के बाद जो भाषा होगी, उसमें ब्रजभाषा के कुछ चिह्न जीवन की शक्ति या रूप के तौर पर अवश्य होंगे। खड़ी बोली का उत्थान ब्रजभाषा के पश्चात् होता है। इसलिए ब्रजभाषा के कुछ जीवन-चिह्न उसमें रहने जरूरी हैं। हम देखते हैं कि ब्रजभाषा में 'श स' दोनों 'स' बन गये हैं, 'ष' 'ख' हो गया है, 'ण, न' 'न' में ही आ गये हैं, बहुत जगह 'व' 'ब' बन गया है। खड़ी बोली में शुद्ध उच्चारण की ओर ध्यान

रहने पर भी वर्णों को यह अशुद्धि ही जैसे अच्छी लगती है; इसकी विशेषता हम अच्छी तरह देख लेते हैं जब कोई उर्दू मिली चलती जबान लिखता है, बस 'वश' की जगह, बेबस 'विवश' की जगह, किरन, 'किरण' की जगह आते हैं। चौदह-पंद्रह वर्ष पहले 'सरस्वती' में किसी सज्जन ने एक छोटा-सा नोट लिखा था। उसमें 'श, ष, स' की जगह 'स' और 'ण', 'न' की जगह 'न' से काम लेने का प्रस्ताव किया था। आज भी खड़ी बोली का शुद्ध रूप बहुतों को खटकता है। और अब तो शायद साहित्य-सम्मेलन भी देवकीनंदन-युग में प्रवेश करने के लिए प्रयत्न पर है। कुछ हो, यह मालूम हो जाता है कि वर्णों में 'श, ण, व' खड़ी बोली के प्राणों को खटकते हैं। कला-विषय में इस तरह वर्णों के विचार से श्रीगणेश करता हूँ।

कला केवल वर्ण, शब्द, छंद, अनुप्रास, रस, अलंकार या ध्वनि की सुंदरता नहीं, किंतु इन सभी से संबद्ध सौंदर्य की पूर्ण सीमा है, पूरे अंगों की सत्रह साल की सुंदरी की आँखों की पहचान की तरह—देह की क्षीणता-पीनता में तरंग-सी उतरती-चढ़ती हुई, भिन्न वर्णों में बनी वाणी में खुलकर क्रमशः मंद मधुतर होकर लीन होती हुई—जैसे, केवल बीज से पुष्प की पूरी कला विकसित नहीं होती, न अंकुर से, न डाल से, न पौदे से; जड़ से लेकर, तना, डाल, पल्लव और फूल के रंग-रेणु-गंध तक फूल की पूरी कला के लिए जरूरी है, वैसे ही काव्य की कला के लिए काव्य के सभी लक्षण; और, जिस तरह फूलों की सुगंध पेड़ के दृश्य समस्त भाग को ढके हुए अपने सौंदर्यतत्त्व के भीतर रखती है—पेड़ की काष्ठ-निष्ठुरता दिखती हुई भी छिपी रहती है, उसी तरह काव्यकला आवश्यक अशोभन वर्ण-संप्रदाय को अपनी मनोज्ञता के भीतर डाले रहती है। तने, डाल पत्ते और फूल के रंगों के भेद और उनके चढ़ाव-उतार की तरह काव्य की भी प्रकाशन-धारा है; इसकी त्रुटि कला के एक अंश की त्रुटि होगी। इस प्रकार कला का मर्म स्थूलरूप से समझ में आ जाता है। एक केंद्र से खींची हुई असंख्य रेखाओं की तरह काव्य-विषय की असंख्य कलाएँ हैं। सृष्टि स्वयं कला की असंख्यता का प्रमाण है। विवेचन के समय कला का प्रकार देखा जाता है; यहीं मालूम होता है, कला किस रूप की है, कैसी गति लिए हुए, कहाँ पहुँची हुई। यदि वह अधूरी रह गयी तो मानवांग निर्णय में काना, लँगड़ा, नकटा आदि जैसे पहले के परिचय के अनुसार समझ लिए जाते हैं, वैसे ही कला भी विषय के विवेचन में आ जाएगी। पर जिसे मालूम नहीं कि भौंरे के इतने पैर होते हैं उसके सामने दस पैरवाला भौंरे के आकार का एक कीड़ा बनाकर रख देने पर वह उसे भौंरा ही समझेगा, और धोके में आकर या धोका देने के लिए उस चित्र के नीचे अगर "भौंरा" लिख भी दिया चित्रकार ने, तब तो वह दर्शक निःसंशय उसे 'भौंरा' मानेगा, एक दफा, दूसरे के इनकार करने पर, उससे लड़ भी जाएगा। हिंदी में कला के विवेचन में प्रायः यही हाल है। अधिकांश तो उत्प्रेक्षा और रूपक को ही कला समझते हैं। पिछले प्रकरण में मैं दिखा चुका हूँ कि 'श, ण, व' ब्रजभाषा के जीवन

के अनुरूप नहीं, खड़ी बोली के जीवन में भी उनका स्थान विशेष महत्त्वपूर्ण नहीं। पर, अब वर्ण-विचार द्वारा काव्यकला का रूप-निर्णय करता हुआ कहता हूँ कि खड़ी बोली के कोमल कवि और किन्हीं-किन्हीं के विचारों में सर्वश्रेष्ठ कवि श्री सुमित्रानंदनजी पंत के वर्णसौंदर्य के मुख्य आधार यही श, ण, व और ल हैं।

उदाहरण–

**''कहाँ आज वह पूर्ण पुरातन वह सुवर्ण का काल?''**
**''नीले नभ के शतदल पर वह बैठी शारदहासिनि।''**
**''मृगेक्षिणि! सार्थक नाम!''**
**''काँटों से कुटिल भरी हो यह जटिल जगत की डाली,''**
**''वर्ण-वर्ण है उर की कंपन,''**

पहले में 'ण', दूसरे में 'श', तीसरे में 'क्ष' और 'ण', चौथे में 'ल', पाँचवें में 'व' और 'ण' अन्य वर्णों से ज्यादा बोलते हैं, जैसे इन्हीं वर्णों से उच्चारण-सौंदर्य स्पष्ट होता हो। 'र' आदि अन्य वर्णों का भी सहारा पंतजी ने लिया है, और इस प्रकार उन्होंने खड़ी बोली का सुंदर रूप से ठाट बाँधा है। उनके उच्चारण में संगीत बड़ा मधुर झंकृत होता है। पर यह कला कालिदास की है। वहाँ इसका रूप कैसा बन पड़ा है, संस्कृत के पाठक समझते हैं। मैं बहुत पहले लिख चुका हूँ, जिसे जैसा बनना है, उसके संस्कार उसी रूप से चलकर और दृढ़ होते हैं। पूर्ण मौलिकता नहीं हो सकती। केवल कमी और बेशी का तारतम्य रहता है।

**''गर्भाधानक्षणपरिचयान्नूननमाबद्धमालाः''**

कालिदास का एक 'ण' सब वर्णों से ज्यादा बोल रहा है।

**''प्रांशुलभ्ये फले मोहादुद्बाहुरिव वामन''**

सारा उच्चारण संगीत 'प्रांशु' के 'शु', 'वामन' के 'व' पर है।

**''मन्दं-मन्दं नुदति पवनश्चानुकूलो यथा त्वां**
**वामश्चायं नदति मधुरं चातकस्ते सगंधः।''**

'श्चा' ही बोल रहा है दोनों जगह।

**''सुगन्धि-निःश्वास-विवृद्ध-तृष्णं बिम्बाधरासन्नचरं द्विरेफम्।**
**प्रतिक्षणं सम्भ्रमलोल-दृष्टिर्लीलारविन्देन निवारयन्ती।''**

इसमें, कहे हुए 'श, ण, व, ल' चारों का उच्चारण देखिए, क्या सफाई है। वर्ण-विचार से पंतजी का स्कूल हिंदी का 'श-ण-व-ल' स्कूल कहा जा सकता है।

‘श-ण-व-ल’ के उच्चारण से शरीर की जैसी बनावट होती है, ‘स-म-ब-ल’ के उच्चारण से उसके बिल्कुल विपरीत। पर देखना यह है कि जो जीवन ‘ब्रजभाषा’ से आ रहा है वह ‘श-ण-व-ल’ के अनुकूल आता है या ‘स-म-ब-ल’ के। ‘स-म-ब-ल’ वाले एक कवि संस्कृत में हैं, जयदेव। मालूम हो कि जयदेव बंगाली थे; इसलिए ‘व’ उच्चारण की व्यक्तिगत रूप से उन्हें कसम थी, यों दूसरे प्रांत में यथास्थान आया ‘व’ ‘ब’ न बनकर ‘व’ ही रहे तो इससे जयदेव का वर्ण-विज्ञान न बदलेगा।

**“उन्मद-मदन-मनोरथ-पथिक-वधू-जन-जनित-विलापे,**
**अलिकुल-संकुल-कुसुम-समूह-निराकुल-बकुल-कलापे।”**

‘स-म-ल’ ही बोल रहे हैं। ‘श-ण-व-ल’ का पता नहीं।

जयदेव आज इतने ऊँचे उठ गये हैं कि लोग तारीफ करने को विवश हैं। पर आज की तरह यदि ‘श-ण-व-ल’ का अभाव सौंदर्य की कमी के कारण माना जाता तो संगीत-विशारद जयदेव, कोमल-कांत-पदावली, बाग्बंध के जन्मदाता जयदेव, सौंदर्यबोध में किसी श्रेष्ठ कवि से घटकर न रहनेवाले जयदेव क्या सोचते, यह सोचा जा सकता है। श, ण और व के प्रयोग जयदेव में भी हैं, पर ये वर्ण इनकी रचना में दबे हुए हैं।

**“धीर-समीरे यमुना-तीरे वसति वने बनमाली”–**

कैसी सुंदरता है; पर कालिदासवाले वर्ण नहीं। इसी तरह–

**“वदसि यदि किञ्चिदपि दंतरुचि-कौमुदी**
**हरति दरतिमिरमतिघोरम्–अयिप्रिये”**

यहाँ भी वर्ण-संगीत कालिदास का नहीं, पर झपताल में जो भाव-सौंदर्य व्यक्त है, वह जयदेव में ही प्राप्त होता है, अन्यत्र नहीं। अब मैं अपने काव्य के वर्णाधार लिखता हूँ। मैं हिंदी के जीवन के संबंध में वर्णों के भीतर से विचार कर चुका हूँ कि किन वर्णों का सामीप्य है। मुक्त छंद की रचना में मैंने भाव के साथ रूप-सौंदर्य पर ध्यान रखा है, बल्कि कहना चाहिए, ऐसा स्वभावतः हुआ, नहीं तो मुक्त छंद न लिखा जा सकता, वहाँ कृत्रिमता नहीं चल सकती। मैं यथोचित नम्रता के साथ सूचित करता हूँ कि पाठक और हिंदी के विज्ञ आलोचक, मैं जो कुछ लिख रहा हूँ, इसके अलावा अपनी तरफ से कुछ न सोचें। मेरा विचार केवल कला का विवेचन है। मैं पंतजी का उल्लेख न करता। पर करने पर विवेचन और साफ समझ में आवेगा, इसलिए करता हूँ। जो लोग उन्हें और अच्छी तरह समझ सके हों, इसे पढ़कर उन्हें समझाने का मौका रहेगा। फिर मैं दून की नहीं हाँक रहा, कारण पर, प्रमाण पर चल रहा

हूँ। वे भी सप्रमाण लिखेंगे। मैं आज तक कला-विषय में क्यों चुप था, यह लिख चुका हूँ। अस्तु, लोग उद्‌धृत कर चुके हैं–

**''दिवसावसान का समय, मेघमय आसमान से उतर रही है**
**वह संध्या सुंदरी परी-सी धीरे धीरे धीरे।''–**

देखिए, अगर 'श-ण-व-ल' कहीं हो। फिर खड़ी बोली का उच्चारण भी मिलाइए, अनुकूल है या प्रतिकूल। अभी यह केवल वर्ण-विचार है। कला बहुत आगे है। एक और उदाहरण जो उद्‌धृत किया गया है दूसरे आलोचकों से–

**''वह आता**
**दो टूक कलेजे के करता पछताता पथ पर आता।**
**पेट-पीठ दोनों मिलकर हैं एक,**
**चल रहा लकुटिया टेक,**
**मुट्ठी-भर दाने को–भूख मिटाने को**
**मुँह फटी-पुरानी झोली का फैलाता–**
**दो टूक कलेजे के करता पछताता पथ पर आता!''**

इसमें भी कालिदास के वर्ण खोजिए। खड़ी बोली का जीवन भी मिलाइए। मुहावरा, अनुप्रास और चित्र देखिए, पर यह भी कला नहीं, पर देखिए। मुझे आवेश नहीं। यह मेरा सीधा ढंग है। इस तरह शायद विषय ज्यादा साफ कर पाऊँगा। जयदेव के बाद अपना उद्धरण देने का यह मतलब नहीं कि मैं जयदेव से प्रभावित हुआ। केवल भिन्नवर्ण-सौंदर्य दिखलाने के लिए जयदेव को लिया, जिससे 'श-ण-व-ल' का प्रभाव मिटे और भाव, भाषा, चित्रण सौंदर्य आदि से समन्वित कला का विचार रह जाए।

संस्कृत में कालिदास अकेले, 'श-ण-व-ल' स्कूल में हैं। शब्दों से रूप-चित्रण कालिदास का जितना अच्छा होता है, उतना चुस्त बैठता हुआ दूसरे का नहीं, इसलिए **'उपमा कालिदासस्य'** कहा है। कोमलता और सौंदर्य-विषय की प्राथमिक कला कालिदास की तरह की–जो कुछ संस्कृत-साहित्य मैंने देखा है और थोड़ा-थोड़ा करीब-करीब सभी अच्छे कवियों को देखा है–उनमें नहीं। पर जहाँ भावजन्य सौंदर्य है, जो और मधुर–हृदय के और पास तक पहुँचा हुआ है, वहाँ कालिदास उठ नहीं पाते। प्रसाद और सौंदर्य में मेघदूत का एक श्रेष्ठ माना गया श्लोक प्रमाण में रखता हूँ–

**''तन्वी श्यामा शिखरिदशना पक्वबिम्बाधरोष्ठी**
**मध्ये क्षामा चकितहरिणीप्रेक्षणा निम्ननाभिः।**
**श्रोणीभारादलसगमना स्तोकनम्रा स्तनाभ्यां**
**या तत्र स्याद्‌ युवतिविषये सृष्टिराद्येव धातुः॥''**

विरही यक्ष मेघ से अपनी पत्नी की तारीफ में कहता है—"वह नाजनी है; जवान भी, उसके पतले नोकदार दाँत हैं (जरा बड़े; यह भाग्य और पति के दीर्घायु होने का सूचक है—कहा गया है), पके बिंबाफल की ललाई उसके होठों में है, कमर पतली है, डरी हिरनी की निगाह से देखती है, नाभि गहरी है, नितंबों के भार से धीरे-धीरे चलती है, स्तनों से जरा झुकी रहती है, वहाँ वह युवति-विषय में विधाता की आदि-सृष्टि-सी हो रही है।" यह कालिदास का एक अच्छा माना गया चित्र है। भाव खोजिए, पता नहीं, रूप रूप है। 'विधाता की आदिसृष्टि' में भी रूप ही सामने आता है। एक दूसरा रूप पेश करता हूँ। 'चौरपंचाशिका' का है—

**"अद्यापि तां कनकचम्पकदामगौरीं**
**फुल्लारविन्दनयनां तनुरोमराजीम्।**
**सुप्तोत्थितां मदनविह्वलितालसांगी**
**विद्यां प्रमादगलितामिव चिन्तयामि।"**

पहले वर्ण-संगीत देखिए, कालिदास की 'श्यामा शिखरिदशना' की दशा नहीं। क्या स्वस्थ रूप है संस्कृत का! तीन-तीन बार दोनों को पढ़िए, उच्चारण में कौन साफ उतरता है, आप मालूम हो जाएगा। कवयित्री राजकुमारी नवयौवना विद्या का प्रेमी, उसी के महल में पकड़ा गया कवि सुंदर, फाँसी से पहले, प्रथानुसार वर लेता है कि विद्या के महल से उतरता हुआ, प्रति सोपान पर एक-एक श्लोक पढ़ेगा। यह पहला श्लोक है—"इस समय भी मैं स्वर्ण-चम्पक-माला-सी गोरी, खिले-कमल-नेत्रवाली कोमल रोओं की, सोकर उठी हुई, मदन से विह्वल हुए अलस अंगोंवाली प्रमाद (शंका, भय, संशय, मद, नशा आदि) से गलित जैसे (रहित, झरती हुई, डूबी भी प्रमाद का अर्थ मद या नशा लेने पर), विद्या की याद करता हूँ।" कालिदास ने यक्ष की पत्नी में निम्ननाभि और श्रोणी-भार आदि अश्लील वर्णन तो किए ही हैं, पर उस समय को देखकर यह सब छोड़ देने पर भी, उनकी धाता की आदि-सृष्टि-जैसी यक्ष-प्रिया भी प्रमादगलिता विद्या की बराबरी नहीं कर सकती। कारण, धाता की 'आदि-सृष्टि' में अंगयष्टि ही सामने आती है, यक्ष-प्रिया का कोई भाव-रूप नहीं; यहाँ प्रमाद-गलिता विद्या भाव-रूप में बदल गई है। 'प्रमाद-गलिता' में जितना अर्थ-चमत्कार है, जितनी तरह के अर्थ होते हैं, उतनी तरह 'सृष्टिराद्येव धातुः' में नहीं लायी जा सकतीं। लाने की कोशिश जबरदस्ती कहलाएगी। सहृदय विज्ञजन देखें यह श्रेष्ठता केवल भाव के कारण है। यहाँ भी उत्कृष्ट कला नहीं। एक साधारण बात है। यों तो 'कला' का अर्थ है अंश, एक टुकड़ा; चाँद सोलह कलाओं से मिलकर पूरा पूनो का चाँद बनता है; कलाओं या टुकड़ों से मिला हुआ है, इसलिए 'सकल' है। पर मैं कला को पूर्ण अर्थ में लेता हूँ; किस तरह, यह लिख चुका हूँ।

यहाँ कुछ बिगड़े काव्य के उदाहरण देता हूँ—

**1. ''लाली मेरे लाल की, जित देखौं तित लाल।**
**लाली देखन मैं गयी, मैं भी हो गयी लाल।''**

—कबीर

अर्थ साफ है। इसकी, इधर पाँच-छः महीने के अंदर, कई जगह तारीफ हुई है। छायावाद के एक आलोचक मित्र ने इसे पेश कर कहा है कि ऐसी श्रेष्ठ उक्ति छायावाद में नहीं। पहले यह कह देना ठीक होगा कि उक्ति की उच्चता का विचार ही ठीक होता है, कोई ईश्वर पर लिखे या प्रिया पर। कबीर की प्रिया लाल की लाली से चारों तरफ लाल है, देखती है; लाली देखने जाती है तो वह भी लाल हो जाती है—पक जाती है, गोट की तरह। पर, जाती कैसे है—'लाली देखन मैं गयी' यह पूर्वोक्ति का विरोध है; जबकि 'जित देखौं तित लाल' है, तब चलने की गुंजाइश कहाँ?—वह तो वहाँ भी ठहरी हुई लाली देख सकती थी। दूसरा दोष यह कि लाल की लाली देखने क्यों गयी, जबकि लाल को वह जानती है—लाल प्रिय है या लाली? कोई मेरा प्रियजन मेरे यहाँ आवेगा तो मुझसे मिलेगा या मेरे लोटे से?

**2. ''अंगद तुही बालि कर बालक।**
**उपज्यो बंस-अनल कुलघालक॥**
**गर्भ न खस्यो व्यर्थ तुम जाए।**
**निज मुख तापस दूत कहाए॥**
**अब कहु कुशल बालि कहँ अहई।**
**बिहँसि बचन तब अंगद कहई॥**
**दिन दस गये बालि पहँ जाई।**
**बूझेउ कुसल सखा उर लाई॥''**

—तुलसीदास

अर्थ स्पष्ट है। रावण को बालि का राम द्वारा निहत होना मालूम हो चुका है। दूसरी, तीसरी, चौथी पंक्ति स्पष्ट कर देती है। 'रहा बालि बानर मैं जाना' इस उद्धरण के पहले ही रावण कह चुका है। 'अंगद तुही बालि कर बालक?' इसकी ध्वनि में दूसरी, तीसरी और चौथी पंक्ति का भाव निहित है। जब रावण कहता है, ''अंगद, तू ही बालि का बालक है?'' तब एक साथ ध्वनि के अर्थ खुल पड़ते हैं, ''जिसने तेरे बाप को मारा, उसी का दूत बनकर तू आया?—तूने अपने कुल की मर्यादा नष्ट कर दी,'' आदि-आदि। अंगद जो पहले लंका में रह चुका है, मंदोदरी का मातृ-स्नेह प्राप्त कर चुका है। ('अंगद कहा जाहुँ मैं पारा, जिय संशय कछु फिरती बारा' में आया संशय प्रकट करते यह सब आता है) यह मतलब भी 'तुही बालि कर बालक' की ध्वनि में छिपा है। ध्वन्यात्मक काव्य में ध्वनि का मर्म यदि कवि

स्वयं जाहिर करे तो यह कमजोरी कही जा सकती है; विशेषतः कवित्व चौपट होता है। **दिङ्नागानां पथि परिहरन् स्थूलहस्तावलेपान्''**– यहाँ कालिदास सीधे तो मेघ से कहते हैं कि रास्ते में दिग्गजों की मोटी सूँड़ के अवलेप छोड़ते जाना; पर दूसरे मतलब में वे दिङ्नाग नाम के कवि-पंडित की खबर लेते हैं–कहते हैं–'रास्ते में, दिङ्नागों के हाथ के खींचे भद्दे चित्र, लीपा-पोती छोड़ते जाना'–यह अर्थ छिपा हुआ है, इसी से सौंदर्य बढ़ गया है। पाँचवीं पंक्ति में रावण कहता है **''अब कहु कुसल बालि कहँ अहई,''** यह पहली पंक्ति का विरोध है; अब जैसे रावण को बालि का हत होना भूल गया! यह अंगद को चिढ़ाने का उद्देश्य नहीं, न कवित्वपूर्ण प्रसंगांतर है, यह अंगद के जवाब के लिए बाँधा ठाट है, जिनके अनुसार अंगद कहता है, दस रोज बाद दोस्त के पास चलकर उसे गले लगाकर खैरियत पूछना। अस्तु, इस तरह पहली ध्वनिपूर्ण अच्छी चौपाई का भेद खोलकर गोसाईं जी ने यहाँ का सारा भाव-सौंदर्य नष्ट कर दिया है। पढ़कर भी देख लीजिए, पहली ही लाइन साफ बोलती है। फिर जिस तरह अत्याचार किया गया है, उसी तरह पढ़नेवाले के शरीर, मन और जीवन पर अकवित्व का बुरा प्रभाव पड़ता है।

**3. ''बजा दीर्घ साँसों की भेरी;**
**सजा सटे कुच कलशाकार,**
**पलक पाँवड़े बिछा, खड़े कर**
**रोओं में पुलकित प्रतिहार,**
**बाल-युवतियाँ तान कान तक**
**चल-चितवन के बंदनवार,**
**मदन, तुम्हारा स्वागत करतीं**
**खोल सतत-उत्सुक-दृग-द्वार।''**

–सुमित्रानंदन पंत

और तो जो कुछ बना-बिगड़ा, उसका जिक्र नहीं, यह बताइए कि पलकपावड़े बिछाने के बाद सतत-उत्सुक दृग-द्वार कैसे खोले जाएँगे?

**4. ''अंग-भंगि में व्योम-मरोर,**
**भौंहों में तारों के झौंर**
**नचा नाचती हो भरपूर**
**तुम किरणों की बना हिंडोर।''**

–सुमित्रानंदन पंत

यह वीचि या लहर से कहते हैं पंतजी। पहले तो, कोई औरत भौंहों में तारों के झौंर नचावे तो क्या खूबसूरती निकलती है, मुलाहजा करें; फिर यह बतावें कि

हिंडोर में भरपूर कैसे नाचा जाता है—यह भी कि लहर किरनों की हिंडोर बनाती भी है।

**5. ''झर-झर बिछते मृदु सुमन-शयन**
**जिन पर छन कंपित पत्रों से**
**लिखती कुछ ज्योत्स्ना जहाँ-तहाँ।''**

—सुमित्रानंदन पंत

हालाँकि सादगी में ठीक है; पर जरा अक्ल की निगाह से भी देखें, जब झरझर कर फूलों की सेजें बिछ गयीं, तब काँपतें पत्रों से (पातों से) चाँदनी उन पर जहाँ-तहाँ कुछ लिखने लगी; भला सेज या बिस्तरे पर भी कुछ लिखा जाता है? लिखती भी 'पत्रों से' है। यह जरूर है कि पत्ते ब्राड निब-जैसे होते हैं, पर बहुत से पत्रों से अगर अकेली ज्योत्स्ना एक साथ लिखेगी तो वह लिखेगी कैसे? हाथ कितने हैं?

सादगी के भीतर ही पंतजी की शब्द-लालित्यवाली कला खुलती है। जहाँ बज्र की गरज के साथ काव्य में बिजली कौंधती है, वहाँ पंतजी नहीं, कला के व्यापक बृहत् रूप में भी नहीं। उनकी खूबसूरती यहाँ है—

**"कनक-छाया में जब कि सकाल**
**खोलती कलिका उर के द्वार,**
**सुरभि-पीड़ित मधुपों के बाल**
**पिघल बन जाते हैं गुञ्जार;**
**न जाने ढुलक ओस में कौन**
**मुझे इंगित करता तब मौन!''**

पहली बात यह है कि इसमें 'शपाशप' नहीं है। यह शब्दों के साथ चित्र और भाव के समन्वय से हुई उत्कृष्ट रचना है। 'पीड़ित' पकड़ने के अर्थ में आयेगा, जैसे—'पाणि पीडन'।

इस तरह की एक मेरी खींची तस्वीर—

**''आवृत-सरसी-उर-सरसिज उठे;**
**केसर के केश कली के छुटे,**
**स्वर्ण शस्त्र-अञ्चल पृथ्वी का लहराया—**
**सखि, वसंत आया!''**

वसंत की प्रकृति खींची गयी है—''सरसी के हृदय के ढके हुए कमल उठ आये; कली के केशर के केश छुट गये; पृथ्वी का स्वर्णशस्यांचल लहराने लगा; सखि, वसंत आ गया!'' सरसी, कली और पृथ्वी Personified (स्त्री-रूप में निर्वाचित) हैं; पहले तीनों का अलग-अलग सौंदर्य देखिए। सरसी के हृदय के ढके हुए कमल उठ आये

(अश्लीलता-वर्जित इंगित है–स्पष्ट है–सरसी नवयौवना हो गयी), कली के केशर के केश छुट गये (स्पष्ट है कि कली खुल गयी,–यह यौवन का स्पष्टीकरण है, पुनः कली के रेणु-मिश्रित बाल देख पड़ते हैं, उसका मुँह मधु की ओर है, संसार की ओर वह पीठ किए हुए है, यह उसकी पवित्रता की छवि है), पृथ्वी का सोने-सा चमकता शस्यांचल लहराने लगा। इन तीनों मूर्तियों के सौंदर्योपकरण अलग-अलग हैं। अब, सरसी, कली और पृथ्वी को निकालकर इन्हीं उपकरणों से बनी एक वसंत-प्रकृति-स्त्री को देखिए, पूरा रूप बन जाएगा–एक जगह कमल-कुच हैं, दूसरी जगह केशर-केश और शस्य-अंचल लहराता हुआ।–पुनः दर्शनीय है कि कुचों का जिस तरह केशों से नीचे उत्पत्ति स्थान है, यहाँ भी वैसा ही प्रदर्शित यह है–कमल सरसी में हैं। कली के केशर-केश ऊपर, स्थल पर; और नीची से नीची होती हुई क्षेत्र-भूमि में शस्यांचल लहरा रहा है।–यह कला है। पर यह भी उच्च कोटि की नहीं। ऊपर उद्धृत किया हुआ पंतजी का पद्य भाव-सौंदर्य में 'मेघदूत' और 'चौर-पंचाशिका' के आलोचित श्लोकों के न्याय से मेरे इस पद्य से बढ़ा हुआ है। कारण, ओस के ढुलककर इंगित करने में बहुत-सी बातें हैं, समाप्ति भी पद्य की यथास्थान हुई है–अज्ञात अदृश्य में। पंतजी की भाषा सरल होकर कदाचित्, अधिक सुंदर, प्राणों के अधिक पास है। कारीगरी और छंद में दूसरी के मुकाबले नहीं; यह छंद हिंदी के लिए बिल्कुल नया है; जोरदार भी ज्यादा है। अस्तु, उत्कृष्ट कला और दूर है।

हिंदी में 'जुही की कली' मेरी पहली रचना है। हिंदी के विभिन्न पाठकों तथा आलोचकों को यह पसंद आयी है। पर 'वीणा' में छोड़कर अन्यत्र दूसरे आलोचकों द्वारा इसका पूर्ण सौंदर्य-प्रदर्शन नहीं किया गया। यह ऐसी रचना नहीं कि सूक्तिरूप इसका एक अंश उद्धृत किया जा सके। मेरी छोटी रचनाएँ (Lyrics) और गीत(Songs) प्रायः ऐसे ही हैं। इनकी कला इनके संपूर्ण रूप में है, खंड में नहीं। सूक्तियाँ–उपदेश मैंने बहुत कम लिखे हैं, प्रायः नहीं, केवल चित्रण किया है। उपदेश को मैं कवि की कमजोरी मानता हूँ। जैसा प्रेमचंदजी ने लिखा है–असफल लेखक आलोचक बन बैठा। साधक जिस तरह विभूति में आकर इष्ट से अलग हो जाता है, कवि उसी तरह उपदेश करता हुआ कविता की दृष्टि से पतित हो जाता है। फिर भी नीतियाँ, सूक्तियाँ, उपदेश कविता में प्रचलित हैं, कवि लिखते हैं।

'जुही की कली' का उद्धरण देकर मैं यह दिखलाने की चेष्टा करूँगा कि ठीक-ठीक चित्रण होने पर उपदेश किस तरह उसके भीतर छिपे रहते हैं और कला का विकसित रूप स्वयं किस तरह उपदेश बन जाता है। पुनः ऐसी रचनाओं का खंडोद्धरण आलोचक का अधूरा सौंदर्यदर्शन और कवि पर की गयी कृपारूपिणी अकृपा है।

**जुही की कली**

**''विजन-वन-वल्लरी पर**<br>
**सोती थी सुहागभरी–स्नेह-स्वप्न-मगन–**

अमल-कोमल-तनु तरुणी—जुही की कली,
दृग बंद किए, शिथिल,—पत्रांक में।
वासंती निशा थी;
विरह-विधुर-प्रिया-संग छोड़
किसी दूरदेश में था पवन
जिसे कहते हैं मलयानिल।
आयी याद बिछुड़न से मिलन की वह मधुर बात,
आयी याद चाँदनी की धुली हुई आधी रात,
आयी याद कान्ता की कंपित कमनीय गात,
फिर क्या? पवन
उपवन-सर-सरित् गहन-गिरि-कानन
कुंज-लता-पुंजों को पार कर
पहुँचा जहाँ उसने की केलि
कली-खिली साथ।
सोती थी,
जाने कहो कैसे प्रिय-आगमन वह?
नायक ने चूमे कपोल,
डोल उठी वल्लरी की लड़ी
जैसे हिंडोल
इस पर भी जागी नहीं,
चूक-क्षमा माँगी नहीं,
निद्रालस बङ्किम विशाल नेत्र मूँदे रही—
किम्वा मतवाली थी यौवन की मदिरा पिये,
कौन कहे?
निर्दय उस नायक ने
निपट निठुराई की
कि झोंकों की झड़ियों से
सुंदर सुकुमार देह सारी झकझोर डाली,
मसल दिए गोरे कपोल गाल;
चौंक पड़ी युवती—
चकित चितवन निज चारों ओर फेर,
हेर प्यारे को सेज पास,
नम्रमुखी हँसी—खिली,
खेल रंग प्यारे संग।''

# अर्थ और कला

विजन वन की वल्लरी पर, सुहाग से भरी हुई, स्नेह के स्वप्न में डूबी, निर्मल-कोमल-देहवाली तरुणी जुही की कली आँखें मूँदे हुए, शिथिल, पत्रांक में सो रही थी। सौंदर्य की कल्पना प्रासाद से नहीं, वन से शुरू होती है। फिर भी सौंदर्य के उपकरण प्रासादवालों से अधिक कोमल हैं या नहीं, यह विचार्य है। यहाँ दो उपकरण आये हैं। एक–'विजन-वन-वल्लरी', एक–'पत्रांक'। प्रेम की प्रतिमा तरुणी प्रासाद या रम्यगृह में रहती है; जुही की कली विजन-वन-वल्लरी पर है। यह भी एक ऊँचा स्थान है। तरुणी पलँग पर सोती है, कली पत्रांक में सोई हुई है। दो पत्तों के बीच का स्थान देखिए; स्प्रिंगदार जो मोड़ा जा सकता है–ऐसे पलँग पर जुही की कली है। पाठक सोच सकते हैं कि प्रासाद की युवती के पलँग से तरुणी जुही की कली का पत्रांक अधिक सुंदर है या नहीं और पलँग या 'पर्यंक' से 'पत्रांक' का कैसा शब्द-साम्य है। सोते समय तरुणी आँखें मूँद लेती है; इसके दल बंद हैं, जिससे आँखे मूँदकर सोने का अनुमान सार्थक है। बाकी जितने विशेषण जुही की कली के रूप तथा भाव-सौंदर्य के लिए आये हैं, वे सब एक तरुणी प्रेमिका पर घट सकते हैं। मतलब यह है कि जुही की कली का Personification (स्त्री-रूप में निर्वचन) अच्छी तरह मिला लीजिए और आगे भी मिलाते चलिए। बहुत-से आलोचकों ने इतने ही उद्धरण से इसकी आलोचना पूरी की है। इतने में केवल स्थान और पत्रांक पर सोती तरुणी कली का रूप-वर्णन है। वह वसंत की रात थी। अब समय का वर्णन आया है। तरुण और तरुणी के प्रेम-आलाप का कौन-सा समय अधिक उपयुक्त है, यह परिणत पाठक जानते हैं। विरह से विधुरा प्रिया का साथ छोड़कर पवन, जिसे मलयानिल कहते हैं, किसी दूर देश में था। कविता बंगाल में लिखी गयी थी। वहाँ मलय-पवन बहता है। यहाँ, युक्तप्रांत में नहीं। पर बंगला-साहित्य की ऐसी हवा यहाँ वालों को लगी कि ये भी मलय-पवन बहाने लगे। इस रचना में जुही वसंत में खिली है। वसंत में जुही युक्तप्रांत में नहीं खिलती, ग्रीष्म-वर्षा में खिलती है। बंगाल में ऋतु कुछ पहले आती है। वहाँ जेठ-भर में आम खत्म हो जाते हैं और यहाँ आषाढ़ से पकना शुरू

होता है। अस्तु इस जगह द्रष्टव्य यह है कि जुही की कली अभी खिली भी नहीं–प्रिय से उसका सम्मेल नहीं हुआ, फिर भी उसके लिए 'विरह-विधुर' प्रयोग आया है। यहीं, पहले कहा हुआ वह उपदेश-रूप चित्रण-सौंदर्य में छिपा दिया गया है। इससे अर्थ-गांभीर्य बढ़ गया है। यहाँ 'विरह-विधुर-प्रिया' द्वारा कली के अनंत यौवन की व्यंजना होती है। यह दर्शन इस प्राकृतिक सत्य पर अवलंबित है कि कली हर साल खिलती है और पवन से मिलती है। पवन उसका ऐसा प्रिय है जो हमेशा उसके पास नहीं रह सकता, वह उससे मिलकर चला जाता है–ठहर नहीं सकता। वह स्वभाव से परदेशी है। कली भी उसके चले जाने पर अपने अदृश्य तत्त्व में लीन हो जाती है, समय पर फिर उससे मिलती है। पवन के चले जाने के बाद वियोग-शृंगार सुदृढ़ होता है, फिर मिलन, जो बड़े परिचय का है। यह वियोग-भाव आगे थोड़े में प्रदर्शित है। पवन जब आता है, एक साल तक भिन्न-भिन्न देशों में भ्रमण करने के बाद, तब कली को जैसी वह देख गया था, वैसी ही पूर्णयौवना देखता है। इस तरह कली का अनंत यौवन व्यंजित हुआ। पर 'विरह-विधुर-प्रिया-संग छोड़' इस शब्द-बंध से वियोग के भाव-चित्र द्वारा काव्य को महत्त्व मिला है, दर्शन गौण हो गया है–इसके भीतर डाल दिया गया है। यदि "विश्व में शाश्वत रे यौवन!" इस तरह की कोई पंक्ति यहाँ होती तो चित्रण-सौंदर्य की अपेक्षा दर्शन-उपदेश प्रबल होता। पर रचना जैसी कहानी की तरह चली है वैसी ही जा रही है। वियोग के साथ मिलन की ही बातें याद आती हैं, जो आगे वर्णित हैं। बिछुड़न से मिलन की वह मधुर बात (पहलेवाली) याद आयी, चाँदनी की धुली हुई आधी रात (मिलन का समय, सुंदरता) याद आयी, कांता की कंपित कमनीय गात याद आयी। प्रिय से मिलते समय कांता का कंपित होना स्वभाव और सौंदर्य है। यह स्वाभाविकता पवन से मिलते समय कली में और स्पष्ट रूप से लक्षित होती है। फिर क्या? पवन उपवन-सर-सरित गहन-गिरी-कानन कुंजलता-पुंजों को पार कर (पवन की गति जल्द-जल्द स्थानों को पार करना सूचित करती है। यहाँ वेग का वर्णन खुलासा नहीं किया गया, उसकी आकांक्षा और गति आप स्पष्ट होती है), जहाँ उसने खिली कली के साथ केलि की थी, (वहाँ) पहुँचा। कली सोती थी, (फिर) प्रिय का आगमन, कहो वह कैसे जाने?–(युवती के प्रति सहानुभूति)। नायक ने कपोल चूमे, वल्लरी की लड़ी हिंडोल की तरह डोल उठी। यहाँ भी सुप्त सौंदर्य पर उपदेश के स्वर से कुछ नहीं कहा गया। पर कली की शय्या जो चूमने पर हिंडोल की तरह डोल उठी, कली का सुप्त-सौंदर्य और उस पर परिचय की पड़ी पवन की दृष्टि पाठक अच्छी तरह देखें। इस पर भी उसने आँखें नहीं खोलीं, चूक के लिए, प्रिय के आने पर भी सोती रहने के लिए क्षमा नहीं माँगी, नींद से अलसाई हुई तिर्यक बड़ी-बड़ी आँखें मूँदे रही। छोटी-सी जुही की कली के बंद दलों में बड़ी-बड़ी आँखों का दर्शन–जैसे मुँदी आयत आँखें ही देख पड़ती हैं, रूप-भर में आँखों को महत्त्व देता है; आँखों के लिए आँखें ही सबसे अधिक प्रिय हैं, अथवा

यौवन की मदिरा पिये वह मतवाली थी, यह कौन कहे? उस निर्दय नायक ने अत्यंत निष्ठुरता की कि झोंकों की झड़ियों से सारी सुंदर सुकुमार देह झकझोर डाली, गोरे गाल, कपोल मसल दिए। यह प्रेम का सहृदय उत्पात या आवेश है। कली के प्रति सहानुभूति नायक को 'निर्दय' कहने में सूचित है। मेरे आदरणीय एक साहित्यिक ने मौरावाँ में 'मसल दिए' पर मजाक किया था। मैंने उसी समय उन्हें उत्तर भी दिया था। 'कपोल' हाथ या पैरों से नहीं मसले जाते, कपोल कपोल से ही मसले जाते हैं। नायिका के, नायक द्वारा; बच्चे के कपोल गुरुजन द्वारा हाथ से ही भले मसल दिए जाते हों। युवती चौंक पड़ी,—चारों ओर चकित चितवन न फेरकर, सेज के पास प्रिय को देख, नम्रमुखी (लज्जिता होने के कारण हवा से झूमती हुई कली झुक जाती है, जिससे उसके नम्रमुख होने का चित्र बनता है) हँसी—प्रिय के संग रंग खेलकर (अनेक प्रकार की रंगरलियाँ करके) खिल गयी। यहाँ, जुही की कली में, कला सुप्ति से जागरण में आती है—यह उसका क्रम-परिणाम है। अभी-अभी हिंदी-साहित्य-सम्मेलन में एक नेता ने उसे साहित्य कहा है जो मानव-जाति को उठाता हो। यहाँ जुही की कली में जो कला है, वह ऐसी ही है या नहीं, देख लीजिए। सुप्ति में प्रिय नहीं है, आत्म-विस्मरण भी है, फिर भी चूँकि जीवन है, इसलिए रूप है। कहानी के तौर पर बिना उपदेश-वाक्य के, रचना किस तरह की गयी है, कई भंग लेती हुई, फिर भी सिलसिलेवार, यह अनावश्यक होने पर भी पद्य में स्पष्ट किया गया है। गद्य में पद्य के ही शब्द अधिकांश मैंने रखे हैं, नहीं तो कुछ तीखापन आ जाता है। कली की सुप्ति—आत्म-विस्मृति—मन के अंधकार के बाद है जागरण—आत्म-परिचय— प्रिय-साक्षात्कार—मन का प्रकाश—खिलना। कली सोते से जगी हुई, प्रिय से मिली हुई, खिली हुई पूर्ण मुक्ति के रूप में, सर्वोच्च दार्शनिक व्याख्या-सी सामने आती है या नहीं देखें। कोई आलोचक यदि इसका एक अंश उद्धृत करके संतुष्ट रहें और दूसरों को संतोष दें तो इसके साथ न्याय होता है या अन्याय, यह भी समझें। मैं इसे ही परिणति कहता हूँ और उत्कृष्ट कला का एक उदाहरण 'तमसो मा ज्योतिर्गमय' की काव्य में उतारी हुई यह तस्वीर है या नहीं, परीक्षा करें। यहाँ सुप्ति तम और प्रिय-परिचय ज्योति है। रचना में केवल अलंकार, रस या ध्वनि नहीं, उनका समन्वय है। इस तरह एक कला पूर्ण हुई है।

चूँकि पंतजी को मैंने कला के विवेचन में साथ लिया था, इसलिए दो-एक पंतजी के प्रशंसक असंतुष्ट हो गये हैं। मैं लिख चुका हूँ, मेरा उद्देश्य केवल कला का स्पष्टीकरण है, पंतजी की बुराई नहीं। पर जो लोग इन पंक्तियों पर ध्यान न देकर उन्हें गिराने का मुझे कलंक देना चाहते हैं, उनकी मैं परवा नहीं करता; वे कितने गहरे हैं, मैं थाह ले चुका हूँ। उन्होंने हिंदी-साहित्य को क्षति न पहुँचाई होती तो आज मैं स्वयम् अपनी कला के विवेचन में लेखनी न लेता। कलंक मुझे बहुत मिल चुका है; पर गर्द सूर्य तक नहीं पहुँचती, नीचे ही वालों पर रहती है। यह आलोचना

शुरू करने से पहले मैंने पंतजी और हिंदी—दोनों के मुखों की ओर एक-एक बार देखा। अंत में हिंदी का मुख देखना ही मुझे अच्छा लगा। मेरे प्रति बड़े-बड़े अधिकांश साहित्यिकों की विमुखता का यही कारण है—मैंने सदैव हिंदी का मुख देखा है।

'गुंजन' में पंतजी की 'चाँदनी' कविता है, 79 वें पृष्ठ से शुरू होती है। जिस कवि की 'गुंजन' की प्रति मेरे पास है उसमें उसने V. Good (अति उत्तम) लिख रखा है। कविता काफी लंबी है। थोड़े उद्धरण से इसके ढंग का विवेचन करूँगा। इस कविता में यह ढंग सर्वत्र है। पाठक पुस्तक में पूरी कविता पढ़कर मिला लेंगे।

**चाँदनी**

**''नीले नभ के शतदल पर वह बैठी शारद-हासिनि,**
**मृदु-करतल पर शशि-मुख धर, नीरव, अनमिष, एकाकिनि!**
× × ×
**वह सोई सरित-पुलिन पर साँसों में स्तब्ध समीरण,**
**केवल लघु-लघु लहरों पर मिलता मृदु-मृदु उर-स्पन्दन।**
**अपनी छाया में छिपकर वह खड़ी शिखर पर सुंदर,**
**हैं नाच रही शत-शत छबि सागर की लहर-लहर पर।**
× × ×
**वह शशि-किरणों से उतरी चुपके मेरे आँगन पर,**
**उर की आभा में खोई अपनी ही छवि से सुंदर।**
× × ×
**वह है, वह नहीं, अनिर्वच, जग उसमें, वह जग में लय,**
**साकार चेतना-सी वह, जिसमें अचेत जीवाशय।''**

मतलब पहले का—''नीले आकाश के शत-दल (कमल) पर शुभ्र या शारद हँसी हँसनेवाली (शायद चाँदनी), अपनी कोमल हथेली पर शशि-मुख रखकर, चुपचाप, एकटक देखती हुई अकेली बैठी है।''

बीच में दो बंद छोड़कर चौथे का मैंने उद्धरण दिया है। वे दोनों बंद पहलेवाले की ही तारीफ में आये हैं। चौथा बंद यह है—

''वह नदी के तट पर सोयी हुई है। साँसों में हवा स्तब्ध है (रुकी है जैसे) केवल लघु-लघु लहरों पर उसके हृदय का मृदु-मृदु स्पंदन मिलता है।''

पहले यह देखिए कि पहले बंद से या पहले भाव से दूसरे भाव का संबंध क्या है। कुछ न मिलेगा। वहाँ बैठी है, यहाँ सोयी है। पहले में एक आलंकारिक वर्णन है, दूसरे में एक है। उद्धृत तीसरे बंद में देखिए (दूसरा और तीसरा सिलसिलेवार हैं), वह सुंदर, अपनी छाया में छिपकर, शिखर पर खड़ी है—कैसा संबंध परस्पर

मिलता जा रहा है! उद्धृत चौथे में, वह कवि के आँगन पर शशि-किरणों से उतरी हुई है। अंत में वह है और वह है भी नहीं, यानी उपदेशात्मक दर्शन-शास्त्र। पहले कला का विवेचन मैं लिख चुका हूँ। उसके अनुसार यह कविता नहीं आती। फूल का कलावाला रूप मिलाइए। तने से डालें भिन्न होकर भी जुड़ी हैं, इसी तरह डालों में पत्ते, पत्तों से फूल, फूलों से खुशबू। खुशबू अपने तत्त्व में सारे पेड़ को ढके हुए है। तने का रूखापन, डालों की थोड़ी-थोड़ी हरियाली, पत्तों की पूरी, फूलों का एक या अनेक रंगों—केशर, पराग आदि से विकसित रूप, सुगंध सारे पेड़ की उच्चतम विकास को स्पष्ट करती हुई, उसी में उसे ढके हुए—यह कला है। यह बात पंतजी की इस कविता में नहीं। हर बंद अपना राग अलग अलाप रहा है। इनकी अधिकांश रचनाएँ ऐसी हैं। सब जगह एक-एक उपमा, रूपक या उत्प्रेक्षा काव्य को कला में परिगणित कराने के लिए है, और इसे ही उनके आलोचकों ने अपूर्व कला समझ लिया है। उनकी दो-एक रचनाएँ संबद्ध हैं, पर वे भी उत्तम श्रेणी की नहीं बन सकीं, उनमें विषय की विशदता वैसी नहीं, जैसी अलंकारों की चमक-दमक है। मैं लिख चुका हूँ, केवल रस, अलंकार या ध्वनि कला नहीं। अगर है तो कला के खंडार्थ में है, पूर्णार्थ में नहीं। खंडार्थ में पंतजी की कला बहुत ही बन पड़ी है। उसके प्रशंसकों की दृष्टि इन्हीं खंडरूपों में बँध गयी है। यह विस्तृत होकर बृहत् विवेचन में नहीं जा सकी। वे प्रशंसक इस प्रकार की कला के देखने के आदी भी न थे। पहले से छंद, दोहे, चौपाइयों की जो परिपाटी थी, वह इस कला के अनुरूप न थी।

पंतजी के उद्धृत बंदों के संबंध भाव को छोड़कर एक-एक की आलोचना करके देखा जाए, उनका रूप कहाँ तक ठीक है। इससे उनकी सौंदर्य-दर्शन कला का कुछ हद तक भेद मालूम होगा। पहले बंद का मतलब है—"नीले आकाश के शतदल पर वह शारदहासिनी मृदु करतल पर शशि-मुख धारण कर नीरव, अनिमिष एकाकिनी बैठी है।"—इसके लिए पहले तो यहाँ के साहित्यिक यह एतराज करेंगे कि रात को शतदल-कमल का ऐसा उल्लेख शास्त्र-विरुद्ध है, दूसरे, अच्छी तरह देखने पर शारदहासिनी का नीले नभ के शतदल पर बैठना ठीक नहीं जँचता; कोई कल्पना ऐसी भले ही करे और इसे सच भी माने, पर असलियत कुछ और है; मालूम होता है—शशि-मुखवाली शारदहासिनी के सिर पर नीला शतदल उलट दिया गया है, क्योंकि आकाश की नीलिमा चाँद और चाँदनी के ऊपर मालूम देती है, पाठक-साहित्यिक किसी चाँदनी-रात में चाहें तो यह सत्य प्रत्यक्ष कर लें। इस तरह का एक भाव श्री रवींद्रनाथ ठाकुर का याद आ रहा है—

**"हेरो गगनेर नील शतदल खानि मेलिल नीरव वाणी**
**अरुण पक्ष प्रसारि सकौतुके सोनार भ्रमर आसिल ताहार बुके**
**कोथा होते नाहीं जानी!"**

अर्थ : "देखो, आकाश के नीचे शतदल ने अपनी नीरव भाषा फैला दी; अरुण पंख फैलाकर, सकौतुक, न जाने कहाँ से सोने का भौंरा उसके हृदय पर आ गया!"

इस पद्य के अन्यान्य उच्चतर संबंधों की चर्चा यहाँ न करूँगा। उतनी जगह नहीं। केवल प्रतिपाद्य विषय पर विचार करना है। यहाँ नभ का नील शतदल अपनी नीरव भाषा खोलता यानी खुलता है, यानी प्रातःकाल, रात्रि के समय नहीं; पुनः, ऊपर दूसरा कोई चित्र न रहने के कारण आकाश केवल खुला हुआ शतदल मालूम देता है, इसके बाद सोने का भौंरा-सूर्य उसके हृदय पर कहीं से उड़कर आ जाता है। सूर्य भौंरे की तरह आकाश शतदल के एक बगल बैठता है, फिर धीरे-धीरे बीच हृदय पर आ जाता है। इसमें पंतजी की जैसी अस्वाभाविकता नहीं मालूम देती। कारण, आकाश का कमल पहले रिक्त दिखलाया गया है।—केवल नील-नील मालूम देता है, फिर सूर्य भौंरे की तरह कहीं से उड़कर आ जाता है। पुनः सूर्य चंद्र से बहुत ऊँचे भी है। उनका नभ के शतदल पर बैठना सार्थक मालूम देता है, दिन का समय तो है ही।

पंतजी के उद्धृत दूसरे बंद का मतलब—"वह सरित-पुलिन (नदी के तट) पर सोयी है। साँसों में स्तब्ध समीरण। केवल लघु-लघु लहरों पर मृदु-मृदु उर-स्पंदन मिलता है।" बिना अर्थ की खींचतान किए 'सरित-पुलिन पर' का अर्थ है 'नदी के तट पर'। स्वभावतः शंका होती है कि वह नदी के तट पर सोयी है तो उसके 'शशि-मुख' का अब क्या हाल है, वह तो आकाश पर ही है। पुनः सोयी तो वह नदी के तट पर है, पर उसकी हृदय की धड़कन है लहरों में!—यह है पंतजी की बिगड़ी कला। यह किसी लक्षणा या व्यंजना से सार्थक नहीं हो सकती। कहीं-कहीं उनके चित्र सुंदर हैं। पर इस उद्धरण में सर्वत्र ऐसा ही तमाशा है।

'परिमल' में मेरी 'निवेदन' शीर्षक एक रचना है। इसका उद्धरण आज तक किसी ने नहीं दिया। यहाँ इसी का विवेचन करता हूँ—

**"एक दिन थम जाएगा रोदन**
**तुम्हारे प्रेम-अंचल में,**
**लिपट स्मृति बन जाएँगे कुछ कन-**
**कनक सींचे नयन-जल में।**
**जब कहीं झड़ जाएँगे वे,**
**कह न पाएगी।**
**वह हमारी मौन भाषा**
**क्या सुनाएगी?**
**दाग़ जब मिट जाएगा**
**स्वप्न ही तो राग वह कहलायगा?**

फिर मिटेगा स्वप्न भी निर्धन
गगन-तम-सा प्रभा-पल में,
तुम्हारे प्रेम-अंचल में।
फिर किधर को हम बहेंगे,
तुम किधर होगे,
कौन जाने फिर सहारा
तुम किसे दोगे?
हम अगर बहते मिले,
क्या कहोगे भी कि हाँ, पहचानते?
या अपरिचित खोल प्रिय चितवन,
मगन वह जावगे पल में
परम-प्रिय सँग अतल जल में?''

इसमें मुक्त प्रेम (Free love) की तस्वीर है। प्रिया के लिए प्रियतम की उक्ति है इस रचना में साद्यन्त। प्रियतम किस दृष्टि से प्रिया को देखता है, यह दिखाया है। वह कहता है—''एक दिन तुम्हारे प्रेम-अंचल में रोदन थम जाएगा। (यह वाक्य इतना छोटा है कि साधारणजन पहली ही पंक्ति में घबरा जाते हैं—समझ नहीं पाते कि किसका रोदन थम जाएगा। यह भेद 'वह हमारी मौन भाषा क्या सुनाएगी' के पास खुलता है। वहाँ मालूम होता है कि रोदन प्रिय का है और अंचल प्रिया का। अंचलवाली स्त्री होती है, यह मानी बात है। 'प्रेम-अंचल' के प्रयोग से बाहर साड़ी का अंचल भी सिद्ध है और भीतर प्रेम का अंचल भी। प्रेम अंचल में एक दिन रोदन थम जाएगा, अर्थात् प्रिय कहता है—मैं फिर रोने न आऊँगा—तुम्हारा-मेरा सदा के लिए वियोग हो जाएगा, मिलने के समय प्रिय की सुख-विस्वलता के आँसू भाव-रूप से प्रिया के प्रेम के अंचल को सिक्त करते हैं और प्राकृत रूप से साड़ी के अंचल को।) सींचे नयन-जल में लिपटकर कुछ कण-कनक स्मृति बन जाएँगे। [प्रिय प्रिया से कहता है—सींचे नयन-जल में यानी अञ्चल में जिस जगह मेरे आँसू पड़े हैं, वहाँ लिपटकर कुछ कण जो सोने-से हैं, मेरी स्मृति बन जाएँगे; अर्थात् मैं जुदा हो जाऊँगा, मेरी यह स्मृति रह जाएगी! भीतर, प्रेम के अंचल में, कनक-कण सी कथाएँ हैं (कण सोने के नहीं लिपटते, मिट्टी के ही लिपटते हैं; पर 'कण-कनक' द्वारा कणों की जो बहुमूल्यता है, वह प्रेमजन्य है; इसलिए भीतर प्रेम के अंचल में जो कनक-कण लगे हैं वे प्रिया-प्रियतम के संसार की रेणु-रूपिणी कथाएँ हैं, जिनकी याद प्रिया जुदाई के बाद किया करती है।), बाहर वासनांचल में प्राकृत संसार की रेणु; पर चूँकि प्रियतम के आँसुओं से आ लगे हैं, इसलिए कनक-जैसे हैं, और भीतर और बाहर के यह चिह्न प्रिय की स्मृति हैं।]

जब कहीं वे (कण) झड़ जाएँगे, तब वह हमारी मौन भाषा (जो आँसुओं से भीगे अंचल में कणों से लिपटकर स्मृति है) (कुछ) कह न पाएगी (मूक, अक्षम वह)—क्या सुनाएगी? (कुछ भी शब्द-रूप से नहीं सुना सकती जिस तरह इस समय मैं सुना रहा हूँ। यह प्रसंग भीतर के अंचल के लिए यों आयेगा कि कथाएँ विस्मृति में बदली जाएँगी। इसका स्पष्टीकरण आगे और अच्छा है।) जब दाग मिट जाएगा, (तब) राग (जो हम-तुमने साथ गाया था—प्रेम) स्वप्न ही तो कहलाएगा? (यहाँ प्राकृतिक सत्य का भी घटाव देखते चलिए। अंचल से कणों का कुछ दिनों बाद झड़ जाना और फिर दाग़ का भी मिट जाना स्वाभाविक है साड़ी के धोने पर—क्रिया-क्रिया से, हृदय की स्पंदन-शीलता से नयी स्मृतियों के आने और पुरानी के जाने पर। इस प्रकार अपनी छाप वह मिटा रहा है। अब उसका प्रकृत प्रेम दाग़ के मिट जाने पर केवल स्वप्न-रूप रह गया है अस्पष्ट!) फिर, तुम्हारे प्रेम-अंचल में, वह निर्धन स्वप्न भी मिट जाएगा जैसे प्रभा-पल में आकाश का तम। (स्वप्न निर्धन है। 'निर्धन' शब्द की ताकत और सार्थकता देखिए, जो कुछ स्मृतिधन रूप था, वह मिट गया है, केवल स्वप्न है; स्वप्न के पास कौन-सा धन अस्तित्व के लिए है?—वह खुद बेजड़ बेजर है; वह भी प्रभा-क्षण में प्रभा की पलकों में आकाश के अँधेरे की तरह मिट जाएगा। प्रभा स्त्री-रूप में निर्वाचित (Personified) है। प्रभा की पलकों में आकाश का अँधेरा नहीं, उसकी प्रेमिका में भी अब पहले का कोई स्वप्न नहीं—कैसा साफ हो गया है। रूप निष्कलंक, निर्विषय, देखिएगा। प्रिया के आँचल से प्रिय का प्रेम आँसू, कण, स्मृति, दाग़, स्वप्न बनता हुआ, सूक्ष्मतर होता हुआ, कैसे मिट गया, प्रिया का पहलेवाला निर्मल रूप कैसी स्वाभाविक प्रगति से तैयार हुआ, कैसा क्रम-विकास वर्णन में कला होती गयी, द्रष्टव्य है।)

फिर, न-जाने, किस तरफ हम बहेंगे, किस तरफ तुम होगे। (संसार की सागर से कल्पना प्राचीन है। छुटकर वह कहता है, न-जाने किधर हम बहेंगे, किधर तुम होंगे। 'होगे' पुलिंग होने पर भी प्रेमिका से बातचीत में ऐसा ही आता है। इसमें कुछ उर्दू की छाया भी है।) कौन जाने, फिर तुम किसे सहारा दोगे। (बहते में प्रेमिका यहाँ सहारा देती है—बाँह पकड़कर तैरती है। इस तैराक प्रेमिका का यहाँ वाला रूप और भाव-सौंदर्य देखिएगा जो उसके प्रियतम द्वारा वर्णित है।) अगर हम बहते हुए मिले (जब तुम दोनों एक साथ बहते होगे) तो क्या तुम कहोगे कि हाँ, हम तुम्हें पहचानते हैं, या प्रिय, अपरिचित चितवन खोलकर, पल में, अपने परम प्रिय के साथ, स्नेह-मग्न, अतल जल में बह जाओगे? (यह है अपरिचित चितवन, जो कभी किसी के लिए परम परिचित थी, ऐसी परिस्थिति में, क्या असर पैदा करती है, समझदारों के मन में यह समझने की है। पहले जिस तरह प्रेमिका निष्कलंक होकर प्रभा-सी सामने आयी थी, अब उसी तरह, दूसरे को सहारा देकर बहती हुई, अपरिचित चितवन से पहले के प्रिय को देखकर, मग्न, संबद्ध अतल-अगाध

जल में अछोर की ओर बही जा रही है। इस तरह दो संबद्ध रूपों की कला अपार अदृश्य की ओर बह गयी है। प्रथम प्रिय श्रृंगार की सहानुभूति के लिए अपरिचित चितवन आपको दे रहा है।)

हिंदी-काव्य की पंक्ति के मुझे दो उपाय मालूम दिए, एक वर्णवृत्त में, दूसरा मात्रावृत्त में। 'जुही की कली' की वर्णवृत्तवाली जमीन है। इसमें अन्त्यानुप्रास नहीं। यह गायी नहीं जाती। इससे पढ़ने की कला व्यक्त होती है। 'परिमल' के तीसरे खंड में इस तरह की रचनाएँ हैं। इनके छंद को मैं मुक्त छंद कहता हूँ। दूसरी मात्रावृत्तवाली रचनाएँ 'परिमल' के दूसरे खंड में हैं। इनमें लड़ियाँ असमान हैं, पर अंत्यानुप्रास है। आधार मात्रिक होने के कारण, ये गायी जा सकती हैं। पर संगीत अंग्रेजी ढंग का है। इस गति को मैं 'मुक्त-गीत' कहता हूँ।

'बादल-राग'-शीर्षक से छः रचनाएँ इसी मुक्त-गीत में हैं। दूसरी का उदाहरण देता हूँ—

**'ऐ निर्बंध!–अंध-तम-अगम-अनर्गल–बादल!**
**ऐ स्वच्छंद!–मंद-चञ्चल-समीर-रथ पर उच्छृंखल!**
**ऐ उद्दाम! अपार कामनाओं के प्राण! बाधा-रहित विराट!**
**ऐ विप्लव के प्लावन! सावन-घोर गगन के ऐ सम्राट्!**
**ऐ अटूट पर टूट छूट पड़ने वाले–उन्माद!**
**विश्व-विभव को लूट-लूट लड़नेवाले–अपवाद!**
**श्री बिखेर, मुख फेर कली के निष्ठुर पीड़न!**
**छिन्न-भिन्न कर पत्र, पुष्प-पादप-वन उपवन,**
**वज्र-घोष से ऐ प्रचंड! आतंक जमानेवाले!**
**कंपित जंगम–नीड़ विहङ्गम,**
**ऐ न व्यथा पानेवाले!**
**भय के मायामय आँगन पर**
**गरजो विप्लव के नव जलधर!''**

पहला सीधा अर्थ बादल के लिए है–''हे बंधनविहीन! दुर्गम घोर अंधकार में मुक्त–बादल! हे स्वतंत्र! मंद और तीव्र गति से चलते हुए समीर के रथ पर बैठे उच्छृंखल! हे उद्दाम! संसार की अपार आशाओं के जीवन! हे अबाध–विराट!–बाढ़ बहानेवाले! सावन से घोर हुए गगन के सम्राट्! न टूटनेवाले संसार पर छूटकर टूट पड़ने वाले ऐ उन्माद–जैसे!–विश्व के वैभव को लूट-लूटकर लड़नेवाले अपवादरूप, सौंदर्य को बिखेरकर, मुख फेरकर कली को ऐ कठिन पीड़ा देने वाले! पत्र पुष्प, पौदे, वन और उपवन को छिन्न-भिन्न कर वज्र की गर्जना से ऐ आतंक जमानेवाले प्रचंड!

सचल जीव और नीड़ों के पक्षी काँप रहे हैं, फिर भी उनके लिए व्यथा न पानेवाले ऐ विप्लव (अतिवृष्टि, प्लावन) के नये बादल! भय के भ्रमपूर्ण आँगन पर गरजो।''

यह सीधा अर्थ है। पर उद्देश्य यह अर्थ नहीं। अंतिम पंक्ति का 'विप्लव' सारा ठाट बदल देता है। व्यंग्यार्थ सामने आ जाता है। 'विप्लव', एक ऐसा शब्द है जो मूल में वाच्यार्थ के अनुकूल जलराशि का अर्थ रखता हुआ, पहले के हुए प्रयोग के अनुसार अर्थात् दूसरे अर्थ से युगांतर--क्रांति (Revolution) की याद दिलाता है। यह युगांतर साहित्यिक, राजनीतिक, धार्मिक, सामाजिक जिस तरफ भी चाहें, फेर सकते हैं। 'विप्लव' शब्द के साथ जो भाव जगता है, वह अन्य शब्दों की लक्षणा-शक्ति से पूरे वाक्य को दूसरे सार्थक रूप (Secondary meaning) में बदल देता है; बाद को सारा पद्य व्यंग्य में बदल जाता है।

**''भय के मायामय आँगन पर**
**गरजो विप्लव के नव जलधर!''–**

इसमें आये 'भय' के विषय जीव-वस्तुओं का वर्णन पहले हो चुका है, यानी बादल जिन पर अत्याचार करता है, उनके नाम गिनाए जा चुके हैं। यहाँ 'विप्लव' की लाक्षणिकता के फूटते ही सारे शब्द-पद लाक्षणिक हो उठते हैं और उनसे पैदा हुआ व्यंग्यार्थ स्पष्ट प्रतीयमान होने लगता है।

**भय के=जहाँ हृत्कम्प होता है अर्थात् जहाँ पाप है उसके;**
**मायामय=भ्रमपूर्ण, अस्तित्व रहित, पाप छायामय है–भ्रमविशेष, सत्य नहीं,**
**आँगन पर=मध्य गृह पर, उसके केंद्र पर;**
**गरजो=निर्भय शब्द करो, उसे मिटाने के लिए;**
**विप्लव के=युगांतर के, परिवर्तन के;**
**नव जलधर=नये जीवन वाले, नयी जान वाले ऐ बादल-रूप!**
**पूरा वाक्य=ऐ युगांतर के नवीन जीवनवाले! पाप के केंद्र पर निर्भय होकर शब्द करो–बोलो–गरजो।**

इसके बाद शुरू से सारी पंक्तियाँ इस अर्थ के अनुकूल आ जाएँगी। देखिए–''बिना आँखों के दुर्गम अँधेरे में (अँधेरे के आँखें इसलिए नहीं कि वह पाप है, उसमें सत्य, प्रज्ञा-चक्षु नहीं। दुर्गम इसलिए है कि वहाँ जाते त्रास होता है।) बिना रुकावट के विचरनेवाले ऐ बादल रूप! ऐ स्वतंत्र! मंद और चंचल भाव-रूप समीर-रथ पर ऐ उच्छृंखल!–(वायु भीतरी होकर भाव का रूप प्राप्त करती है; इसी से 'जिधर हवा बही, उधर रुख किया' लोकाक्ति है, जिसका अर्थ है–भाव की जैसी धारा रही, वैसे हम रहे या चले) ऐ साहसी! अपार, अनंत आशाओं के जीवन!–(अनेक भविष्य आशाओं को उससे जीवन मिलता है–वे पुष्ट होकर फलवती होती हैं।) हे मुक्त!

हे विशाल! हे युगांतर की—भिन्न भावनाओं की बाढ़ बहा देनेवाले! सावन के-से समाच्छन्न मनोनभ के ऐ सम्राट्! न टूटनेवाले (भाव, विषय) पर छूटकर टूट पड़ने वाले (आक्रमण करनेवाले) ऐ उन्मादरूप! विश्व के वैभव को (जो ऐश्वर्य ऐश्वर्य के भाव से गिरकर कलुषित हो चुका है, उसे) लूट-लूटकर लड़ने वाले ऐ अपवाद-रूप!—(नासमझ बदनाम करते हैं, इसलिए) श्री (जिस खूबसूरती में पाप है; पाप से, बुरे कार्यों से जो सौंदर्य गढ़ा गया है, उसे) बिखेरकर, चेहरा फेरकर उच्चता और सुंदरता पर इतराने वाली कलीस्वरूपा किसी को निष्ठुर होकर पीड़ित करने वाले पुत्र-पुष्प-पौदे-वन-उपवन-जैसे प्राचीन विरोधी वस्तु-विषयों को (भाव-रूप से) छिन्न-भिन्न कर वज्र की जैसी गर्जना से ऐ प्रचण्ड! (न मानने वाले स्वार्थपरों पर) अपनी सत्ता का भय पैदा करनेवाले!—चलते-फिरते और नीड़-विहंगम-रूप, घर में रहने वाले जन काँप रहे हैं—फिर भी उनके लिए व्यथा न पानेवाले—सहानुभूति न रखने वाले (कारण, वे इस नवीन सत्ता को स्वीकृत नहीं करते) ऐ! भय के—उनके इस पाप-कम्प के भ्रमपूर्ण केंद्र पर युग-प्रवर्तन के नवीन जीवनवाले! गंभीर ध्वनि करो!''

समझने के लिए कुछ विद्वत्ता की तो आवश्यकता है ही। जो जन काव्य के लक्षणों से परिचित हैं, उन्हें असुविधा न होगी। यहाँ भी यह बीस पंक्तियों का पद्य एक ही भाव रखता है। फिर भी, किस तरह बादल के भीतर से चलता है, पाठक समझें। क्या कोई ऐसे पद्य के लिए कह सकता है कि इसके एक टुकड़े का उद्धरण काव्य और सौंदर्य का बोध कराने के लिए काफी होगा? युगांतर की भिन्न-भिन्न धाराओं की तरफ विज्ञ काव्य-मर्मज्ञ इसे घटाकर देखेंगे तो इसे पूरा उतरता हुआ ही पाएँगे। बुराई के खिलाफ बगावत का ढंग यहाँ कला है। विकसित रूप स्पष्ट कर दिया गया है।

**''मौन रही हार,**
**प्रिय-पथ पर चलती, सब कहते शृंगार।**
**कण-कण कर कंकण, मृदु किण-किण-रव किंकिणी,**
**रणन-रणन नूपुर, उर-लाज लौट रंकिनी**
**और मुखर पायल स्वर करें बार-बार—**
**प्रिय-पथ पर चलती, सब कहते शृंगार।**
**'शब्द सुना हो तो अब लौट कहाँ जाऊँ?**
**उन चरणों को छोड़ और शरण कहाँ पाऊँ?'—**
**बजे सजे उर के इस सुर के सब तार।—**
**प्रिय-पथ पर चलती, सब कहते शृंगार।''**

यह मेरे गीतों में एक प्रसिद्ध हुआ गीत है। यह कुछ दिन पति-सहवास में रह चुकी एक तरुणी की, आधी रात के समय, पति-सहशयन के लिए जाते की वर्णना

है।—मन में हारकर मौन रह गयी। (क्योंकि) उसके सारे शृंगार (बज-बजकर) कह रहे हैं कि यह प्रिय-पथ पर (प्रिय के पास) जा रही है।

"कंकण कण-कण कर रहे हैं, किंकिणी मृदु किण-किण, नूपुर रणन-रणन; हृदय की लज्जा से रंकिनी-सी होकर वह लौट पड़ती है, तब पायल और मुखर होकर बोलने लगते हैं।

(जब पायलों के शब्द से, लौटती हुई वह खड़ी हो जाती है, क्योंकि लौटते हुए, पायल जैसे और जोर से बोलते हों, तब हृदय में वाद्य होता है)—'अगर उन्होंने यह आवाज सुनी हो तो अब कहाँ लौटकर जाऊँ? उन चरणों को छोड़कर मैं और कहाँ शरण पाऊँगी?'—सजे हृदय के (भीतर से शृंगार से सजे हृदय के) इस स्वर के सब तार बजे!"

बाहर और भीतर दोनों जगह शृंगार का वाद्य होता है। बाहरवाले से भीतरवाला मधुर है, प्रिय-भावना के अनुकूल। यह प्रदर्शन यहाँ कला है। गीत ऐसी जगह समाप्त किया गया है कि वह पति के पास गयी, यह आप पाठक और श्रोता सोच लेते हैं। पहले वाले वाद्य से जो लाज हुई थी, वह शृंगार के दैहिक संबंध की कल्पना से। वाद्य बाहर के हैं, दैहिक संबंध भी बाहरी संबंध है। फिर भीतर हृदय के तार झंकृत होते हैं, जहाँ पति का यथार्थ प्रिय भाव—आत्मिक प्रेम बज उठता है। इसलिए लौट जाने पर अधर्म होगा, क्योंकि पति को आहट मालूम हो चुकी है—उसकी ऐसी धारणा है। धर्म के विचार से, नित्य-संबंध की भावना से, उसकी लज्जा दूर हो जाती है, वह मानवी से देवी बनकर पति के पास जाती है। सारे पद्य का संबंध और कला का विकास यहाँ भी द्रष्टव्य है।

**"जागो, जीवन-धनिके!**
**विश्व-पण्य-प्रिय वणिके!**
**दुःख-भार भारत तम-केवल,**
**वीर्य-सूर्य के ढके सकल दल,**
**खोलो उषा-पटल निज कर अयि**
**छविमयि दिन-मणिके!**
**गहकर अकल-तूलि रंग-रंगकर**
**बहु जीवनोपाय, भर दो घर;**
**भारति, भारत को फिर दो वर**
**ज्ञान-विपणि-खनि के!**
**दिवस-मास ऋतुं-अयन वर्ष भर**
**अयुत-वर्ण युग-योग निरंतर**
**बहते छोड़ शेष सब तुम पर**
**लव-निमेष-कणिके!"**

यह गीत भारत की ऐश्वर्य-शक्ति पर लिखा गया है। मतलब गीत से ही हासिल होगा—"प्राणों की धनिके! (जीवन-जीवन में धनिका-रूपिणी अधिष्ठात्री लक्ष्मी के लिए संबोधन है) जागो (अपनी परिस्थिति का विचार कर चारों ओर देखो। इस तरह यह भाव प्रत्येक मनुष्य के लिए भी लागू हो सकता है।)!—ऐ संसार-भर की (बिकनेवाली) वस्तुओं से प्रेम करनेवाली वणिके! (भारत की दृष्टि भारत के भीतर के व्यवसाय में ही नहीं, बाहर भी जाय, समस्त संसार में फैले, यह भाव यहाँ व्यंजित है।)

"इस समय भारत दुःख का भार हो रहा है। उसमें केवल अंधकार-ही-अंधकार है उसके वीर्यरूपी सूर्य के समस्त दल—समस्त कलाएँ—छिप गये हैं। अयि दिन की मणि मस्तक पर लगाये हुए छविमयि, उसके उषा के द्वार अपने हाथ से खोल दो। (उषा से अर्थ वाणिज्य के उषःकाल से है। जिस तरह एक गृहदेवी द्वार खोलती है, यहाँ लक्ष्मी उसी तरह सूर्य की मणि मस्तक पर लगाए वाणिज्य की उषा द्वार खोलती है, उषा की ललाई में द्वार का रूप है। खुलते ही दिनमणिका देख पड़ती है। फिर प्रकाश से जैसे श्री का प्रकाश आता है।)

"हाथ में अकल-तूलिका ('अकल' शब्द ब्रह्म का विशेषण है; इस तरह मतलब है सब रूप और गुणों से पूर्ण) लेकर जीवन के अनेकानेक उपायों को रंगकर जीवन-निर्वाह के उपायों की तस्वीरें खींचकर, बताकर कि इस-इस तरह जीवन की सार्थकता करो, घर भर दो (भारत को पूर्ण कर दो)। हे भारति, (यहाँ 'भारती' का अर्थ सरस्वती करने से ठीक न होगा, कारण, 'भारती' का 'भर तनोधि' से बना धातुगत अर्थ यहाँ है; सिद्धि में इसके बाद भी एक पेंच है; खैर, अर्थ वही भरनेवाली है, जिसमें लक्ष्मीवाला भाव ही पुष्ट है। यहाँ 'भारती' के सरस्वती-अर्थ की भी सार्थकता की जा सकती है; पर मेरा मतलब लिखते समय धातुगत अर्थ से था।) भारत को फिर, खान, बाजार और ज्ञान का वर दो (जिससे वह यह सब समझे।)

"हे लवनिमेष-कणिका-मात्र में अवसित तुम! (कवि लक्ष्मी की अणिमाशक्ति से छोटे स्वरूप का बयान कर उसी में आयी सारी महत्ता दिखलाना चाहता है) दिन, मास, ऋतु, अयन और वर्ष को भरकर अनेक रंगोंवाले युग (अनेक भाव और कृत्यों से रंजित युग) सदा अपने शेष चिह्न तुम पर छोड़कर बहते हैं (चले जाते हैं।)" इसका भावार्थ है अनेकानेक काल की कहानियाँ, शक्तियाँ एक लत, एक निमेष, एक कण में प्राप्त हो सकती हैं, वे सब यहाँ निहित हैं; इसलिए भारत की लक्ष्मी-शक्ति का लघुरूप हो जाने पर भी, समस्त विराट् रूप, समय के वहाँ निहित हैं,—उनके ऐश्वर्य से वह लक्ष्मी-शक्ति युक्त है। वह प्रबुद्ध हो—जागे।

यहाँ लक्ष्मी के विराट् रूप से चलकर उनके लवरूप में विराट् के अवसित जो करती है, वह कला है।

'तप रे मधुर-मधुर मन!' पंतजी के 'गुंजन' का पहला गीत है। जब यह छपा था, इसे पढ़कर इसके भाव से असहमत होने के कारण मैंने इस तरह के एक दूसरे

गीत की रचना की थी। इसका मित्र-मंडली में तो मैंने उल्लेख किया है पर साहित्य में नहीं। पंतजी के पहले के दो बंदों से तीसरा बंद मुझे चुस्त लगता है। वह यह है—

**"तेरी मधुर-मुक्ति ही बंधन,**
**गंध-हीन तू गंध-युक्त बन,**
**निज अरूप में भर स्वरूप, मन!**

**मूर्तिमान बन, निर्धन!**
**गल रे गल निष्ठुर मन!"**—

इस गीत का आशय इसकी चौथी पंक्ति में साफ है—ऐ निर्धन (रिक्त जन)! (तू) मूर्तिमान बन (मूर्तियों से, एक या अनेक सुंदर मूर्तियों से धनी हो!) इसके ऊपर की, पहली पंक्ति के बाद की दो पंक्तियाँ भी इसी भाव की पुष्टि करती हैं, जहाँ गंधहीनता से गंधयुक्त होने, अरूपता में स्वरूप भरने की बात है। (जहाँ तक स्मरण है, पहले जब यह छपा था, 'स्वरूप' की जगह 'सुरूप' था।) दर्शन-शास्त्र के अनुसार यह अभाव से भाव में आना है। अभाव-रूप—शून्यरूप भी ब्रह्म है। रूप की दुनिया यहीं समाप्त होती है, अर्थात् रूप की इसी अनंतता, शून्यता या पूर्णता में परिणति होती है। दर्शन-शास्त्र के अनुसार यह ऊर्ध्व गति है और साहित्य-शास्त्र के अनुसार विकास। दोनों का यह शेष है—दोनों की अनंत में स्थिति। पंतजी यहाँ से उतरकर रूप के लोक में जाते हैं। वहाँ, वहाँ के संसार में, अपनापन स्थापित करने के लिए कहते हैं, जैसा उनकी पहले की एक पंक्ति से सूचित है—"स्थापित कर जग में अपनापन।" यद्यपि इस तरह का आना-जाना, चढ़ना-उतरना साहित्य में जारी रहता है, फिर भी, पंतजी के कहने का ढंग यहाँ ऐसा है कि उससे गंधहीनता, अरूपता आदि ब्रह्मभाव के विशेषण—अमर्यादित होते हैं, उनके प्रति कवि की अवज्ञा, शब्दों के उच्चारण और भाव के प्रकाशन की धारा सूचित होती है। इसे कला का पतन कहते हैं। यद्यपि पहले जग में अपनापन स्थापित करने की बात कही गयी है, फिर भी वह ऐसी कृत्रिम है कि सांसारिकता और कवि के गुरु भाव की व्यंजना वहाँ प्रधान हो गयी है, अपनापन गति रहित होकर कमजोर! कारण, कहने का ढंग जैसा होना चाहिए था, नहीं हुआ। दर्शन के साथ साहित्य, भावप्रकाशन, प्रतिपाद्य विषय कमजोर पड़ गया है। इसका प्रमाण—जब निर्धन को मूर्तिमान् होने के लिए कहा जाएगा और इस प्रकार गंधहीन को गंधयुक्त बनने के लिए, तब कवि का लक्ष्य मूर्तिमान् होना, गंधयुक्त होना है, साबित होगा, और तब भाव-प्रकाशन के अनुसार चलनेवाली भाषा उसी शब्द पर जोर देगी, जो लक्ष्य है, जिससे प्रतिपाद्य विषय साफ होता है। यहाँ गंधयुक्त होना प्रतिपाद्य है, इसलिए उच्चारण का बल 'गंध-हीन' शब्द पर नहीं, 'गंध-युक्त' पर है। 'ही' खासतौर से

जोर देने के लिए आती है। पर 'तेरी मधुर-मुक्ति ही बंधन' में 'ही' उलट गयी है। 'गंध-युक्त' होने, अरूप में 'स्वरूप' भरने, 'मूर्तिमान्' होने में बंधन साबित किया जा रहा है; मुक्ति तो गंधहीनता, अरूपता और निर्धनता की जगह है। उक्त पंक्ति का रूप ऐसा होना चाहिए–बंधन ही तेरी मधुर-मुक्ति है। पर जिस तरह 'ही' का प्रयोग उल्टा है, उसी तरह सूक्ष्म विचार से सारा भाव। जैसे शब्द अस्थान-प्रयोग-दोष से दुष्ट है, वैसे ही प्रकाशन-दोष से दुष्ट भाव।

ऐसे बंधन और ऐसी मुक्ति के भी आचार्य कवि श्री रवींद्रनाथ हैं।–**"वैराग्य साधने मुक्ति, से आमार नय"** उनके इस काव्य-दर्शन का प्रसिद्ध वाक्य है। इस भाव पर उनके अनेक पद्य हैं। इसके अनेक रूप उन्होंने खींचे हैं। यह रवींद्रनाथ के दर्शन के नाम से प्रसिद्ध है। मुझे यह विशिष्टता द्वैतवाद का सुन्दर काव्य-रूप रवींद्रनाथ द्वारा तैयार हुआ मालूम देता है। इसके प्रकाशन में रवींद्रनाथ की प्रतिभा और शब्द-शक्ति जो काम करती है, वह तारीफ के लायक है।

पंतजी के संबंध में जो कुछ भी इस निबंध में मैंने लिखा है, वे मेरे ही विचार हैं; वे दूसरे के भी हों, दूसरे उनका समर्थन करें, यह मैं नहीं चाहता। केवल इतना ही चाहता हूँ कि मैं जो कुछ लिख रहा हूँ, वह दूसरों की धारणा में आ जाए, फिर अगर उनकी धारणा न बदली तो वह साहित्य की धारणा होगी, सत्य होगा, जो मेरा नहीं, सबका है; अगर बदली और अपना समझा हुआ सत्य वे मुझे समझाना चाहेंगे तो मैं नम्रभाव से समझने के लिए तैयार रहूँगा। अपने दोषों के लिए मैं पहले लिख चुका हूँ; युक्तियों के साथ अगर कोई बतलाएँगे तो समझने की मैं यथाशक्ति चेष्टा करूँगा और सत्य मालूम देने पर मान लेने में मुझे आपत्ति न होगी। मेरा कवि काठ नहीं, जिसके झुकने पर मुझे टूटने का डर हो।

पंतजी की यह रचना पढ़ने के बाद दर्शन-सत्य के अनुसार, जिसमें कला विकसित होकर रूप में आकर भी गिरी नहीं, मैंने यह गीत लिखा है–

**"रे अपलक मन!**<br>
**पर-कृति में धन-आपूरण।**<br>
**दर्पण वन तू मसृण सुचिक्कण,**<br>
**रूपहीन, सब-रूप-बिंब-धन,**<br>
**जल ज्यों निर्मल-तट छाया-घन,**<br>
**किरणों का दर्शन।**<br>
**सोच न कर, सब मिला मिल रहा,**<br>
**भर निज घर, सब खिला खिल रहा,**<br>
**तेरे ही दृग रूप-तिल रहा,**<br>
**खोज, न कर मर्षण।**

**दृष्टि अरूप; रूप लोचन युग,**
**बाँध-बाँध कवि बाँध पलक-भुज,**
**शून्य सार कर, कर तज भूरुज,**
**घन का वन-वर्षण।''**

''रे निष्पलक (अपलक स्थिति में चिंता करना जाहिर होता है, इसलिए इस शब्द का यहाँ भीतरी मतलब है, 'चिंतायुक्त') मन! श्रेष्ठ कृति में धन का पूर्ण भाव है, (जो कृति श्रेष्ठ है, उसमें धनत्व भी है–यह पंतजी के 'मूर्तिमान् बन निर्धन!' पर है।)

''तू उज्ज्वल ऐसा चिकना आईना बन, जो रूपहीन होकर सब रूपों को बिंबित करने वाला हो। (ऐसा अरूप आईना बन जा कि सब रूप उसमें बिंबित हो,'' अक्लेद होने पर मनुष्य देह-बुद्धि से भी रहित हो जाता है, यह संतों की अनुभूति और शास्त्रों की उक्ति है।) जल की तरह निर्मल हो, जिस पर तट की छाया पड़ी हुई (प्रति-फलित) है। (इस प्रकार यहाँ अरूपता, शून्यता भी उत्तम है और धनत्व भी है। अरूपता, शून्यता ब्रह्मभाव श्रेष्ठ है, यह आप व्यंजित है।) किरणों का दर्शन बन। (किरणों से प्रकाश की अरूपता का भाव है; उन्हीं के भीतर हम एक-दूसरे को देखते हैं, मिलते-जुलते वार्तालाप करते हैं। किरणों का दर्शन बन अर्थात् अरूप होकर रूप-लोक में रह; अरूप होने पर यह रूप लोक इसी तरह तेरे (ज्ञान के) भीतर रहेगा।)

''तू चिंता न कर। सब मिला है और मिल रहा है। अपना घर (अभ्यन्तर) भर (विकास की बातों से पूर्ण कर); सब खिला हुआ है और खिल रहा है। तेरी ही आँखों में रूप का तिल है। (यहाँ भी अरूपता का रूप गोल शून्याकार तिल में देता है। जहाँ समस्त रूप बिंबित होते हैं, जो समस्त रूपों का धन है।) खोज, बैठा न रह। (आँख के तिल की तरह कैसे अरूप होगा, इसकी तलाश कर, विकास की बातों से कैसे तू अपने को पूर्ण करेगा, खोज।)

''दृष्टि अरूप है और दोनों आँखें रूप। हे कवि, तू पलकों की भुजाओं से बाँध, बाँध। (दोनों आँखों के रूप बताकर दक्षिण और वाम द्वारा सृष्टि के 'नर और नारी' रूप की ओर इंगित करता है। पहले एक अरूप के लिए कहा कि वह दृष्टि है, फिर रूपसृष्टि के लिए कहा–दो हैं, वे आँखें हैं। दोनों आँखों में एक ही दृष्टि है। फिर कवि को चार पलकों की भुजाओं से बाँधने के लिए कहा। इस तरह, दोनों रूप हाथ बाँधकर अपनी एक ही अरूप सत्ता का ध्यान कर रहे हैं और अरूप और रूप दोनों, कवि में रहकर, उसे भी इस भाव की विभूति से सुंदर कर रहे हैं–वह भी अरूप सत्ता का ध्यान करता हुआ-सा बन जाता है। पलकें बंद कर लेने के कारण, और यही रूप में रहने की कला और भाव दृष्टि से, बाहरवालों–देखनेवालों की आँखों में, श्रेष्ठता होती है, यह दिखाया गया है।) (इस प्रकार) शून्य को सार कर

(अरूपता को मूर्तिमत्ता में परिवर्तित कर उत्तम बना), ऐसा करके भूरुज का त्याग कर ('रुज' यहाँ 'रोग' के लिए ब्रजभाषा से आया शब्द है। भूरुज=पृथ्वीगत व्याधि, संसार का रोग)। (इस तरह यह बादल का वन में बरसना है शून्य, वाष्परूप बादल वन में बरसता है तो शून्य सार बनता है–बरसने की सार्थकता होती है, समुद्र में बरसता है या मरुभूमि में तो ऐसी निरर्थकता होती है।)''

मुझे अनेक उदाहरण अपनी कला के देने थे। इतने से बहुत थोड़े भावों की व्याख्या हुई है। पर 'माधुरी' का वर्ष समाप्त हो रहा है, इसलिए इस लेख को मैं भी यहीं से समाप्त करता हूँ।

**['माधुरी', मासिक, लखनऊ, के मार्च, जून और जुलाई 1936 के अंकों में तीन किस्तों में प्रकाशित। प्रबंध-प्रतिमा में संकलित।]**

# साहित्य का आदर्श

हिंदी में ऊँचे विचारों के सच्चे साहित्यिकों की कमी है, अतः साहित्य भी प्रायः ऊँचे विचारों से रहित। मनुष्य जब अपने देश या साहित्य के आकाश में इतना ऊँचा होगा कि उसे उसकी पृथ्वी के अतिरिक्त दूसरे देशों और साहित्यों की पृथ्वी भी उसी की दृष्टि से देख पड़े, तब वह मानवीय सीमा में पहुँचा हुआ साहित्यिक होगा। तब का आदर्श ही यथार्थ आदर्श है, क्योंकि वह मनुष्य-मात्र का आदर्श है। ऐसा आदर्श प्राप्त होने पर देश और काल का भाव नहीं रहता। हमारे यहाँ ऐसी बात नहीं। देश और काल का ही हमारे साहित्य में प्रधान शासन है, और देश और काल ही हमारे साहित्य के आदर्श रूप।

देश और काल दोनों में सीमा है, अतः बंधन। दोनों व्यक्ति और समय का निर्देश करते हैं, इसलिए सीमित हैं। दूसरी पराधीनता की तरह यह भी एक तरह की पराधीनता है। धर्म और समाज का शासन इसी पराधीनता की पुष्टि करता है। धार्मिक अनुशासनों में जैसे भी मनोहर मनुष्यों के मनोविकास के कारण हों, मुक्ति का आदर्श धार्मिक बंधनों से परे है। समाज धर्म का कितना भी अनुसरण करे, परिवर्तन उसके लिए अनिवार्य है, नहीं तो अनुसरण करने की शक्ति नहीं पैदा होती, अनुसरण करने की जरूरत नहीं रह जाती। इस प्रकार उठते-गिरते हुए धार्मिक कानूनों की दोहाई देकर आत्मा को उन्हीं से घेर रखना मुक्ति नहीं। इस तरह, दूसरे मनुष्यों से, जो एक दूसरा धर्म मानते हैं, दूसरे कानूनों के कायल हैं, पूर्ण रूप से सख्य की स्थापना नहीं हो सकती। धर्म के नियम जितने भी अच्छे हों, सोने की जंजीरों की तरह, बाँध रखने के लिए लोहे की जंजीरों से कम मजबूत नहीं। इसलिए वे परिवर्तनशील हैं। हुए भी हैं, जब मनुष्यों ने और भी बृहत् सत्य के लिए प्रयत्न किए। मुख को पाप की सियाही जिस तरह रंग देती है, मनुष्य का यथार्थ रंग नहीं देख पड़ता, उसी तरह धर्म की सफेदी भी रंग देती है। दृष्टि भी जो साफ आईने की तरह है, किसी रंग से नहीं रँगी हुई, इसीलिए सब रंगों को उनके असली रूपों में देखती है। वह दृष्टि उसी की है, जिसका वह मुख है। इस दृष्टि से युक्त प्रत्येक मुख के सामने आदर्श

रूप वही प्रकृति है, जो विश्व-ब्रह्मांड में व्याप्त है, और वही प्रकृति उस मुख और दृष्टि में भी है। अतः यह सत्य है कि प्रकृति ही प्रकृति का आदर्श है।

इस तरह आदर्श के नाम से भटकने या भटकानेवाली कोई बात नहीं रह जाती। आदर्श या लक्ष्य वही होता है, जो देख पड़ता है। इसलिए वह कोई अत्यद्‌भुत चमत्कारपूर्ण कुछ नहीं। फिर भी विश्व के चमत्कारों को देखते हुए है। पर वह देख पड़ता है। समझ में आता है। क्योंकि वह आदर्श है। यह आदर्श ही दर्शन बन गया है, काव्य बन गया है, और मनुष्यों का जीवन होकर जीवन का ध्येय। जिस तरह मिट्टी मिट्टी से, जल जल से, आग आग से और हवा हवा से मिलती है, बिलकुल एक हो जाती है, उसी तरह जीवन भी जीवन से मिलता है। किसी एक का जीवन ही विश्व में परिव्याप्त है, वही एक मनुष्य में है। उसी से मेल करना प्राणों का आदर्श है। बिना सिखलाए भी मनुष्य तथा अपर जीव-जड़ ऐसा ही करते हैं।

साहित्यिक को इतना ही समझकर साहित्य की सृष्टि करनी पड़ती है। केवल सत्साहित्य का समर्थन हो नहीं सकता। केवल सत्-सत् लिखने से सृष्टि अधूरी रह जाएगी, दूसरों को वह कभी जँच नहीं सकती, उसमें कला का अभाव रहेगा। इसीलिए सृष्टि की तरह, भले और बुरे के मिश्रण से ही साहित्य की उत्पत्ति होती है। साहित्यिक जन कोष से बुरे शब्द निकाल नहीं सकते। पर सत्साहित्य के नाम-मात्र से जनता को प्रभावित करने के लिए ऊँची-से-ऊँची आवाज उठाते रहते हैं। दिल्ली में होने वाले युक्तप्रांतीय साहित्य-सम्मेलन के सभापति की हैसियत से हिंदी के सुप्रसिद्ध उपन्यासकार श्री प्रेमचंदजी ने अपने भाषण में सदाचार पर जो कुछ कहा है, उसका अंश 'विशाल-भारत' में आत्मपक्ष की पुष्टि के कारण उद्धृत हुआ है। ऐसा आदर्शवाद किसी भी सुबोध विचारक को मान्य न होगा। क्योंकि वह इस तरह का है—केवल खाओ, प्रकोष्ठ साफ न करो। तभी तुम ठीक-ठीक खा सकोगे, तभी लोग तुम्हारे पास भोजन की कला सीखने आवेंगे।

हम ऐसे आदर्शवादियों से कहते हैं, आप लोग क्यों व्यर्थ मेरु-मूल का अधो-भाग ढोते फिरते हैं? यह आपके शरीर के साथ-साथ कौन आदर्शवाद जान रहने तक आपके आगे-पीछे लगा हुआ है? इस हिस्से को काटकर निकाल दीजिए, और तब इस तरह के भाषण और उद्धरण दिया कीजिए। आप ही लोगों के शब्दों में कहते हैं, तभी जनता पर आपके आदर्शवाद का अधिक प्रभाव पड़ेगा। आप वैसा ही आदर्शवाद अपने-अपने शरीर में धारण कीजिए कि पेट से नीचे और पैरों से ऊपर का हिस्सा ही न रहे, और आप लोग इसी तरह आदर्शवाद के प्रत्यक्ष रूप बने हुए उसकी शिक्षा लोगों को देते फिरें।

बारात के वर या सुंदर के विघोषक विकट वाद्य यंत्रों की तरह ऐसे साहित्यिकों के मुख आदर्शवाद पर प्रतिक्षण मुखर हो रहे हैं, पर यंत्रों की ही तरह उन्हें वर या सुंदर की सविशेष पहचान है। गाए हुए राग के रेकार्ड-जैसे, समाज के दिए हुए

दम पर, यथा-संस्कार पुनः-पुनः एक ही स्वर छेड़ते जा रहे हैं। जिसे ब्रह्मांडमय कहा है, वह न भला है, न बुरा। उसे ही पाप और पुण्य से परे कह सकते हैं। वह यदि केवल पुण्य के द्वारा प्राप्त होता, तो असुरों की विरोधी साधना से वह उन्हें कदापि न मिलता। यहाँ शास्त्रकारों, पुराण-रचयिताओं ने भले और बुरे को विवेचन में बराबर जगह देकर आदर्शवादियों को बहुत बड़ा उपदेश दिया है। हमारा मतलब असुरों या आसुरी भावना की पुष्टि नहीं, केवल यथासिद्धांत उनका उल्लेख करना है। यदि वे असुर होकर असुंदर हैं, तो स्वभावतः मनुष्यों का मन उनके पास न जाएगा। क्योंकि मन सब समय सुंदर ही चाहता है–भोग में भी और योग में भी। सुंदर के भोग से, यौवन के बाद के वार्धक्य की तरह, मनुष्य असुंदर भले ही हो जाए, पर उसका ध्यान बराबर सुंदर ही पर रहा है। अतः हृदय से, अपनी सूक्ष्म अनुभूतियों से कोई भी असुंदर को नहीं चाहता। जो सूक्ष्मातिसूक्ष्म है, वह न सुंदर, न असुंदर।

किसी के परिणाम पर ध्यान रखना भी आदर्शवाद हो सकता है, यथार्थ साहित्य नहीं। यथार्थ साहित्य वही है, जो यथा-अर्थ है। "भोग न करो, रोग होगा।" यह उक्ति प्रभावित कर सकती है, पर यथार्थ नहीं। जिस समय यह उक्ति कही गयी थी, उस समय कहनेवाले ने साँस जरूर ली थी, अतः हवा का भोग करके ही उसने यह महामंत्र निकाला था। मुमकिन है, उस हवा में जहरीले बीज रहे हों, उनसे कहने वाले को रोग हो गया, वह कुछ दिनों में मर गया। जनता ने यह न सोचा कि उपदेशक महाशय कुछ भोग भी करते थे, तब बोलते थे, वह उन्हीं की तरह महामंत्र का प्रचार करने लगी। यह आदर्शवाद इसी तरह 'अंधेनैव नीयमाना यथान्धाः' को सार्थक करता हुआ युगों से चला आ रहा है।

भारत के साहित्यिक ऐसे आदर्शवादी नहीं थे। सीता, सती, राम, शिव आदि उच्च-से-उच्च चरित्रों में इसीलिए उन्होंने दाग दिखलाए हैं। जिनके आधार पर, वेदों का आदर्शवाद लेकर चलनेवाले आर्य समाजी दोषों का प्रदर्शन करते हैं। पर सनातनी और आर्यसमाजी दोनों पुराणों और वेदों के यथार्थ साहित्य से दूर हैं। क्योंकि दोनों के शब्द अपने-अपने साहित्य के विज्ञापन के शब्द हैं, जिनमें प्रतिकूल कुछ भी नहीं रहता, केवल अनुकूल, केवल फायदे की बातें। फायदा चाहने वाले मनुष्य स्वभावतः मुग्ध हो जाते हैं। पर फायदे के साथ ही नुकसान लगा हुआ है, यह खबर जिनको है, वे अपने यथार्थ साहित्य में हैं, और उसी की, वैसी ही सृष्टि करते हैं

सुप्रसिद्ध साहित्यिक प्रेमचंदजी की सदाचार या आदर्शवाद पर एक उक्ति देखिए–"जिसका पाचन दुर्बल है, वह मलाई का स्वाद क्या जाने!" कैसी अद्‌भुत उक्ति हुई। पाचन दुर्बल होने पर स्वाद की सम्मोहन-शक्ति भी दुर्बल हो जाती है, यह हमें नहीं मालूम था। फिर आपने लिखा है, "उसे तो मलाई खाने से उदर-विकार का ही अनुभव होगा"–कैसा दर्शाया गया! उदर-विकार का अनुभव जीभ में हो रहा है!

हम अधिक उद्धरण नहीं देना चाहते। इतना ही कहेंगे, आप कलाविदों की कमजोरियों को उनका असंयम बतलाते हैं, हम आपसे पूछते हैं, संसार के सबसे

बड़े पुरुष महात्मा गाँधी ने अभी महीने-भर पहले ऐसा क्यों कहा कि मुझमें दोष हैं। आप उन्हें भी असंयमी मनुष्य समझते हों, तो संसार में दृष्टांत-रूप एक संयमी का उदाहरण दीजिए, जिसमें असंयम न हो, न हुआ हो, न होने की संभावना हो।

एक जगह आप लिखते हैं—"हो सकता है कि कोई कलाकार नास्तिक होकर भी भक्तिपूर्ण चित्रों की या भक्ति-रस की कविता की रचना करे, पर इस रचना में कदापि वह चीज और प्रभाव नहीं हो सकता, जो एक आस्तिक की रचना में हो सकता है।" इसी तरह के शब्द यथा-संस्कार निकलते हैं, और यथा-संस्कार जनता इन भावों का साथ देती है। कलाकार के लिए नास्तिक और आस्तिकवाला सवाल नहीं। प्रेमचंदजी का यह कहना उसी तरह हुआ, जैसे एक ईसाई कहे, बिना ईसा मसीह के मुक्ति नहीं हो सकती; मुसलमान कहे, बिना मुहम्मद को माने नहीं हो सकती, हिंदू कहे, बिना राम को भजे हो ही नहीं सकती। अब कहिए, कलाकार अगर मुसलमान-चित्रों को खींचना चाहे, तो उसके लिए आवश्यक है, वह पहले मुसलमान बने। हमे पूछते हैं, प्रेमचंदजी ने बिना इस्लाम की दीक्षा लिए फारसी अक्षरों में उपन्यास क्यों लिखे? रवींद्रनाथ को अँगरेजी में गीतांजलि का अनुवाद करना ही नहीं था। प्रेमचंदजी या 'विशाल-भारत' के संपादक इतना ही समझा दें—जब वह कलाकार है, तब वह नास्तिक कैसे हुआ? नास्तिक कलाकार के क्या अर्थ हैं? फिर यदि आप ही का सिद्धांत ठीक है, तो पेड़ का चित्र खींचने से पहले कलाकार को पेड़ बनने की आवश्यकता होगी—बैल की तस्वीर खींचने से पहले बैल बनने की। यदि नहीं, तो कलाकार को आस्तिक बनने की क्या जरूरत? जो कलाकार है, वह आस्तिकता और भक्ति की कलाएँ जानता है। वह नास्तिकता की भी कलाएँ खींचता है। वह बुद्ध की भी तस्वीर बनाता है, और ईसा और महात्मा गाँधी की भी खींचता है।

साधना, संयम, तप आदि नपे-तुले शब्द रख देने से साधारण जनता की आँखों में क्षणिक एक अच्छा अंजन अवश्य लग जाता है, पर हम जनता को निरंजन होकर विवेचन करने के लिए कहते हैं। तभी ठीक-ठीक विवेचन हो सकता है। मनुष्य का आदर्श वही है, जो निरंजन है। साहित्य सत् और असत् के भीतर से सदाचार और दुराचार के फंदे से छूटकर उसी लक्ष्य पर पहुँचता है। हमारे यहाँ सदाचार के साथ असदाचार को जगह नहीं मिली, इसलिए लोग जबान पर सदाचार रखकर पेट में असदाचार ही भर रखते हैं। उन्हें बाहर करने की हिम्मत नहीं होती। वे लोगों से डरते हैं। परिणाम यह हो रहा है कि पर्दे में पाप बढ़ता ही जा रहा है। जब यह पर्दा उठेगा, तब पाप भी इतना न रहेगा। सत्साहित्य की सृष्टि के लिए जीवन की सभी दिशाएँ आवश्यक हैं, क्योंकि कोई गिर जाता है, तो उसके गिरने के कारण हैं, वे साहित्य के लिए उतने ही जरूरी हैं, जितने उठने वाले कारण।

**['सुधा', मासिक, लखनऊ, नवंबर, 1932 (संपादकीय)। असंकलित]**

# साहित्य और जनता

प्रत्येक साहित्य में ऐसे मनुष्य हुआ करते हैं, जो स्थूल उपयोगितावाद से साहित्य के उत्कर्ष का अंदाज़ा लगाते हैं। वे कहते हैं, जिस साहित्य में जनता के हित की जितनी शक्ति है, कसौटी में वह उतना ही खरा, उतना ही उपयोगी और उतना ही मूल्यवान है।

प्रचलित प्रथा की तरह वे लोग केवल प्रचलन को ही देखते हैं, प्रचलन के मूल कारण को नहीं। वहाँ तक उनकी पहुँच होती भी नहीं। यदि हो, तो किसी भी सत्य के प्रचलन के वे पक्षपाती हो जाएँ, केवल रूढ़ि के ही न रहें।

एक दिन लिखा गया था कि चावल से माँड़ में ज्यादा ताक़त होती है, इसलिए माँड़ फेंकना न चाहिए। पर जो लोग चावलों के पकने की सफ़ाई और सौंदर्य को देखने के आदी थे, उन्होंने स्वास्थ्य के इस उपयोगितावाद को ग्रहण नहीं किया कि माँड़-समेत चावल खाना या माँड़ न फेंकना अधिक लाभप्रद है। युक्तप्रांत में, जहाँ के रहने वाले पहले ही से माँड़ फेंकने के आदी नहीं, विवाह के समय इस उपयोगितावाद को सौंदर्यवाद के सामने रद्द कर देते हैं, अर्थात् रुपये सेर वाले बासमती चावलों को वर यात्रियों की वर रुचि के ही अनुकूल, अधिक-से-अधिक जल में पकाकर अलग-ही-अलग, फूलों की तरह, चुन लेते हैं। यहाँ हमें मालूम होता है, समाज में सौंदर्यवाद का कम महत्त्व नहीं।

कभी-कभी उपयोगितावाद और सौंदर्यवाद एक-दूसरे से मिले रहते हैं, जैसे मनुष्य का जीवन अधिक स्वच्छ, सुंदर, सुखमय होकर अधिक स्वस्थ भी हो। इसी तरह किसी वाद-विशेष को साहित्य में अलग महत्त्व न देकर साहित्य के ही एक द्रुम से भिन्न-भिन्न शाखा की तरह सन्निविष्ट समझें, तो विचार में मिट्टी, जल, आग, हवा, और आसमान की तरह जुड़ी हुई सारी सृष्टियों को भिन्नता के भीतर से एक ही सूत्र में गुँथी हुई देख सकते हैं। यही उद्यम साहित्य का सर्वोत्तम विकास रहा है।

हमें अच्छी तरह मालूम है, हमारे निन्नानबे फ़ीसदी साहित्यिकों को और सौ फ़ीसदी जनता को भगवान् श्रीरामचंद्र पर, उनके जन्म-कर्मादि पर पूरा-पूरा विश्वास

है। अतः आज यदि राम के विरोध में कोई प्रासंगिक बात भी कही जाए, तो जनता उसे सुनने को तैयार नहीं; साहित्यिकों में केवल सुनने का धैर्य है, मत बदलने की शक्ति नहीं। यह अवश्य ही युगों की संचित साहित्यशक्ति का ही दौर्बल्य है। इससे जनता को कुछ हासिल हुआ, तत्त्व के भीतर से यह साबित नहीं होता। किसी महान् भक्त से ही पूछिए, अग्नि से यज्ञ-हवि कैसे पैदा होती है, जानकीजी ऋषियों के खून-से भरे घड़े से, ज़मीन से, कैसे निकलती हैं, महावीरजी लंका से एक ही रात में उत्तराखंड जाकर, सजीवन-मूरिवाला पहाड़ लेकर, रात ही-भर में लंका कैसे लौट आते हैं, तो आपको युक्तिपूर्ण, संतोषप्रद उत्तर कदापि प्राप्त न होगा। भारत में प्रचलित, भारतीय नाम से प्रसिद्ध आर्य-सभ्यता की उज्ज्वल श्री से मंडित जो कुछ प्राप्त होगा, उसका अधिकांश इसी प्रकार शिरश्चरणहीन, अदृष्ट, काल्पनिक जंतु-विशेष ज्ञात होगा, जहाँ मानवीय दृष्टि की गति नहीं। पर पता नहीं, प्राचीन कितनी सदियों से इस जातीय उपयोगितावाद का आर्यों में महत्त्व है! इससे जाति की जितनी भी भलाई हुई हो, आज हमें कहने में कुछ भी संकोच नहीं कि उतनी ही बुराइयाँ हुई हैं। आज उन्हीं बुराइयों का दूरीकरण देश का, साहित्य का सच्चा उद्धार है। अतः हम देखते हैं, उपयोगितावाद में भी भिन्न-भिन्न दृष्टिकोण संभव हैं। पहले सत्य को जिस रहस्यमय ढंग से व्यक्त करने की प्रथा थी, आज उसी रहस्य को सत्य शब्दों के भीतर से खोलने की रीति प्रचलित हो रही है।

पर यह आधुनिक साहित्यिक प्रगति कभी जनता के हृदय से सहयोग नहीं प्राप्त कर सकती। कोई भी बड़ा नया प्रचलन अपने प्रथम चरण-क्षेप से ही जनता के हृदय से सहानुभूति प्राप्त कर सका हो, ऐसा देखने में नहीं आया। यहाँ तक कि जो पौराणिक कथाएँ जनता के प्राणों में प्रवेश कर गयी हैं, उनके लिए वह एक रोज़ बिल्कुल तैयार न थी। हज़ारों प्रचारक साधु जनता को सुना-सुनाकर अंधविश्वास पर प्रतिष्ठित कर रहे थे। अंधविश्वास भी क़ीमती है, जहाँ संसार में किसी भी रूप का विश्वास ऊँचे विचार से सत्य नहीं।

अस्तु, हम देखते हैं हर साहित्य का पहले सूत्र-रूप में आगम होता है, प्रचार तत्पश्चात्। जो साहित्यिक जनता से तरक़्क़ी में सदियों का फ़ासला रखते हैं वे कभी जनता के साथ नहीं बैठते, जनता स्वयं मंद-मंद चलती हुई वर्षों बाद उनके साथ होती है। साहित्य की प्रगति के ऐसे ही प्रमाण इतिहास देते हैं। जिस शूद्रक को एक दिन सामाजिक नियमों के लंघन के कारण अवतार-श्रेष्ठ भगवान् श्रीराम के हाथों प्राण देने पड़े थे, जिस एकलव्य को गुरु की मिथ्या तृप्ति के लिए अंगूठा काट देना पड़ा था, क्या आर्य-सभ्यता का पक्षपाती कोई भी मनुष्य कह सकता है, कि भारत में आज वैसा ही वर्ण-धर्म प्रचलित है, अथवा उसी के प्रचलन की जरूरत है? वही शूद्रक शक्ति आज सहस्र-सहस्र रामचंद्रों को पराजित कर देने में समर्थ है—अछूत ही आज भारत के प्रथम गण्य मनुष्य, चिंत्य समस्या हैं। आप देखें, वही एक

उपयोगितावाद आज कैसा विपरीत रूप धारण किए हुए है। जनता आज भी इस उपयोगितावाद का साथ नहीं दे रही, उसी प्राचीन के साथ है। इसीलिए कहा कि जनता साहित्य के साथ नहीं रहती, साहित्य के साथ लायी जाती है, और जिसे साहित्यिक उपयोगितावाद का आज एक रूप प्राप्त है, कल दूसरा प्राप्त होगा।

अँगरेजी-साहित्य में क्राइस्ट-विचार वाली जो खास धारा प्रचलित थी, युग-प्रवर्तन को उसके समय सबसे बड़ा धक्का लगा, इसलिए उस काल के वर्ड्सवर्थ, शेली, कीट्स आदि कविगण अपने समय में ही जनता द्वारा समादृत नहीं हुए। अँगरेज, मुसलमान, पारसी और जैन, हिंदू तथा अन्यान्य जनों को अपने-अपने समूह में रहकर दूसरे के प्रति द्वेष पैदा करते हुए देखकर प्राचीन काल से बहती आती हुई विश्व-धारा में जिन रवींद्रनाथ ने आत्म-मज्जन किया, उनका भी समादर उनकी भाषावाली जनता ने पहले नहीं किया, और उनके विश्वजनीन भावों का समर्थन पूर्णतः आज भी नहीं कर रही है। जिस उमर खैयाम से प्रसिद्ध कवि संसार में आज दूसरा नहीं, वह अपनी उच्छृंखल वृत्तियों के कारण अपने ही भाइयों की स्मृति में लगातार, सदियों तक, स्वप्नवत्, विलीन था। इस तरह, हम देखते हैं, जनता बहुत बाद को नेता साहित्यिक से सहयोग करती है। हिंदी में ऐसे साहित्यिक और साहित्य का एकांत अभाव नहीं, जो कुछ हद तक जनता को जड़ता से मुक्त कर सामने लाने की कोशिश कर रहे हैं, पर विचारों की कमजोरी और स्वाभाविक पतन के कारण प्रचारकगण अपने साथ बरगलाकर रखना चाहते हैं, जिससे सत्य का प्रकाश उन तक नहीं पहुँच पाता, प्रचार-प्राप्त नहीं हो पाता। आज हमारे साहित्य के सिर कौन-सा उत्तरदायित्व सबसे गुरु है, लोग नहीं सुन पाते। निम्न श्रेणी के प्रचारक साहित्यिक जनता की ही प्रिय बातें उन्हें सुनाते रहते हैं। इस प्रकार सत्य के बदले वे अपना ही प्रचार करते हैं।

हमारे साहित्य की हीनता का मुख्य कारण यही है कि हम अपनी हीनता को प्रश्रय देकर उत्कर्ष समझ बैठे हैं, अपने अज्ञान को ज्ञानाडंबर कर रक्खा है। आज जिस युग-साहित्य की दृष्टि में मनुष्य-मात्र के समान अधिकार हैं, वह पुरुष हो या स्त्री, उसका जनता में प्रचार रोकना, उसकी सूक्ष्मतम व्याख्या न समझकर उसके अस्तित्व को ही न स्वीकार करना हिंदी की इस हीन दशा का एक अत्यंत पुष्ट स्थूल प्रमाण है। पर, हमें विश्वास है, साहित्य की महाप्राणता, जो जनता को ज्ञान के भीतर से बहा ले गयी है, एक दिन अपनी शक्ति का परिचय देगी।

**[‘सुधा’, मासिक, लखनऊ, जून, 1933 (संपादकीय)। असंकलित।)]**

# उपन्यास-साहित्य और समाज

क्रांति साहित्य की जननी है। नवीनता तभी पैदा होती है, और साहित्य का रथ कुछ कदम आगे बढ़ता है। इसे ही जीवन भी कहते हैं। ऋतु के बदलने पर जिस तरह पृथ्वी एक नये रूप से सजती है, उसी तरह क्रांतिजन्य नवीनता से साहित्य।

उपन्यास वास्तविक जीवन के चित्र रखता है। साथ-साथ जहाँ जीवन दाग़ी होकर संजीवनी शक्ति से रहित हो जाता है, वहाँ उसे नयी प्रथा से सँवारकर या प्रहार द्वारा नष्ट करके औपन्यासिक नवीन चित्रण का समावेश करता है। यह काम बराबर साहित्य में जारी रहता है। कारण, जीवन का भी बराबर कलुषित होते रहना धर्म है। जब किसी वाद की पराकाष्ठा दिखाना, किसी उद्देश्य-विशेष की पूर्ति ही औपन्यासिक का लक्ष्य होता, तब उसकी तैयार की हुई कृति नवीनता से रहित, इसलिए अनुपयोगिनी सिद्ध होती है।

हमारे यहाँ आदर्शवाद की जो प्रथा पहले प्रचलित थी, वही बाद को भी रक्खी गयी। उसमें अनेक विकार थे, पर वे बुरे नहीं लगे। कारण मनुष्यों का मन उन्हें अच्छा समझता-समझता अच्छा समझने का आदी हो गया। इस प्रकार नवीनता का समावेश रुका रहा। जो नयी सृष्टियाँ हुईं; वे भी उसी पुराने ढंग की। इस संस्कार का हाल हम राम और कृष्ण के साहित्य में प्रत्यक्ष करते हैं। कितना लकीर पीटी गयी। कृष्ण का गोपी-प्रेम, जैसा लिखा जाता है, वैसा ही रहकर पूर्ण आदर्शवाद की सिद्धि कहलाया, पर किसी स्त्री का दूसरे के प्रति प्रेम बराबर निन्द्य माना गया। यह संस्कार है! हिंदी के बड़े-बड़े पढ़े लेखक कृष्ण को बुरा न कहेंगे कि गोपियों से जुदा होकर फिर उनकी ख़बर न ली, पर बायरन अगर एक के बाद दूसरी प्रेमिका को पकड़ता और पहली को ठुकराता गया, तो यह उसके चरित्र की बड़ी कमज़ोरी, कृष्ण की तरह का त्याग नहीं, सिद्ध कर दी गयी। कृष्ण ने जो द्वारका में राजसिंहासन ग्रहण किया, और एक नहीं, दो-दो ब्याहीं, ये सब अवतारवाद के महान् कर्म और त्याग कहलाए! इसे ही संस्कार कहते हैं, जिससे बुद्धि का नाश होता और नवीन साहित्य की प्रगति रुकती है। उपन्यास में हमारे यहाँ इन्हीं संस्कारों का प्राबल्य है,

जिनसे नवीनता का स्रोत नहीं बह रहा और समाज पिछड़ा हुआ है। कुछ सृष्टियाँ इधर हुई हैं, जो समयानुकूल हैं, पर इतने से साहित्य का विशाल उदर नहीं भरता।

दूसरे उपन्यास-साहित्यों की वृद्धि की ओर दृष्टिपात करने पर यह विषय और स्पष्ट हो जाता है। महाकवि ह्यूगो का संसार-प्रसिद्ध उपन्यास 'ले मिजरेब्ल्स' जिस शक्ति का प्रवाह बहाता है, वह तत्कानीन समाज की दशा से फूटकर निकलता था। हार्डी ग्रामीण युवती पर होने वाले अत्याचार के जो दृश्य खींचता है वे समाज के अंगों के नवीन प्रदर्शन हैं। इनके अलावा समाज को नये पथ पर ले चलने की सृष्टि भी वहाँ के उपन्यासों में है। फिर भी इस तरह किसी बाद के प्रच्छन्न होने का भय नहीं रहता। केवल नवीन पथ प्रशस्त होता जाता है। बंकिमचंद्र आदर्शवादी थे। बंगला-साहित्य में आज भी आदर्शवादी रचनाएँ काफ़ी होती हैं। शरच्चंद्र बहुत कुछ सुधारवादी हैं। इनके उपन्यासों से समाज ने नया जीवन पाया, उठने की नयी शक्ति। रवींद्रनाथ सुधारवादी भी हैं, और केवल चित्रणकलावादी। इन्होंने जैसा देखा, वैसा चित्रण भी, अपूर्ण मनस्तत्व की समीक्षा करते हुए, किया, और समस्या-विशेष पर भी उपन्यास और कथाओं के ठाट तैयार किए। इसी तरह साहित्य को प्रगति मिलती है, समाज आगे बढ़ता है।

इसमें इसी जगह एक बहुत बड़ी कमी है। हमारे समाज में एक आर्य-समाज के आंदोलन के सिवा व्यापक रूप से कोई बड़ा परिवर्तन नहीं हुआ। इससे उपन्यास के स्त्री-चरित्र उन्नत दशा को नहीं पहुँचते। कोई समस्या भी इतनी गिरी दशा से हल नहीं की जा सकती। जो दशा हमारे सामाजिक जीवन की है, उसमें दृश्यमान ऐसी कोई भी बात नहीं, जो सभ्य-समाज के मुकाबले के चरित्र उपन्यास-लेखकों को दे सके। उपन्यास जीवन की सूक्ष्म विचारधारा का आधार लेता है। पर हमारे यहाँ विचारों का स्थूलतम रूप ही है, या रूढ़ियों की पूरी पाबंदी। इस तरह साहित्य तथा जाति को महत्त्व प्राप्त नहीं होता। दैनिक जीवन के ऊँचे व्यवहार, ऊँचे कार्य वार्तालाप और नवीन ऊँचे आदर्श पर चलने की इच्छा यही उपन्यास के जीवन की नींव है; हमारे यहाँ यह भी नहीं पड़ी है। इसलिए औपन्यासिकों का कर्तव्य होता है, या तो आदर्शवाद की सुंदर साहित्यिक रचना करें, या क्रांति की लहर उठाएँ, और खूबी से उसे बहाते चलें, जब तक समाज का नवीन रूप उसके अनुकूल न हो जाए। वर्तमान पीड़नों का जो मसाला समाज में है, वह भी उसे उठाने के लिए काफी है। ऐसी ही सक्षम रचनाएँ इस साहित्य को नया जीवन दे सकेंगी।

—

['सुधा', मासिक, लखनऊ, फरवरी, 1935 (संपादकीय)। असंकलित।]

# बाहर और भीतर

संसार में दो दल हैं। एक दल बाहर मुड़ता है और दूसरा भीतर घुसता है। एक दल बाहर के सुधार के लिए कमर कसता है और दूसरा भीतर के दर्द की दवा करता है। एक दल पूर्ण स्वतंत्रता के लिए बाहर के विरोधियों को ललकारकर उनसे सदर्प भिड़ता है तो दूसरा बाहरी कुल चीजों से नाता तोड़ भीतर के दुश्मनों से, निरस्त्र किंतु निर्भय होकर, लड़ाई ठानता है। हमें यह देखना है कि बाहर और भीतरवालों में से किसका मार्ग ठीक है, किस मार्ग से चलकर मनुष्य स्वतंत्रता, शांति या पूर्णता को प्राप्त कर सकता है। यहाँ यह आक्षेप कर देना युक्ति-विरुद्ध नहीं कि संसार का अस्तित्व जब तक है तब तक ये दोनों दल संसार में रहेंगे। संसार का अर्थ यही है कि उसमें प्रवृत्ति भी है और निवृत्ति भी; संसार में बाहर भी संसरण दीखता है और भीतर भी प्रगति होती है। एक ओर उत्थान है तो दूसरी ओर पतन। बात यह है कि संसार भी प्रवाह है। प्रवाह उत्थान और पतन-युक्त लहरों से अलग नहीं किया जा सकता। किंतु फिर भी हमें इस प्रवाह के नीचे शांति या स्वतंत्रता का मोती ढूँढ़ना चाहिए। यदि संसार का प्रवाह बहा ले गया तो हम स्वतंत्र कब हुए?

इस स्वतंत्रता की राह बताना ही इस लेख का उद्देश्य है। परंतु स्वतंत्रता के ही विषय पर कुछ लिखना अधिक नहीं तो आंशिक अन्याय जरूर है; क्योंकि जो प्रगति है वह संसार में ही संभव है और संसार में—प्रवाह में, बहना छोड़, स्थिर, शांत रहना असंभव है। कुछ सोचना, कुछ कहना या कुछ लिखना प्रगति का ही सूचक है। अर्थात संसार में ही कुछ सोचा, कहा या लिखा जा सकता है। यदि ऐसा है तो जो पूर्ण है उसमें प्रगति नहीं हो सकती, जो स्वतंत्र है उसे संसार का प्रवाह बहा नहीं सकता, परतंत्र नहीं कर सकता। अतः स्वतंत्रता पर कुछ सोचना, कहना या लिखना अन्याय नहीं तो क्या है? हाँ, विचार द्वारा उसके मार्ग का बहुत कुछ पता लगाया जा सकता है।

पहले बाहर वालों को ही लीजिए। मान लीजिए कि बाहर स्वतंत्रता की खोज करने वालों को स्वतंत्रता मिल गयी, वे अपनी इच्छानुसार स्वतंत्र हो गये। अब उनकी

स्वतंत्रता के स्वरूप पर भी विचार कीजिए। देखिए कि उनकी स्वतंत्रता क्या और कैसी है, वह निश्चेष्ट है या किसी दूसरे की स्वतंत्रता छीनने को हाथ भी बढ़ाती है। वह संसार का हित करती है या अहित। वह शांति की जननी है या भोग की।

अच्छा तो बाहर स्वतंत्रता का पता लगाने वालों को स्वतंत्रता मिल गयी। पर यह स्वतंत्रता कैसी हो सकती है? इसमें कोई संदेह नहीं कि इसका सारा संबंध शरीर से ही है। भोग ही इसका लक्ष्य है। यह भोग कभी पूर्ण नहीं हो सकता। अतएव यह स्वतंत्रता भी स्थिर नहीं हो सकती। अस्थिर अपूर्ण वस्तु स्वतंत्रता नहीं कही जा सकती। स्वतंत्र मनुष्य भोग का गुलाम क्यों होने लगा? यद्यपि इस प्रकार के भोग को ही अधिकांश लोग स्वतंत्रता कहते हैं किंतु तो भी यह एक प्रबल गुलामी वृत्ति ही है। विचारकों का सिद्धांत यही है। वे कहते हैं कि बाहर मुड़ने की इच्छा ही अपूर्णता सूचित करती है। किसी विषय या वस्तु की इच्छा करना ही उस विषय या वस्तु के अभाव का लक्षण है। अगर आप कुछ चाहें, कोई इच्छा करें तो समझना चाहिए कि जिस चीज के पाने की आप इच्छा करते हैं उसका आपमें अभाव है। अतः आप अपूर्ण हैं। पूर्वोक्त प्रकार की भोग की माता स्वतंत्रता मिल नहीं सकती, मनुष्य चाहे जितनी कोशिश करे, चाहे जितना सिर पीटे। इसका प्रमाण बाहरी सभ्यता के इतिहास और बाहरी सभ्यता के पक्षपातियों के कथन से ही मिल जाता है। वे कहते हैं, हमारी भाषा, हमारा विज्ञान, हमारा शिल्प और हम भी दिनोंदिन उन्नत हो रहे हैं। पर वे यह नहीं बताते कि उनकी यह उन्नति पूर्ण कब होगी अथवा उनकी इस उन्नति का लक्ष्य क्या है। यह वे कह भी नहीं सकते, किंतु भारतीय दार्शनिक और बहिर्जगत के इतिहास वैसी उन्नति का परिणाम ध्वंस बताते हैं। देखिए, जिस देश में जड़वाद की उन्नति हुई है उसका अंत ध्वंस में ही हुआ है। भारत, फारस, अरब, मिस्र, ग्रीस आदि सारे देश यही शिक्षा देते हैं। जड़ की उन्नति विलास, संभोग के ही सामान से होती है और उस उन्नति का अंत विलासी और विलास के नाश हो जाने से हो जाता है। मोटी बात है कि शरीर और शरीर-सुख के सामान ही अगर उन्नति के सूचक हैं तो शरीर और साम़ान के अंत के साथ-साथ उन्नति की भी इतिश्री हुई समझना चाहिए। बाहर मुड़ने वाले स्वतंत्रताप्रिय जड़वादी जड़-विज्ञान के द्वारा संसार का अभाव दूर करने का ढिंढोरा पीटते हैं। पर फल यह हुआ कि जड़-विज्ञान से संसार में और अभाव की सृष्टि हुई है। एक आदमी करोड़ों रुपये का मालिक बन बैठा है और लाखों भूखों मरते हैं। जड़वाद का प्रभाव अशांति और संघर्ष को ही बढ़ाता है, और अंत को स्वयं नष्ट हो जाता है। जड़-विज्ञान की शक्ति उसके उपयोग से ही नष्ट होती है। गोला-बारूद की शक्ति तोप दागने ही से नष्ट होती है और साथ ही गोला-बारूद के पक्षपाती समर-शूर ही गोलों का निशाना बनते हैं;—गोला-बारूद के नष्ट होने के साथ उसके शक्तिधर भी नष्ट हो जाते हैं। प्रकृति का यही नियम है। जिस जर्मनी ने भौतिक शक्ति का संचय किया था, वही उसके

उपयोग से नष्ट हुआ और दूसरे भौतिक शक्तिशालियों को भी हानि पहुँचायी। बात यह कि स्वतंत्रता के लिए बाहर मुड़ने से उस स्वतंत्रता का स्वरूप भोग बन जाता है। उससे बहिर्जगत में संघर्ष पैदा होता है, और वही संघर्ष भोग और भोगी के नाश का कारण होता है। अतः निश्चय है कि शांतिपूर्ण स्वतंत्रता बाहर नहीं मिलती।

भीतर घुसनेवालों में से कितने ही महापुरुषों को शांति का पता मिल गया है। शांति का पता लेकर वे बाहर भी आये हैं और बाहरवालों को शांति का संदेश सुनाया है। उन्होंने कहा है, "न वहाँ सूर्य है, न चंद्र; न मैं हूँ, न तुम; वहाँ केवल आनंद-ही-आनंद है। तुम स्वयं आनंदस्वरूप हो, अपने चिदानंदमय–शांतिमय स्वरूप को तुम नहीं समझना चाहते, इसी से तुम दुःख झेलते हो। जब तुम अपना बाहर का खेल त्याग दोगे, अपने आनंदमय स्वरूप को ढूँढ़ोगे तो तुम्हें वह मिल भी जाएगा। वहाँ तक न मन की पहुँच है और न वाणी की। वह है–'अवाङ् मनसोऽगोचरम्।' "

महापुरुषों की पूर्वोक्त आज्ञा पर क्या कोई विचारक संतुष्ट होगा? शायद नहीं। वह तो यह कहेगा कि भाई पहले मुझे विचार के द्वारा जहाँ तक संभव हो, समझाओ तो मैं मानूँ; अथवा सिद्ध करो कि मेरा विचार शांति का प्रसंग छेड़ने में असमर्थ है तो मानूँ।

विचारक के ये दोनों प्रश्न स्वाभाविक हैं। इन दोनों का उत्तर एक ही साथ और एक ही बात में यह है कि जिस केंद्र से विचार उठता है उसका पता अगर विचार लगा सके तो समझिए कि विचार द्वारा शांति का पता चलना संभव है। पर ऐसा कदापि हो नहीं सकता; विचार से शांति का पता नहीं चल सकता। क्योंकि एक विचार जिस केंद्र से उठता है, उस केंद्र का पता लगानेवाला दूसरा विचार भी उसी केंद्र से उठता है, और इसी तरह शब्द-जाल की सृष्टि होती है और विषय क्रमशः बहिर्मुख हो जाता है। देखिए, पहला विचार जहाँ से उठा–पहली अभिव्यक्ति जहाँ से हुई–उसकी अपेक्षा विचार या अभिव्यक्ति स्थूल है; तभी तो समझ में आयी; अर्थात् केंद्र सूक्ष्म है और वहाँ से जो विचार उठता है वह स्थूल; तो इसमें कोई संदेह नहीं कि स्थूल की सहायता से सूक्ष्म का बोध होना असंभव है। जिस केंद्र से विचार उठता है, शांति का स्थान वही है। अतः सिद्ध है कि विचार शांति के स्थान तक नहीं पहुँच सकता।

दूसरा प्रमाण–उस केंद्र में स्थिर रहना ही स्वतंत्र रहना है। वही केंद्र ब्रह्म है। वहाँ यदि आप प्रतिष्ठित हो गये तो फिर कोई अभिव्यक्ति आपको चंचल नहीं कर सकेगी। वह ब्रह्म अनंत है क्योंकि किसी प्रकार उसका अंत नहीं किया जा सकता और वहाँ से जितनी अभिव्यक्तियाँ हुई हैं–जितने प्रकाश निकले हैं, निकल रहे हैं और निकलेंगे वे भी अनंत हैं अर्थात् बहिर्जगत में जितने पदार्थ दीखते हैं वे भी अनंत हैं–असंख्य हैं। इधर मन में जो तर्क-वितर्क उठते हैं ये भी अनंत हैं। उस अनंत की अभिव्यक्ति भी अनंत है। यदि अभिव्यक्ति द्वारा (विचार द्वारा) शांतिमय ब्रह्म

का पता लगाइए तो एक के बाद दूसरी और उसके बाद तीसरी, इसी तरह अनगिनती अभिव्यक्तियों (विचारों) के जाल में आप अनंत काल तक फँसते ही चले जाएँगे किंतु ब्रह्म का सिद्धांत न कर सकेंगे। पहले भी कहा गया है कि स्वतंत्रता के विषय पर कुछ लिखना, विचार करना अन्याय है।

भीतर मुड़ने वाले कहते हैं कि तुम अपने मन को अंतर्मुख करो। जहाँ से अभिव्यक्तियाँ उठती हैं उसी को अपना लक्ष्य समझो, तो तुम्हें ब्रह्म और सृष्टि का कुल रहस्य मालूम हो जाएगा। बाहर किताब पढ़कर ज्ञान संचय करने की आवश्यकता न रहेगी, तुम्हारा मन अनंत ज्ञानयुक्त है। उसी के परिशीलन से अनंत किताबों का ज्ञान तुम्हें अनायास मिल जाएगा। और समय आने पर तुम शांतिमय स्वतंत्र ब्रह्मपद पर प्रतिष्ठित हो जाओगे।

सच है कि हम इतने स्थूलबुद्धि और बहिर्मुख हैं कि कोई बात हमारी समझ में ठीक-ठीक नहीं आती। हम कुछ का कुछ समझ बैठते हैं। हम हर एक वस्तु को यथासंभव उसके स्थूल रूप में ही देखते हैं और हर एक विषय को स्थूल रीति से ही समझते हैं। इसका एक उदाहरण भी लीजिए। मान लीजिए, कानपुर से चलकर थियेटर देखने के लिए हम कलकत्ते आये और अपने नेत्रों को चरितार्थ करके कुछ दिन बाद कानपुर लौट गये और वहाँ अपने मित्रों से अपने भ्रमण का सविस्तार वर्णन किया। यह हमारे कार्य का स्थूल रूप है। पर सूक्ष्म रूप से इसका उद्‌भव हमारे मन में कभी पल-भर में ही हुआ था। पल-भर में जो चित्र खिंचा था उसी के स्थूल कार्य में कम-से-कम पंद्रह दिन लग गये। यहाँ ध्यान देने योग्य एक बात और है वह यह कि पल-भर में हममें जो वृत्ति उठी थी वह निश्चयात्मिका थी। इसलिए यंत्रस्वरूप होकर हमें इस वृत्ति का परिणाम कार्य में करना पड़ा अर्थात् काम करके ही इस वृत्ति का अंत करना पड़ा। यहाँ हमें मालूम हो जाता है कि मनस्काम कल्पतरु हमीं में है। वहीं से निश्चयात्मिका वृत्तियाँ, इच्छाएँ उठती हैं और हमसे काम करा लेती हैं। अतएव हर एक इच्छा को निश्चय रूप भीतर ही मिलता है; तभी वह कार्य द्वारा पूर्ण होती है। जिस इच्छा में निश्चय नहीं है वह कभी पूर्ण न होगी। हमें मालूम हो गया कि इच्छाओं की पूर्णता भी भीतर ही होती है, बाहर नहीं।

भीतर मुड़नेवाले यह कहते हैं कि भीतर मुड़ने की इच्छा पैदा होते ही तुम शांति के अधिकारी हो जाते हो और तभी से तुम्हें शांति का कुछ-कुछ आनंद मिलने लगता है। बाहर के संघर्ष से मन हटा कि शांति मिलने लगी। समुद्र का ऊपरी भाग प्रबल तरंगों से चंचल और संघर्षपूर्ण है, परंतु भीतरी भाग शांत और निश्चल। इंद्रियों के द्वार से मन को बाहर भागने से रोकना चाहिए। इंद्रियों के द्वार से मन बाहर चला कि काम, क्रोध आदि दुश्मनों में से किसी के रूप में बदलकर उसने अशांति की सृष्टि की। जो बहिर्मुख मन का गुलाम है वह स्वतंत्रता का अधिकारी नहीं है। वह विपत्तियों से बच नहीं सकता। इसलिए हमेशा होशियार रहना चाहिए। मन को

प्रत्याहार की शिक्षा दीजिए तो वह बाहर के संघर्ष का संहार कर लेगा। किंतु संघर्ष पर संघर्ष की उत्पत्ति करके शांतिपथ से तुम्हें विमुख न कर सकेगा—'बुन्द अघात सहैं गिरि कैसे; खल के बचन सन्त सह जैसे।' इसी तरह यह अपूर्व सहनशीलता तथा धैर्य का फल एक दिन पूर्ण स्वतंत्रता और परम शांति में परिणत होगा।

हमारे सारे शास्त्र भीतर की इसी शांति या स्वतंत्रता के पथ-प्रदर्शक हैं। हमारा भ्रम ही उनमें भिन्नता और विरोध दिखाता है। हम अपने को पूर्ण ज्ञानी और सच्चा विचारक समझते हुए महर्षियों की उक्ति के लक्ष्य पर ध्यान नहीं देते। किंतु उस उक्ति पर तर्क की तलवार रख देते हैं, इससे अधिक भ्रम और क्या होगा?

**['समन्वय', मासिक, कलकत्ता, सौर कार्तिक, संवत् 1979 (वि.)**
**(अक्तूबर-नवंबर, 1922)। संग्रह में संकलित।]**

# वर्तमान हिंदू-समाज

आजकल हिंदू-जाति के जीवन में जिस तरह की गंदगी भर गयी है उसको देखते सुधारकों का यह कहना अनेक स्थलों में सत्य है कि समाज की प्राचीन नालियों से होकर वह गंदगी बह नहीं सकती; उन नालियों के मुँह भर गये हैं; सदियों का कूड़ा उनमें जम गया है, और उस समय की वे नालियाँ अब किसी तरह भी काम की नहीं रह गयीं, वर्तमान सभ्य संसार का सामाजिक प्रवाह जैसा है, हमें भी उसी तरह की नयी-नयी नालियाँ काटकर तैयार करनी चाहिए, नहीं तो अपर देशों का मुकाबला नहीं कर सकेंगे। जो प्राचीन विचारों के विद्वान् हैं, और सुधारक भी, वे कहते हैं, नहीं, उन्हीं पुरानी नालियों को साफ़ कर लेने से हमारा सामाजिक जीवन पूर्ववत् स्वच्छ तथा सुखमय हो जाएगा, और हम अपनी ही मौलिकता के सहारे सभ्य संसार के सामने अपनी विशेषता रख सकेंगे, जो हमारी अपनी चीज है, और सभ्य संसार को भी जिसके विकसित रूप से कुछ शिक्षा मिल सकेगी। कुछ लोग वर्णाश्रम-धर्म विभाग आदि की इस समय कुछ भी आवश्यकता नहीं मानते; कुछ लोग उसी को पूर्ववत् कायम रखना हिंदू-समाज के लिए हितकर समझते हैं। इस तरह के विचारों के घात-प्रतिघातों का ही यह फल है कि नयी सभ्यता के अनुकूल बंगाल में राजा राममोहन राय जैसे समाजसुधारक को सामाजिक स्वतंत्रता तथा उदारता के विचार से ब्राह्म-समाज की स्थापना करनी पड़ी। इधर पश्चिमोत्तर प्रांतों में स्वामी दयानंदजी ने आर्य समाज की स्थापना की। इन सामाजिक सुधारों को देखते हुए और-और जातियों के लोग भी अपने-अपने फ़िरके में सुधार तथा उन्नयन करने लगे। बढ़ई लोगों ने अपने को कोकाश-पांचाल-ब्राह्मण सिद्ध किया, कायस्थों ने ब्राह्मण और क्षत्रिय दोनों, किंबहुना अहीर, लोध, कलवार आदि ने भी अपनी संगति के अनुकूल क्षत्रिय आदि की उपाधि धारण की। राज्य अँगरेजों का है, किसी के प्रति इस पदवी-ग्रहण के कारण उच्च जातियों के लिए विरोध करने का अधिकार नहीं रह गया।

ये पदवियाँ भी सरकार की नहीं, अतः उसके भी हस्तक्षेप का कोई कारण नहीं। पुनश्च इन पदवियों को ग्रहण करने वाले एक-एक बुनियाद पर ही ऐसा

करते हैं, जिसके कारण उनमें भी कुछ आत्मबल है। समाज के पुराने ब्राह्मण-क्षत्रिय इन नये ब्राह्मण-क्षत्रियों की दिल्लगी तो खूब उड़ाते हैं, कहीं-कहीं मूर्खतावश इनके प्रतिकूल आचरण भी कर बैठते हैं, पर कुछ बना-बिगाड़ नहीं पाते। अभिप्राय यह कि एक ओर ब्राह्म-समाज-जैसी सब मनुष्यों को समान माननेवाली संस्था भी यहाँ है, और नवीन ब्राह्मण-क्षत्रिय भी प्रतिदिन किसी-न-किसी साँचे से ढलते जा रहे हैं, आर्य-समाज-जैसी वेद-वाद की संस्था भी है, और जाति-पाँति-तोड़क-मंडल भी यहाँ संगठित हो रहा है। सनातन-धर्म का तो कहना ही क्या? गृहस्थों की अनेक छूत-अछूत जातियों की तरह तपश्चारियों की भी अगणित कोटियाँ हैं। इस सामाजिक परिस्थिति के भीतर जो तूफान उठ रहा है, उसमें दिग्यंत्र से दिशाओं का निर्णय भले ही हो, पर विक्षुब्ध तरंगों से सुधार का पोत आगे नहीं बढ़ने पाता। यों तो व्यक्तिगत स्वतंत्रता है ही, जिसके जी में जो बात उठती और बैठ जाती है, वह वही कर डालता है, किंतु इसके अलावा भी यहाँ एक बात प्रयत्क्ष देख पड़ती है। हर जाति दूसरी जातियों से पृथक है, अपने सुधार के लिए वह अपने ही को उत्तरदायी समझती और अपने ही समाज के सुधारक का कहना मान सकती है। कहीं-कहीं समाज ही के लोगों ने किसी विशेष परिस्थिति में पड़कर अपनी सामाजिक व्यवस्था का उल्लंघन किया है। जैसे ब्राह्मण-कन्या का वैश्य वर के साथ विवाह होना। अवश्य वहाँ कन्या योग्य थी, उसके योग्य वर ही मिला। कहीं-कहीं, और प्रायः ब्राह्मणों की साधारण श्रेणियों में, विवाह न होने के कारण एक-से-एक सामाजिक उल्लंघन देखने को मिलते हैं। वे इतर-से-इतर जाति की कन्याओं से विवाह कर लेते हैं। अवश्य इसके पश्चात् ब्राह्मणों में उनका खान-पान नहीं रह जाता। पर ऐसे उल्लंघन अपढ़ अशिक्षितों में भी होने लगे हैं। रखेलियाँ रखना तो आजकल की बहुत साधारण बात हो गयी है। सारांश यह कि सनातन धर्म या कोई धर्म नाम-मात्र के लिए रह गया है। उसका पालन कहीं भी नहीं होता। सनातन धर्म का अर्थ यही है कि आचार-संबंधी थोड़ी-सी कवायद रह गयी है। वह भी विदेश के लिए उतनी दृढ़ नहीं।

देश के नवीन समाजों ने, जैसे ब्राह्म-समाज तथा आर्यसमाज, बहुत बड़ी उदारता दिखलायी है। इन दोनों समाजों के भीतर बहुत बड़े-बड़े नर-रत्न पैदा हुए। आज भी अज्ञान के अंधकार में डूबा हुआ हिंदू-समाज विदेश-यात्रा का विरोध करता है। उन दिनों, जब अँगरेजी-शिक्षा का पहला दौरदौरा था, विलायत से लौटते हुए लोगों के लिए हिंदू-समाज में कहीं भी जगह न थी, शिक्षित लोग इस हृदय-हीनता के कारण ईसाई हो जाते थे, अंत तक, विलासिता के बढ़ने के साथ-ही-साथ, बंगाल में अँगरेजी-शिक्षित कालेजों के लड़के धड़ाधड़ ईसाई होने लगे, ब्राह्म-समाज ने ही इनकी रक्षा की। इधर सनातन धर्म के खोखलेपन का आर्यसमाज ने दिग्दर्शन कराना शुरू किया। अवश्य आर्यसमाज की बहुत-सी बातों में कट्टरता ही प्रबल थी; पर वह जैसे यहाँ के लोगों की प्रकृति के अनुकूल हो। उससे भी लोगों के उत्थान में काफ़ी

मदद मिली। यहाँ के संगठन के लिए तो आर्यसमाज को ही एकमात्र श्रेय प्राप्त है। उसी ने यहाँ के लोगों को हिलाया-झुलाया, और अब एक प्रकार से उठाकर खड़ा कर दिया है। हिंदुओं के सबसे अधिक महत्त्व के ग्रंथ वेदों को आधार माना, और इस तरह अनेकानेक वाद-विवादों से हटाकर उन्हें एक ही मार्ग पर लाकर खड़ा कर दिया। वेदों की चर्चा होने लगी, और दो-चार अच्छे वैदिक विद्वान् भी पीछे तैयार कर दिए।

रामकृष्ण-मिशन इसी समय की, कुछ पीछे से प्रतिष्ठित, एक ऐसी ही संस्था है, जिसके नायक स्वामी विवेकानंदजी हैं। श्रीरामकृष्ण देव एक अद्भुत महापुरुष अवतार कोटि के, स्वामी दयानंदजी के समकालीन हो गये हैं। उनके शिष्यों में प्रमुख स्वामी विवेकानंदजी ने अमेरिका से लौटकर इस मिशन की स्थापना की। स्वामी विवेकानंदजी की विचार-शृंखला यहाँ सब धर्मों, सब संप्रदायों के अनुकूल है। वह अद्वैतवादी थे। पर उनकी द्वैत, विशिष्टाद्वैत, द्वैताद्वैत, शुद्धाद्वैत, सब विभागों में गति थी। वह तत्त्वदर्शी महापुरुष थे। यद्यपि ऊँची-ऊँची बातों को छोड़कर, ज्ञान-भूमि को त्यागकर, साधारण सुधार की भूमि में वह बहुत कम आये हैं, फिर भी वर्तमान समाज के प्रति उनकी क्या धारणा थी, यह बहुत कुछ उनकी थोड़ी-सी उक्तियों से ज़ाहिर हो जाता है। मदरास की परिया आदि जातियों के प्रति उनकी अपार समवेदना प्रकट होती है। वह वेदांत के ज्ञान-धर्म में सब जातियों को समान अधिकार देते हैं। उनके अनेक पाश्चात्य शिष्य भी हैं। रामकृष्ण मिशन में, श्रीरामकृष्ण की जन्म-तिथि के उत्सव के समय, सब जातियों को एक ही पंक्ति में बैठकर प्रसाद पाने के लिए आमंत्रित करते हैं, और बंगाल में यहीं पहले-पहल सब वर्णों के लोगों ने (कट्टर सनातनी होते हुए भी) एक ही पंक्ति में बैठकर प्रसाद पाया। वहाँ अब तक यह प्रथा जारी है। पर किसी पर दबाव कुछ नहीं। लोग, न जाने क्यों, यह सब जाति-पाँति का झमेला वहाँ नहीं रखते! पहले यह प्रथा केवल जगन्नाथजी की पुरी में थी, जो अब तक चली आ रही है। स्वामीजी तमाम हिंदू-जाति के लिए कहते हैं—We are Vendantists. यहाँ बहुत बड़ा भाव छिपा हुआ है—बहुत बड़ा सुधार इस उक्ति में है। यहाँ जाति-पाँति का कोई भेद नहीं। सब लोग परस्पर ज्ञान-संबद्ध हो जाते हैं, और सुधार की जो मुख्य बात है, वह भी आ गयी है। यहाँ वर्णभेद नहीं। कारण, सभी 'अमृतस्य पुत्राः' हैं। जो दूसरे सांसारिक मनुष्य हैं, वे अपने सम-विचार, सम-आचार, सम-शिक्षा, सम-धर्मवालों से तो संबंध करेंगे ही। पर ज्ञान-मार्ग के यात्री विरक्त साधु का दिया हुआ उपदेश इससे अच्छा और क्या होगा? वह एक ही श्रुति-वाक्य के द्वारा सब भारतवासियों की रूह का पता दे रहा है, और इस तरह परस्पर दृढ़ संबंध होने की सूचना। महापुरुष केवल इंगित करते हैं, उसके अनुसार कार्य करना, साधारण जनों का फर्ज़ है। आज "जाति-पाँति-तोड़क-मंडल" को स्थूल रूप से भी जाति-पाँति की आवश्यकता नहीं देख पड़ती। संतरामजी की

पुरअसर बातें निष्पक्ष पाठकों के हृदय में पूरी सहानुभूति पैदा कर रही हैं। अंत्यजों की शिक्षा-दीक्षा तथा अधिकारों की वृद्धि भी क्रमशः होती जा रही है। महात्माजी ने भी अंत्यजों के लिए बहुत कुछ कहा है। स्वामी विवेकानंद जी ने बड़े ज़ोरदार शब्दों में कहा है—"ऐ भारत के उच्च वर्णवालो, तुम्हें देखता हूँ तो जान पड़ता है चित्रशाला में तस्वीरें देख रहा हूँ। तुम लोग छायामूर्तियों की तरह विलीन हो जाओ, अपने उत्तराधिकारियों को (शूद्रों को) अपनी तमाम विभूतियाँ दे दो, नया भारत जग पड़े।"

भारतवर्ष में अधिकारियों—उच्च वर्णवालों का उन्माद द्वापर से ही बढ़ रहा है। भगवान श्रीकृष्ण के धर्मराज्यसंस्थापन में यहाँ देख पड़ता है कि उन्होंने दृप्त क्षत्रियों की शक्ति का नाश करा दिया। अपार परिश्रम के पश्चात् धर्मराज्य या शांति की स्थापना की। गीता में सब धर्मों का समन्वय किया। वाद-विवाद की जड़ काट दी, जिससे उत्तेजना के कारण आसुर भावों के बढ़ने तथा फैलने की शंका न रह गयी। पर कुछ काल बाद फिर ब्राह्मणों के मस्तिष्क में स्पर्धा ने प्रचंड रूप धारण किया। भगवान् बुद्ध आये। अब की ब्राह्मणों के शास्त्र-शस्त्र भी उड़ा दिए गये। वैदिक सभ्यता ही न रह गयी। उन्होंने अपनी तपस्या से प्राप्त ज्ञान की ज्योति फैलायी। शिक्षा का माध्यम रहा उसी समय की प्रचलित भाषा। साधारण जनों को यह बात बहुत पसंद आयी। कुछ काल के लिए फिर भारत में सुख-शांति का साम्राज्य हुआ। पर इसके बाद ही आचारवान् ब्राह्मणों ने फिर सिर उठाया। भगवान् शंकर ने बौद्धों को परास्त कर वेदों का उद्धार किया। बौद्धों के शून्यवाद का 'सच्चिदानंद' के 'अस्ति, भाति, प्रिय' द्वारा खंडन किया। बुद्ध के विशाल हृदय के कारण जो अधिकारियों का भेद न रह गया था, वह शंकर के समय घोर अधिकार-भेद को लेकर खड़ा हुआ। अधिकारियों का भेद न रखने से बौद्ध-धर्म शीघ्र ही नष्ट हो गया, सब वर्णों तथा उभय लिंगों के एकत्र वास के कारण आचरण शुद्ध नहीं रह सके। इधर ब्राह्मणों में आचार-निष्ठा थी। वे आस्तिक थे पर हृदयहीन थे, जैसा कि मस्तिष्क और हृदय से कुछ वैषम्य रहता है। ब्राह्मणों के आचारवान् होने के कारण भगवान् शंकर ने उन्हें ही सर्वोत्तम अधिकारी चुना। यही कारण है कि आज नये सुधारक, जिन्हें शूद्रों का पक्ष लेना होता है, शंकर पर शूद्र-विरोध का लांछन लगाते हैं। पर शंकर किसी के विरोधी और किसी के मददगार नहीं थे। उन्होंने मार्जन को देखकर अधिकारियों का निर्वाचन किया है। शंकर की दृष्टि केवल चमक पर थी, और वह धर्म की रक्षा अधिकारियों में ही समझते थे। इसलिए उनके नियम बड़े कठोर हुए। वैदिक ज्ञान की मर्यादा तथा महत्त्व को स्थिर रखने के लिए शूद्रों के प्रति उनके अनुशासन बड़े कठोर हैं। यही कारण है कि शूद्र उन्हें अपना शत्रु समझते हैं। कुछ हो, शंकर का महान् मस्तिष्क-धर्म भी अधिक काल तक यहाँ स्थायी नहीं रह सका। उनका आदर्श इतना ऊँचा था कि उस समय की क्रमशः क्षीण होती हुई प्रतिभा उस उज्ज्वलता को धारण नहीं कर सकी। शंकर का आगमन जैसे वैदांतिक प्रतिष्ठा के लिए ही

हुआ हो, जैसे ज्ञानकांड की स्थापना तथा बौद्धों के उच्छेद के लिए ही वह आये हों। शंकर के बाद भारत को शीघ्र ही एक ऐसे धर्म की आवश्यकता पड़ी, जिसमें हृदय-जन्य सुख तथा अनुभूतियों का आधिक्य हो। फिर रामानुज आये। इनके बाद अब तक हृदय-धर्म का ही प्राबल्य रहा। वैष्णव-धर्म के अंतर्गत भी जाति-पाँति का भेद नहीं रहा। अनेक उपाख्यान तथा कथा-कहानियाँ इस जातिवैषम्य को धर्म से मिटाने के लिए रची तथा प्रचारित की गयीं। **''आचाण्डालाप्रतिहतरयो यस्य प्रेम-प्रवाहः''** उन भगवान् मर्यादा-पुरुषोत्तम श्रीरामचंद्र का तमाम साधना-जीवन अंत्यजों, भीलों, वन्य मनुष्यों, अशिक्षितों, निशाचरों के बीच में व्यतीत होता है।

**''जिहिं लखि लखनहु ते अधिक, भेंट महामुनिराव।**
**सो सीतापति-भजन को, प्रगट प्रताप प्रभाव।''**

—तुलसीदास

इस तरह की सहस्र-सहस्र उक्तियाँ प्रचारित हुईं, जिनसे अंत्यजों के प्रति प्रगाढ़ स्नेह का परिचय मिलता है—**''प्रभु तरुतर कपि डार पर, तिहि किय आपु समान''** अंत्यजों को साम्यभाव देने के भी उल्लेख मिलते हैं। 'वैष्णव-धर्म' इसका स्वच्छसलिला मंदाकिनी बन गयी। यही कारण है कि भारतवर्ष के अधिकांश लोग इस तरफ आकर्षित हुए। समाज में यह घृणाजन्य बर्ताव तो रहा; पर गुरु के यहाँ ब्राह्मण-चांडाल एक ही थे। महाप्रभु श्रीचैतन्यदेव का वैष्णव-धर्म उदारता का प्रशांत महासागर है। कबीर के पास जातिभेद न था। रैदास की शिष्या रानी भी थी। सदन कसाई का नाम आज भी प्रातःकाल उठकर बड़े-बड़े ब्राह्मण बड़े चाव से जपते हैं। अधिक क्या, प्रत्येक समाज से उतने ही बड़े महापुरुष निकले हैं, जितने बड़े ब्राह्मण-समाज में हो सकते हैं। जो आत्मिक उत्कर्ष मंडन मिश्र ने वेदाध्ययन से प्राप्त किया था, वही उत्कर्ष व्याध मांस बेचकर प्राप्त करता है। पर योरप में किसी जूते गाँठने वाले अपढ़ की मर्यादा ऐसी नहीं कि वह लॉर्ड-खानदान के साथ बराबरी का व्यवहार करे। यहाँ की सामाजिक प्रणाली दूसरी ही थी।

वैष्णव-धर्म की उदारता के साथ ही भारतवर्ष में दुर्बलता खूब फैली। हृदयधर्म के कारण यहाँ के लोग सुखों की कल्पना में भूल गये। चारित्रिक पतन हुआ। अनेक देव-देवियों की उपासनाएँ फैल गयीं। साधारण कोटि के लोगों में विचारों की उच्चता न रही। वे उपन्यासों के पाठकों की तरह पुराणों के उपाख्यानों में आ पड़े। ज्ञान का विस्तार सीमा में बँध गया। अपढ़ रैदास भी जब ईश्वर प्राप्त करने लगा, और नाम की महत्ता का प्रचार हुआ, तब बस फिर क्या, माला जपना मुख्य और अध्ययन गौण हो गया। संसार की असारता तो भारतवर्ष में आज भी प्रबल है। फल यह हुआ कि द्विजाति भी विद्या से रहित, दुर्गुणों से भरे-पूरे होने लगे। इधर विश्वास भी रहा कि एक ही डुबकी गंगा में लगावेंगे, जन्म-जन्मांतर के पातक-पुंज को डुबा

देंगे, और फिर ब्रह्म की ही तरह चमकते हुए निकलेंगे। **''तब कृपया चेत् स्रोतः स्नातः पुनरपि जठरे सोऽपि न जातः''** का पाठ बढ़ चला, या **''एरे दगादार, मेरे पातक अपार, तोहिं गंगा की कछार में पछारि छार करिहौं।''** पुराणों के उपाख्यानों का भीतरी रहस्य लोग भूल गये, उन्हें इतिहास के रूप से पढ़ने लगे। उन्हीं पर उनका विश्वास हो गया, जैसा कि अशिक्षितों का अंधविश्वास होता है। चारित्रिक पतन के कारण समाज में शिथिलता आयी, और हेकड़ी, हठ, अभिमान, अहंकार आदि ने सिर उठाया, स्वामिजनों का सेवकों तथा शूद्रों पर अनुचित दबाव पड़ने लगा। यह भारतवर्ष की अशिक्षा का काल है, और एक प्रकार महाराज विक्रमादित्य के समय से ही शुरू होता है, जिस समय संस्कृत फूली-फली कही जाती है। अगर यह बात न होती, तो ग्रीक तथा रोमन सभ्यता के साथ-साथ भारतवर्ष की आधिभौतिक सभ्यता का विकास ही देख पड़ता। इधर के ये इतने धार्मिक विप्लव भारतवर्ष की अशिक्षा के कारण ही हुए जान पड़ते हैं। मुमकिन है, चूँकि ग्रीस पहले सौंदर्य का उपासक था, उसकी सौंदर्य की देवी वेनस ही उपासना की अधिष्ठात्री थीं, इसलिए भारत को इसमें आसुरी भाव मिले हों, और उसने इस तरह की शिक्षा से नफरत की हो। पर, जान पड़ता है, ग्रीस के सौंदर्य के उपवन की उन अप्सराओं से भारत को संग्रहण के योग्य चंद्रगुप्त की हेलेन के अतिरिक्त और कुछ नहीं मिला। यहाँ कुछ उसने भले ही सीखा हो, या चंद्रगुप्त की तरह किसी-किसी ने सेना-निवेश या व्यूह-रचना आदि सामरिक नियम कायदे सीखे हों; भारत ने रोम की राजनीति, दृढ़ व्यवस्था मार्गों की सरलता--बड़ी-बड़ी प्रशस्त सड़कें बनवाना भी नहीं सीखा। यह शायद इसलिए कि इसे रामराज्य की प्रजा होने का गर्व था। अभिप्राय यह कि पश्चिम के उत्कर्ष के दिनों में उससे साम्य तथा मैत्री की स्थापना भारतवर्ष ने नहीं की। किसी प्रकार का भौतिक संबंध, जिससे एक जाति अपर जाति से आदान-प्रदान करती है, राज्य की व्यवस्था बदलती तथा अनेक प्रकार के उत्कर्ष करती है, नहीं स्थापित किया। यह सब अज्ञान, पारस्परिक विरोध तथा व्यर्थ का स्वाभिमान ही जान पड़ता है। दूसरे मनुष्य को मनुष्य न समझना, यह वृत्ति बहुत पीछे मुसलमानों के शासनकाल में भी भारतवर्ष के लोगों की थी, और अब तक 98 फीसदी लोगों की यही धारणा बनी हुई है। चंद्रगुप्त उच्च वर्णों का नहीं समझा जाता था, अतएव हेलेन का विवाह बहुत बड़ा जातीय महत्त्व नहीं रखता तथा बापा रावल का ग़ज़नी की शाहज़ादी से विवाह करना प्रेम के पतन का ही परिचायक हुआ है। कारण शाहज़ादी के लड़के का उन्होंने कोई हिंदू नाम नहीं रक्खा। उसका नाम शायद खुमान रक्खा गया था। भीम से हिडिंबा का विवाह भी यही परिणाम सूचित करता है। वह कोई सिंह नहीं हुआ, हिडिंबा का पुत्र होने के कारण वह घटोत्कच ही रहा। विवाह तो वह है, जिसे पुत्र पिता के गुण-धर्म का अधिकार प्राप्त करता है। ये सब भारत के सामाजिक पतन के ही चिह्न हैं, जिनके परिणाम

की चिंता नहीं की गयी। आज भी कितने ही तअल्लुकदारों की यवनी नर्तकियों के पुत्र हिंदूपिता के कलंक-स्वरूप जी रहे हैं। दूसरी जातियों के प्रति यह नफ़रत ही भारत के पतन की धात्री है। हम देखते हैं, मुहम्मद ग़ोरी पंजाब पार कर आया; पर कई बार के विजयी महाराज पृथ्वीराज संयुक्ता के साथ विलास-वाटिका में विहार कर रहे हैं। उन्हें ज़रा भी चिंता नहीं, कुछ भी खबर नहीं कि शत्रु-सैन्य की कितनी संख्या है। दूसरे देशों में गुप्तचर नहीं घूमते, वहाँ की राज-व्यवस्था की कोई ख़बर नहीं आती। म्लेच्छों से आर्यगण भला क्या सीखते? उनके पास सीखने लायक था ही क्या? भारत के सामाजिक पतन का इससे बड़ा उदाहरण और क्या होगा? जब शत्रु घर में घेर लेता था, तब यहाँ के वीर तलवार उठाते थे। रहते संसार में थे; पर उससे लापरवाह रहकर ही जीना चाहते थे। ये कुल बातें अशिक्षा तथा अव्यवस्था की सूचक हैं। इस औद्धत्य के ज़माने में यहाँ की शूद्र-शक्ति किस तरह प्रपीड़ित थी, यह सहज ही अनुमान किया जा सकता है।

मुसलमानी शासन-काल से ही यहाँ की शूद्र-शक्ति का अभ्युत्थान होता है। प्रकृति ने स्वयं ही शूद्रों के लिए क्षेत्र तैयार कर दिया। मुसलमानों के समय में हिंदू होने के कारण शूद्रों के साथ भी कोई रियायत नहीं होती थी। पर भिन्न शासन के कारण उच्च जातियों का वह रोब उन पर नहीं रह गया, बल्कि मुसलमानों से मोर्चा लेने के लिए एक बार फिर सब लोग छोटे-छोटे फ़िरकों में संगठित हो गये। यह एक प्रकार की धार्मिक लड़ाई होती रही। नीच जातियों के प्रति उच्च जातियों का कुछ स्नेह-बंधन रहा; परंतु फिर भी जो लोग हिंदू-अंग से छूटकर मुसलमान हो गये, उनमें अधिकांश पीड़ित होने के कारण ही हुए। हिंदुओं की सामाजिक व्यवस्था पूर्ववत् दृश्य मात्र रहने पर भी, ज्ञान से संबंध छूट जाने के कारण, वैसी सुदृढ़ नहीं रह सकी। यौवन के बाद के वार्धक्य की तरह उसकी तमाम हृष्ट-पुष्ट मांसपेशियाँ झूल पड़ीं, तनी हुई नसें ढीली पड़ गयीं, जीवन मृत्यु की बाट जोहने लगा। इसके पश्चात् अँगरेज़ी राज्य की स्थापना होने पर अखिल जातियों की उन्नति का द्वार ही खुल गया। राजा की दृष्टि में, कानून की निगाह में ब्राह्मण और चांडाल का भेद नहीं रहा। सबसे लिए समान अधिकारों की राह खुल गयी। इसमें अँगरेज़ों का जो कुछ भी अभिप्राय हो, भारत की हिंदू-मुसलमानों की अनेक जातियों पर शासन जमाए रखने के लिए इससे बेहतर तथा सर्वमान्य और कोई उपाय अँगरेज़ों के पास नहीं था। इससे उच्च जातियों की हानि, हुई, और शूद्र-जातियों को लाभ पहुँचा। वे अपनी बिगड़ी हालत के सुधार में लगे। उच्च जातियाँ क्रमशः गिरती ही गयीं। उनके वे अधिकार नहीं रह गये, जो क्षत्रियशासन-काल में थे। अदालत में एक शूद्र और ब्राह्मण की समान हैसियत रह गयी। राजदृष्टि के अलावा बहिर्देशों में भी ब्राह्मण की कोई महत्ता नहीं रह गयी। सब जगह गुणों का आदर होने लगा। इधर अशिक्षा के कारण ब्राह्मणों की स्थिति बिलकुल ख़राब हो गयी। वे कलकत्ते में जमादारी

और बंबई में भैयागीरी करने लगे। फेरी करना, कपड़े से लेकर जूते तक की दूकान करना। मिठाई-पूड़ियाँ बेचना अधिक क्या, हल जोतना भी आरंभ कर दिया; पर पराधीनता के कारण जनेऊ पर उनका पूर्ववत् ही अधिकार रहा। इधर दूसरी-दूसरी जातियाँ उन्नति करने लगीं। अभिप्राय यह कि प्रकृति ने ही साम्य की स्थापना कर दी, सब जातियों के एक ही कार्य तथा एक ही अधिकार कर दिए। भारत के लिए अँगरेज़ी राज्य का यही महत्त्व है कि तमाम शक्तियों का साम्य हो गया। इस समय जितने दुराचरण हो रहे हैं, वे अब वैषम्य में साम्य की स्थापना के लिए हो रहे हैं जैसे प्रकाश के लिए अंधकार हुआ हो। कुछ काल पश्चात् यह उपद्रव भी न रह जाएगा। शूद्र-शक्तियों से यथार्थ भारतीयता की किरणें फूटेंगी। वे ही भविष्य के ब्राह्मण, क्षत्रिय और वैश्य हैं, और ब्राह्मण-क्षत्रिय आदि दृप्त जातियाँ शूद्र। खुदाई सजा ऐसी ही होती है। चिरकाल तक लड़कर ब्राह्मण-क्षत्रिय पस्त हो गये हैं। वे अब प्रकृति की गोद में विश्राम करना चाहते हैं। वे अब मुग्ध हैं, सोना चाहते हैं। उनका कार्य अब वे जातियाँ करेंगी, जो अब तक सेवा करती आयी हैं। स्वामी विवेकानंद के कथनानुसार उनमें सेवा करते-करते अपार धैर्य और अविचल श्रद्धा के भाव भर गये हैं। भारत तभी तक पराधीन है जब तक वे नहीं जागतीं। उनका कर्म के क्षेत्र पर उतरना भारत का स्वाधीन होना है।

"न निवसेत् शूद्रराज्ये"* मनु का यह कहना बहुत बड़ा अर्थ-गौरव रखता है। शूद्रों के राज्य में रहने से ब्राह्मण-मेधा नष्ट हो जाती है। पर अब यवन और गौरांगों के 800 वर्षों के शासन के बाद भी हिंदोस्तान में ब्राह्मण और क्षत्रिय हैं, जो लोग ऐसा कहते हैं, वे झूठ तो बोलते ही हैं, ब्राह्मण और क्षत्रिय का अर्थ भी नहीं समझते। इस समय भारत में न ब्राह्मण हैं, न क्षत्रिय, न वैश्य; न अपने ढंग की शिक्षा है, न अपने हाथ में राज्य-प्रबंध, न अपना स्वाधीन व्यवसाय। प्रोफेसर अँगरेज़, मान्य शिक्षा पश्चिमी, शासन अँगरेजी, शासक अँगरेज; व्यवसायी अपर देशवाले वैश्य, व्यवसाय की बागडोर, माँग, दर का घटाव-बढ़ाव उनके हाथों। ऐसी परिस्थिति में चाहे काशी के पूर्वकाल के वैश्य 'स' महाशय संस्कृत पढ़ लेने के कारण ब्राह्मण की परिभाषा संस्कृतज्ञ करें, और हर भाषा के पंडित को हर जाति का ब्राह्मण मानें या कलकत्ते के करोड़पति विदेशी मालों के दल्लाल 'डागा' जी वैश्य-शिरोमणि अपने को समझ लें, या सूबेदार मेज़र जट्टासिंह अपने को आदर्शक्षत्रिय साबित करें, हैं सब शूद्र ही। म्लेच्छ-प्रभाव में रहकर कभी कोई पूर्वोक्त त्रिवर्ण में से किसी का अधिकार प्राप्त नहीं कर सकता। एक और बात यह भी है कि कोई राष्ट्र तब तक स्वाधीन नहीं हो सकता, जब तक उसके ये तीनों वर्ण—ब्राह्मण, क्षत्रिय, वैश्य जग न गये हों—उसकी मेधा पुष्ट, शासन स्वाधीन सुदृढ़ और वाणिज्य स्वायत्त तथा प्रबल न हो। गुलाम के मानी गुलाम, बाहरी और भीतरी परिस्थितियों का दास।

* मालूम नहीं, शूद्र-राज्य या म्लेच्छ-राज्य।

गुलाम जाति का उत्थान भी गुलामी से होता है। जहाँ ब्राह्मण होंगे क्षत्रिय वैश्य होंगे उसके उत्थान की ज़रूरत क्या है? वह तो उठा हुआ है ही। उठने की जहाँ कहीं आवश्यकता हुई है, वहीं मोह या दास्य का अंधकार रहा है। वहीं स्वतंत्रता के आलोक की आवश्यकता हुई है—उठाने के लिए। और, उस प्रभात में उठीं भी वे ही जातियाँ, जो रात के पहले से सोयी हुई थीं, जिनकी नींद एक चोट खूब लग चुकी है। अतः अब जिस जागरण की आशा से पूर्वाकाश अरुण हो रहा है, उसमें सबसे पहले तो वे ही जातियाँ जागेंगी, जो पहले की सोयी हुई—शूद्र, अंत्यज जातियाँ हैं। इस समय जो उनके जागने के लक्षण हैं, वहीं आशाप्रद हैं, और जो ब्राह्मण-क्षत्रियों में देख पड़ते हैं, वे जागने के लक्षण नहीं, वह पीनक है—स्वप्न के प्रलाप हैं। विरासत में पहले के गुण अब शूद्र और अंत्यज ही अपनावेंगे। यहाँ की सभ्यता के ग्रहण करने का क्षेत्र वहीं तैयार है। ब्राह्मण और क्षत्रियों में उस पूर्व-सभ्यता का ध्वंसावशेष ही रह गया है। उनकी आँखों का वह पूर्व-स्वप्न अब शूद्रों तथा अंत्यजों के शरीरों में भारतीयता की मूर्तियों की तरह प्रत्यक्ष होगा।

वर्तमान सामाजिक परिस्थिति पूर्ण मात्रा में उदार न होने पर भी विवाह आदि में जो उल्लंघन कहीं-कहीं देखने को मिलते हैं, वे भविष्य के ही शुभ चिह्न प्रकट कर रहे हैं। संसार की प्रगति से भारत की घनिष्ठता जितनी ही बढ़ेगी, स्वतंत्रता का ब्राह्म रूप जितना ही विकसित होगा, असवर्ण विवाह का प्रचलन भी उतना ही होता जाएगा। देश के कल्याणकामी यदि इन अनेक गौण बातों पर ध्यान न दें, एक शिक्षा के विस्तार के लिए प्रबंध करें, इतर जातियों में शिक्षा का प्रसार हो, तो असवर्ण विवाह की प्रथा भी जोरों से चल पड़े। अभी तो अशिक्षित लोग भी पूर्वकाल के ब्राह्मण-कुमारों से अपनी लड़की का विवाह नहीं कर सकते। अपने-अपने फ़िरके का सबको ख़याल है। वर्ण-समीकरण की इस स्थिति का ज्ञान विद्या के द्वारा ही यहाँ के लोगों को हो सकता है। इसके साथ-ही-साथ नवीन भारत का रूप संगठित होता जाएगा, और यही समाज की सबसे मज़बूत शृंखला होगी। यही साम्य पश्चात् वर्ण-वैषम्य से—ब्राह्मण, क्षत्रिय, वैश्य के रूपों में पुनः संगठित होगा।

**['सुधा', मासिक, लखनऊ, जनवरी, 1930 ('समाज-सुधार' शीर्षक स्तंभ में)। प्रबंध-प्रतिमा में संकलित।]**

# बाहरी स्वाधीनता और स्त्रियाँ

अब वह समय नहीं रहा कि हम स्त्रियों के सामने वह रूप रक्खें, जिसके लिए गोस्वामी तुलसीदासजी ने **'चित्र-लिखे कपि देखि डेराती'** लिखा है। सारल्य तथा कोमलता के भीतर की वह सृष्टि निस्संदेह अनुपम थी। उस त्रेता-कुल की कल्पना की ही तरह कोमल विलास के मंजु अंक पर पली हुई स्त्रियों को प्राप्त कर कर्तव्य के कठोर पुरुषों को संसार के यथार्थ सुख का अनुभव होता था, और उस समय के चित्रण में अत्यंत कठोर और अत्यंत कोमल का ही सम्मिश्रण समाज तथा काव्यों में किया गया है। परंतु अब आवश्यकता है, हरएक मनुष्य के पुतले में, चाहे वह पुरुष हो या स्त्री। कोमल और कठोर, दोनों भावों का विकास हो। अब दोनों के लिए एक ही धर्म होना चाहिए। पुरुष के अभाव में स्त्री हाथ समेटकर निश्चेष्ट बैठी न रहे। उपार्जन से लेकर संतान-पालन, गृह-कार्य आदि वह सँभाल सके, ऐसा रूप, ऐसी शिक्षा उसे मिलनी चाहिए। पहले दोनों के भाव और कार्य अलग-अलग थे, अब दोनों के भाव और कार्यों का एक ही में साम्य होना आवश्यक है। इस तरह गार्हस्थ्य धर्म में स्वतंत्रता बढ़ेगी। परावलंबन न रह जाएगा। स्त्रियाँ भी मेधा की अधिकारिणी होंगी। हृदय और मस्तिष्क, दोनों में एकीकरण होगा। एक ही में हम उभय धर्मों को देख सकेंगे। इस समय जो हम यह देखते रहते हैं कि किसी कारण पुरुष से एक दीर्घकाल के लिए विच्छेद हो जाने पर स्त्री बिलकुल निस्सहाय हो जाती है, अपने घर का काम नहीं सँभाल पाती, अनेक प्रकार की असुविधाएँ आ जाती हैं, बदमाशों की उन पर दृष्टि पड़ती है, मन-ही-मन वे डरी रहती हैं, घर उन्हें जेल से भी बढ़कर हो जाता है, यह सब न होगा। पुरुष के अभाव में स्त्री स्वयं उसका स्थान अधिकृत करेगी।

इसके लिए प्रथम आवश्यक साधन है शिक्षा। हमारे देश में स्त्रियों की शिक्षा के अभाव से जैसी दुर्दशा हो रही है, उसकी वर्णना असंभव है। उनका लांछन देखकर पाषाण भी गल जाते हैं। प्रतिदिन भारतवर्ष का आकाश स्त्रियों के क्रंदन से गूँजता रहता है। युवती विधवाओं के आँसुओं का प्रवाह प्रतिदिन बढ़ता जाता है। प्राचीन

शीर्णता ने नवीन भारत की शक्ति को मृत्यु की ही तरह घेर रक्खा है। घर की छोटी-सी सीमा में बँधी हुई स्त्रियाँ आज अपने अधिकार, अपना गौरव, देश तथा समाज के प्रति अपना कर्तव्य, सबकुछ भूली हुई हैं। उनके साथ जो पाशविक अत्याचार किए जाते हैं, उनका कोई प्रतिकार नहीं होता। वे चुपचाप आँसुओं को पीकर रह जाती हैं। उनका जीवन एक अभिशप्त का जीवन बन रहा है। उन्हें जो यह शिक्षा दी जाती है कि तुम्हें अपने पुरुष के सिवा किसी दूसरे पुरुष का मुख नहीं देखना चाहिए, यह उनके अंधकार जीवन में टार-पेंटिंग है। सिर झुकाए हुए ही उन्हें तमाम जीवन पार कर देना पड़ता है। इस उक्ति का यथार्थ तत्त्व उन तक नहीं पहुँचता। यह अवश्य आत्मा का सर्वोत्तम विकास है। फल यह होता है कि उन पर हमला करने के लिए गुंडों को काफी सुयोग मिलता है। उनका स्वास्थ्य उनके अवरोध के कारण क्रमशः क्षीण ही होता रहता है। शिक्षा से यह सब दूर होगा। देवियाँ अपना दिव्य रूप पहचानेंगी। उन्हें अपने कर्तव्य का ज्ञान होगा। वे नदियों की तरह समाज के करारों से बहती हुई सहस्रों जीवन प्रतिदिन पवित्र कर जाएँगी। उनका जो स्थान संसार की स्त्रियों में है, उसे प्राप्त करेंगी। राष्ट्र की स्वतंत्रता की उपासना में उनके जो अधिकार हैं, उन्हें ग्रहण कर अपने कर्तव्य का पालन करेंगी। बच्चों की पीड़ा के समय उन्हें तड़पना न होगा। वे उनकी दवा कर उन्हें रोग-मुक्त कर सकेंगी। समाज की नृशंसता, जो प्रतिदिन बढ़ती जाती है, उन पर अपना अधिकार न जमा सकेंगी। पति के विदेश जाने पर मकान में उनकी जो दुर्दशा होती है, उससे वे बची रहेंगी। जरूरत पड़ने पर वे स्वयं उपार्जन करके अपना निर्वाह कर सकेंगी। प्रतिदिन एक ही प्रकार का भोजन खाते-खाते जो जी ऊब जाता है, ऐसा न होगा। वे अनेक प्रकार के भोजन पकाने की विधियाँ सीख लेंगी और संसार में रह, संसार के यथार्थ सुखों का अनुभव करेंगी। कहा है, संसार में जितने प्रकार की प्राप्तियाँ हैं, शिक्षा सबसे बढ़कर है। शिक्षा में शब्द-विद्या का स्थान और उच्च है। यही विद्या ज्ञान की धात्री कहलाती है। जितने प्रकार के दैन्य हैं, जितनी कमजोरियाँ हैं, उन सबका शिक्षा के द्वारा ही नाश हो सकता है। अशिक्षित, अपढ़ होने के कारण ही हमारी स्त्रियों को संसार में नरक-यातनाएँ भोगनी पड़ती हैं—उनके दुःखों का अंत नहीं होता।

**'कन्याप्येवं पालनीया शिक्षणीयातियत्नतः'**, मनु महाराज के इस कथन का अब पालन नहीं किया जाता। यह सच है कि इसका बहुत कुछ कारण देश का दैन्य ही है; पर पुरुषों की अश्रद्धा भी कहीं कम नहीं। जो संपन्न हैं, जिन्हें दोनों वक्त मज़े में भोजन मिल जाता है, वे भी बालिकाओं की शिक्षा की ओर ध्यान नहीं देते, बल्कि उच्च स्वर से यही घोषणा करते हैं कि लड़कियों को शिक्षा देना पाप है, वे बिगड़ जाती हैं। पीछे पिता-माता को समाज में रहने लायक भी नहीं रखतीं। इनके दिमाग़ में 'सारंगा-सदावृक्ष' की कहानी पढ़ लेने तक ही विद्या परिमित है। ये लोग

रूढ़ियों के ऐसे गुलाम हैं कि जीते-जी उन्हें छोड़ नहीं सकते, और इससे समाज का पहिया ज़रा भी आगे नहीं बढ़ने पाता। देहात में शिक्षा की बहुत कमी है, वहाँ लड़कों को ही मदरसा भेजना दुश्वार है। गाँवों से कोस-कोस की दूरी पर मदरसे हैं। हरएक तहसील में मुश्किल से दो मिडिल स्कूल हैं। आठ-आठ, दस-दस कोस के लड़के मिडिल स्कूल के बोर्डिंग-हाउस में ठहरकर पढ़ नहीं सकते। अधिकांश लोगों की आर्थिक स्थिति वैसी नहीं है। जो लोग संपन्न हैं, उनमें अकारण प्यार की मात्रा इतनी बढ़ी हुई है कि वे बच्चे को अपने से अलग नहीं कर सकते, वह मूर्ख भले ही रह जाए। जहाँ लड़कों का यह हाल है, वहाँ लड़कियों की बात ही क्या? हरएक गाँव से प्रतिदिन जितनी भीख निकलती है, यदि उतना अन्न रोज एकत्र कर लिया जाय, तो गाँव में ही एक छोटी-सी पाठशाला खोल दी जा सकती है। एक शिक्षक की गुजर उससे हो जाएगी। अविद्या का जो यह प्रबल मोह फैला हुआ है, यह न रह जाएगा। बालिकाओं के लिखने-पढ़ने का गाँव ही में प्रबंध हो सकता है। इस तरह उनके प्रति सच्चा न्याय गाँववाले कर सकते हैं। शहरों में तो लड़कियों को पढ़ाने के अनेक साधन हैं।

अब घर के कोने में समाज तथा धर्म की साधना नहीं हो सकती है। ज़माने ने रुख बदल दिया है। हमारे देश की लड़कियों पर बड़े-बड़े उत्तरदायित्व आ पड़े हैं। उन्हें वायु की तरह मुक्त रखने में ही हमारा कल्याण है। तभी वे जाति, धर्म तथा समाज के लिए कुछ कर सकेंगी। उन्हें दबाव में रखकर इस देश के लोग अपने जिस कल्याण की चिंतना में पड़े हैं, वह कल्याण कदापि नहीं, प्रत्युत निरी मूर्खता ही है। आज तक जितने अत्याचार, बलात्कार आदि हुए हैं, वे सब पर्दानशीन स्त्रियों पर ही हुए हैं। पर्दे के भीतर जितनी तीव्रता से दृष्टि प्रवेश करना चाहती है, खुले मुख पर उतनी तीव्रता से आक्रमण नहीं करती। पाशविक प्रवृत्तियाँ अंधकार में ही प्रबल वेग धारण करती हैं। प्रकाश को देखकर वे दब जाती हैं, उनका साहस नहीं होता। इसलिए स्त्रियों को हर बात में प्रकाश के सम्मुखीन करना चाहिए। ज्ञान के बिना जीवन व्यर्थ है। निर्वाह होना कठिन है। स्वावलंबन नहीं आता। स्वावलंब कोई पाप नहीं, प्रत्युत पुण्य है। हमारे देश के लोग इस समय आधे हाथों से काम करते हैं। उनके आधे हाथ निष्क्रिय हैं। जब स्त्रियों के भी हाथ काम में लग जायँगे, कार्य की सफलता हमें तभी प्राप्त होगी। अभी जो काम स्त्रियाँ करती हैं, वह काम नहीं, वह संस्कारों का प्रवर्तन है। उससे मेधा और नष्ट होती है। मनुष्य-जाति मशीन के रूप में बदल जाती है। हमारी स्त्रियों की यही दुर्दशा है। उनका कार्य ज्ञान-संयुक्त नहीं होता। कारण एक ही कार्य की प्रदक्षिणा उन्हें प्रतिदिन करते रहना पड़ता है। उससे उनकी बुद्धि का संयोग नहीं हो पाता। बुद्धि को कभी एक ही कार्य पसंद भी नहीं। वह नित्य नये आविष्कार करना चाहती है। विद्या के न रहने से हमारे देश की स्त्रियाँ मेधा-बुद्धि तथा कला-कौशल को भी खो चुकी हैं। विद्या-बुद्धि से

रहित मनुष्य मनुष्यता से गिरकर इतर श्रेणी में चला जाता है। उस पर दूसरे लोग ही प्रभुत्व करते हैं। धार्मिक संस्कारों के चक्र की प्रदक्षिणा करते रहने के कारण ही हम पराधीन हैं, हम पर दूसरी-दूसरी जातियों के बुद्धिमान् लोग प्रभुत्व कर चुके हैं, और कर रहे हैं। हम लोग स्वयं जिस तरह गुलाम हैं, उसी तरह अपनी स्त्रियों को भी गुलाम बना रक्खा है, बल्कि उन्हें दासों की दासियाँ कर रक्खा है। इस महादैन्य से उन्हें शीघ्र मुक्ति देनी चाहिए। तभी हमारी दासता की बेड़ियाँ कट सकती हैं। जो जीवन बाहरी स्वतंत्रता नहीं प्राप्त कर सकता वह मुक्ति-जैसी सार्वभौमिक स्वतंत्रता कब प्राप्त कर सकता है? उसकी धर्म की साधना भी ढोंग है। धर्म तो वह है जिससे अर्थ, काम तथा मोक्ष, तीनों मिल सकें। सच्चा धर्म इस समय स्त्रियों के सब प्रकार के बंधन ढीले कर देना, उन्हें शिक्षा की ज्योति से निर्मल कर देना ही है, जिससे देश की तमाम कामनाओं की सिद्धि होगी और स्वतंत्र-सुखी जीवन बाह्य स्वतंत्रता से तृप्त होकर आत्मिक मुक्ति के संधान में लगेगा। रूढ़ियाँ कभी धर्म नहीं होतीं, वे एक-एक समय की बनी हुई सामाजिक श्रृंखलाएँ हैं। वे पहले की श्रृंखलाएँ जिनसे समाज में सुथरापन था, मर्यादा थी—अब जंजीरें हो गयी हैं। अब उनकी बिल्कुल आवश्यकता नहीं। अब उन्हें तोड़कर फेंक देना चाहिए। जिन लोगों ने ऐसा किया है, वही लोग देश में पूजनीय हो रहे हैं। वे ही कहते हैं, और शास्त्रों के उद्धरण देते हुए कहते हैं कि अब हर तरह से स्त्रियों को शिक्षित देवियों के रूप में परिणत करो, जिससे वे स्वयं अपने कल्याण की कल्पना कर सकें; नहीं तो, हे देशवासियो, प्रतिदिन तुम्हारे ऊपर स्त्री-हत्या का पाप चढ़ रहा है। इससे तुम्हारा निस्तार न होगा।

जब तक स्त्रियों में नवीन जीवन की स्फूर्ति भर नहीं जाएगी, तब तक गुलामी का नाश नहीं हो सकता। यहाँ एक समय था, जब ज्ञान का इतना प्रकाश फैला हुआ था कि बच्चों को पालने पर झुलाती हुई माता गाती थी—**'त्वमसि निरंजनः।'** क्या कोई इस समय कल्पना भी कर सकता है कि वह कितना उज्ज्वल युग था? मुक्ति का यथार्थ सूत्र स्त्रियों के ही हाथ में है। स्त्रियों का आदर-सम्मान जब तक नहीं होता, तब तक देवता भी संतुष्ट नहीं होते, भगवान् मनु ने स्वयं कहा है : स्त्रियाँ यदि अपढ़ रह गयीं, यदि उन्हीं की जबान न मँजी, तो बच्चा पढ़कर भी कुछ कर नहीं सकता। मौलिकता का मूल बच्चे की माता है। भाषा का सुधार, संशोधन स्त्रियाँ ही करती हैं। जब तक वर्तमान खड़ी बोली स्त्रियों के मुख से मँजकर नहीं निकलती, तब तक उसमें कोमलता का आना स्वप्न है। वही बच्चा भविष्य के हिंदी-साहित्य का महाकवि है, जिसे अपनी माता के मुख से साफ-शुद्ध, मार्जित, सरल, श्रुति-मधुर तथा मनोहर खड़ी बोली के सुनने का सौभाग्य प्राप्त होगा। हमारे देश की ललित कलाओं का विकास भी हमारी स्त्रियों के विकास की ओर अनिमेष दृष्टि से हो रहा है। जब तक हमारी गृह-देवियाँ लक्ष्मी तथा सरस्वती के रूपों में हमारे गृह का अंधकार दूर नहीं करतीं, तब तक सुख तथा शांति की कल्पना पुरुषों के मस्तिष्क की एक

बहुत बड़ी भूल है, यह हर एक भारतवासी को समझ लेना चाहिए। लक्ष्मी तथा सरस्वतियों को कैद करना भी अपने ही अंधकार के दीपक को गुल कर देना है। राष्ट्र की स्वतंत्र भावना कैसे पैदा हो? घर की देवियाँ आँसू बहायें और आप बहादुर हो जाएँ? ऐसा आज तक कभी नहीं हुआ, और न कभी हो सकता है। कोई भी सोच सकता है, स्त्रियों को उत्साह देने से पुरुषों में कितनी बड़ी शक्ति का जागरण हो सकता है। फिर आज उत्साह देना तो दूर रहा, राष्ट्र के कल्याण के लिए नारियों को भी पुरुषों के साथ रहने की आवश्यकता आ पड़ी है। श्रीकृष्ण के नाम पर निछावर होनेवाली हिंदू-जाति बिलकुल भूल गयी है कि श्रीकृष्ण का जन्म कहाँ और कैसे हुआ था। इस घटना में जो सत्य छिपा हुआ है, उनके बंदीगृह में जन्म लेने का जो अर्थ है, जहाँ से स्वतंत्रता पैदा होती है, उसका उपयोग कितने मनुष्य आज कर रहे हैं? श्रीकृष्ण का नाम लेना तो बहुत सहज है; पर उनके आदर्श पर काम करना उतना ही कठिन। पर कठिनता का सामना किए बिना कभी महान् फल की प्राप्ति हो भी नहीं सकती। हमारे शास्त्रों के प्रति पृष्ठ में उदारता तथा स्वतंत्रता का शंख-नाद सुन पड़ता है। पर उसके दुरुपयोग की भी हद नहीं। रूढ़ियों में पड़कर ज्ञान का जो दुरुपयोग किया जा रहा है, उसके मानी ही दासता के हो गये हैं। यह उसी का फल-भोग चल रहा है। ज्ञान का निरादर अपने ही मस्तिष्क का अपमान है, और स्त्रियों की मान-हानि साक्षात् लक्ष्मी और सरस्वती की मान-हानि है। हिंदुओं ने दोनों का अनादर किया। वैसा ही फल भी मिला। अब, जबकि तमाम संसार स्त्रियों की मर्यादा तथा विकास को सामने कर, हर तरह की समृद्धि का अधिकारी हो रहा है, हमें अपने शास्त्रों से शिक्षा लेनी चाहिए, स्त्रियों की योग्यता के बढ़ाने के लिए प्रयत्नशील होना चाहिए, संसार में अपने विकास की ज्योति फैलानी चाहिए। स्पर्द्धा ही जीवन है। उसमें पीछे रहना जीवन की प्रगति को खोना है। जीवन में विजय प्राप्त करना हर जाति और हर धर्म की शिक्षा है। वहाँ स्त्रियाँ ही प्रधान सहायक के रूप में संसार के रंगमंच की अभिनेत्री के रूप में आती हैं। स्त्रियों का शव लेकर विजयी होना असंभव है। वे ही स्त्रियाँ, जो बाह्य विभूति की मूर्तियाँ हैं, लक्ष्मी तथा सरस्वती की कृतियाँ हैं, अपने पुरुषों में शक्ति-संचार कर सकती हैं। स्त्रियों के रूप में जो विजय घर में मौजूद है, वही बाहर भी मिलती है। घर का अभागा कभी बाहर प्रसिद्धि नहीं पाता। अतएव हमें स्त्रियों की बाह्य स्वतंत्रता, शिक्षा-दीक्षा आदि पर विशेष ध्यान देने की जरूरत है। अन्यथा अब के पुरुषों की तरह उनके बच्चे भी, गुलामी की अँधेरी रात में उड़नेवाले, गीदड़ होंगे; स्वाधीनता के प्रकाश में दहाड़नेवाले शेर नहीं हो सकते और हमारी मातृभाषा का मुख उज्ज्वल नहीं हो सकता।

['सुधा', मासिक, लखनऊ, मार्च, 1930 ('स्त्री-समाज' शीर्षक स्तंभ में)। प्रबंध-प्रतिमा में संकलित।]

# हिंदी के गर्व और गौरव श्री प्रेमचंदजी

हिंदी के युगांतर-साहित्य के सर्वश्रेष्ठ रत्न अंतर्प्रांतीय ख्याति के हिंदी के प्रथम साहित्यिक, प्रतिकूल परिस्थितियों से निर्भीक वीर की तरह लड़नेवाले, उपन्यास-संसार के एकछत्र-सम्राट्, रचना-प्रतियोगिता में विश्व के अधिक-से-अधिक लिखनेवाले मनीषियों के समकक्ष आदरणीय श्रीमान प्रेमचंदजी आज महाव्याधि से ग्रस्त होकर शय्याशायी हो रहे हैं। कितने दुख की बात है हिंदी के जिन पत्रों में हम राजनीतिक नेताओं के मामूली बुखार का तापमान प्रतिदिन पढ़ते रहते हैं, उनमें श्री प्रेमचंदजी की—हिंदी का महान उपकार करनेवाले प्रेमचंदजी की अवस्था की साप्ताहिक खबर भी हमें पढ़ने को नहीं मिलती। दुख नहीं, यह लज्जा की बात है, हिंदीभाषियों के लिए मर जाने की बात है। उन्होंने अपने साहित्यिकों की ऐसी दशा नहीं होने दी कि वे हँसते हुए जीते और आशीर्वाद देते हुए मरते। इसी अभिशाप के कारण हिंदी महारानी होकर अपनी प्रांतीय सखियों की भी दासी है। हिंदी तभी महारानी है जब साहित्यिक के हृदय-आसन पर पूजी जाती है, पर ऐसा नहीं होता। उसके सेवक, वे प्रतिभाशाली युवक, प्रौढ़ और वृद्ध ठोकरें खाते हुए बढ़ते और पश्चात्ताप करते हुए मरते हैं। क्या लिखूँ लज्जा की बात स्पष्ट न करना ही अच्छा है।

मैं जब राजेंद्रप्रसाद और पंडित जवाहरलाल नेहरू-जैसे राष्ट्र समादृत नेताओं को देखता हूँ और साथ-साथ मुझे श्री प्रेमचंदजी की याद आती है, तब मेरा हृदय आनंद और भक्ति से पूर्ण हो जाता है। मैं देखता हूँ, राजनीति के सामने साहित्य का सिर नहीं झुका, बल्कि और ऊँचा है, केवल देखनेवाले नहीं हैं। हिंदी-भाषी मुझे अच्छी तरह जानते हैं। वे यह भी जानते होंगे, मेरे कानों में डंके की आवाज कम जाती है। जिस साधना से आदमी आदमी है, जिसके कारण नेता सम्मान पाते हैं, मैं उसी की जाँच करता हूँ। वहाँ प्रेमचंदजी, दरिद्र प्रेमचंदजी, अपने अध्यवसाय से शिक्षा प्राप्त करनेवाले प्रेमचंदजी, साहित्य की साधना में यहाँ-वहाँ भटकते फिरनेवाले प्रेमचंदजी, फिर भी एकनिष्ठ होकर दिन-पर-दिन, महीने-पर-महीने, वर्ष-पर-वर्ष साधना करते रहनेवाले प्रेमचंदजी, बड़े-बड़े, बहुत बड़े हैं। इतना बड़ा कोई नेता भी इस तरह

संकट में पड़ा, जिसके नाबालिग बच्चे उड़ी निगाह से पिता के पास बैठे हुए शून्य में सोचते रहें और महाव्याधि में भी पिता को विश्राम न मिला—उनके अन्न की चिंता रही? इतने बड़े पिता को अन्न की चिंता—धन्य रे देश!

इस बार प्रायः साढ़े तीन महीने मैं बनारस रहा। प्रेमचंदजी के सरस्वती प्रेस में मेरी 'गीतिका' छप रही थी। प्रकाशक था भारती भंडार। एक दिन पंडित वाचस्पति पाठक, जिनका मैं अतिथि था, बोले, 'प्रेमचंदजी से मिल लीजिए।'

उस समय प्रायः आधा जून, दुपहर की लू चलती थी। प्रेमचंदजी के नाम से मैंने चलना स्वीकार कर लिया। प्रेस पहुँचकर दो मंजिल पर चलकर देखा, प्रेमचंदजी बैठे हैं। मैं उनके परिवार-भर से परिचित था। श्रीमती शिवरानी भी आयीं। मैंने प्रणाम किया। फिर एक गिलास पानी माँगा। बहुत दिनों बाद प्रेमचंदजी को देखा था। मालूम होता था, वह और दुबले हो गये हैं। उनसे कहा, उन्होंने कहा जैसा कहा करते हैं—'नहीं, यह तो मेरी काठी है।' कुछ देर तक साहित्यिक बातचीत हुई, फिर मैं विदा हुआ। उस दुर्बल देह में शक्ति और ओज पूर्ण मात्रा में थे।

कुछ दिन बीत गये। प्रेमचंदजी के 'गोदान' की काफी चर्चा हो रही थी। एक दिन सुना, प्रसादजी प्रेमचंदजी से मिलने गये थे, वह सख्त बीमार हैं। फिर सुना, प्रेमचंदजी एक्स-रे कराने के लिए लखनऊ गये हैं। फिर मालूम हुआ, वह लखनऊ से वापस आ गये हैं। एक दिन पंडित नंददुलारे वाजपेयी के साथ उन्हें देखने गया। वह उसी कमरे में बैठे हुए थे, पर इस बार फर्श पर न थे, बिछे पलँग पर बैठे हुए थे। श्रीमती शिवरानी उनके लिए दवा तैयार कर रही थीं। उनकी लड़की अपने लड़कों को लेकर आ गयी थी, एक ओर खड़ी थी। मुझे देखकर नमस्ते की। मैं प्रेमचंदजी की बीमारी की चिंता में था, कुछ कहा नहीं, सिर्फ हाथ उठाकर नमस्कार किया। वह हँस रही थी। मेरी दृष्टि की सियाही उसके मुँह पर पड़ी—उसके मुख पर मुझे झाईं-सी दीखी। अगर नीचे उसके अत्यंत सुंदर बड़े लड़के को खेलते हुए मैंने न देखा होता, उसका परिचय मालूम कर उसे डरवा न चुका होता, तो पहचान न पाता कि यह लड़की है। फिर भी मैंने प्रेमचंदजी से पूछा। लड़की ने लड़की की खुली आवाज में कहा, "क्या आपने मुझे पहचाना नहीं? मैंने तो आपको पहचान लिया।"

मैंने कहा, "मुझमें तो कोई परिवर्तन हुआ नहीं, पर तुम पहले लड़की थीं, अब माँ हो गयी हो।"

लड़की झेंप गयी। प्रेमचंदजी खुलकर हँसे। देवी शिवरानी दवा तैयार करती हुई मुस्करायीं। 'हंस' निकल चुका था। उससे जमानत तलब की जा चुकी थी। जमानत देकर पत्र निकालना असंभव है, विशेषतः साहित्य के लिए, फिर भारतीय साहित्य परिषद् 'हंस' को लेने की बातचीत कर रहा है। प्रेमचंदजी कहते रहे, ऐसी हालत में हमारे लिए नया पत्र निकालना ठीक होगा। प्रेमचंदजी दुर्बल थे, जलोदर का पूरा प्रकोप था, फिर भी एक वीर की तरह बैठे हुए वार्त्तालाप करते रहे। बड़ी जिंदादिली,

सुननेवालों पर उसका असर पड़ता हुआ, जैसे सुननेवालों को ही वह स्वास्थ्य पहुँचा रहे हों। मैं उसे विजयिनी ध्वनि को सुन रहा था, जिसका सिर नीचा नहीं हुआ, जो हिंदी की महाशक्ति है, और रह-रहकर दुर्बल अस्थिशेष प्रेमचंदजी को देख रहा था। दूसरे प्रसंग पर पूछा, "आप लखनऊ गये थे, वहाँ क्या कहा डॉक्टर ने?"

"कुछ नहीं, संतोषजनक उत्तर नहीं मिला। कहा कुछ नहीं है, ठहरने के लिए कहा, पर कुछ डिसेन्ट्री की शिकायत मालूम दी, परदेश, देखभालवाला कोई नहीं, लड़के को ले गया था। कौन तीमारदारी करे, लौट आया।"

वाजपेयीजी से लेख आदि के लिए प्रेमचंदजी ने कहा। कुछ देर बातचीत करके फिर हम लोगों ने उनसे विदा ली।

कुछ दिन और बीते। 'गीतिका' छप चुकी थी। अंतिम दो-एक फार्म थे। मैं प्रेस गया हुआ था। प्रेमचंदजी के बड़े लड़के मिले। प्रेस की आवश्यक बातें कहकर मैंने उनसे प्रेमचंदजी से मिलने की इच्छा प्रकट की। उन्होंने कहा, "अब तो वे यहाँ नहीं रहते।" मुझे उनका मुकाम बतलाया। मेरे रास्ते में ही मकान पड़ता था। मैं चला। बादल घिरे थे। चलते-चलते पानी गिरने लगा। छाता नहीं था। भीगते हुए आनंद आने लगा। मकान के पास आकर अनिश्चय में पड़ गया कि कौन-सा मकान होगा। फाटक बतलाया था, यहाँ फाटक न दीखा, एक दरवाजा सिर्फ देख पड़ा। डरते हुए खोला, भीतर लंबा मैदान देखा। किनारे से रास्ता गया था। मैदान के उस तरफ मकान था। कोई था नहीं, जिससे पूछता। हिम्मत बाँधकर बढ़ा। किनारे चमेली के झाड़, कहीं-कहीं अपराजिता लिपटी हुई। दोनों खिले। चमेली के रात के खिले कोमल फूल बूँदों के थपेड़ों से व्याकुल थे। देखता हुआ एक फूल छुआ। फूल वृक्ष पर रखे-से थे। उठा लिया। लिये हुए उनकी दशा पर विचार करता हुआ मकान के सामने आया। दूर से दो-एक अपरिचित देवियाँ दीख पड़ीं। एक जोड़ी छोटे जूते पड़े थे। सोचा, ये उसी लड़की के लड़के के जूते होंगे। एक बगल चिक पड़ी हुई दीख पड़ी। उधर चला, तब तक शिवरानीजी दीख पड़ीं। उनसे पूछा। क्षीण स्वर से उन्होंने कहा, "सोये हैं, जाइए।"

मैं गया। देखा, प्रेमचंदजी अत्यंत दुर्बल हो गये हैं। पेट फूला हुआ है। प्रेमचंदजी ने आँखें खोलीं, मुझे देखा बड़ी करुण दृष्टि से। मैंने प्रणाम किया। पूछा, "आप कैसे हैं?"

दोनों बाँहों की ओर दृष्टि फेरकर उन्होंने, 'देखिए।' करुण स्वर। अत्यंत दुर्बल बाँहें। मुझे शंका हो चली। सिंह को गोली भरपूर लग गयी है। अब वह आवाज नहीं रही। मैं चुपचाप कुर्सी पर बैठ गया। 'कैसे सँभलेगा?' प्रेमचंदजी बोले। उन्हें अपने बच्चों की चिंता हो रही थी। मैं भरसक अपने को सँभाल रहा था। मेरे हाथ का फूल वहीं छूटकर गिर गया। प्रेमचंदजी अत्यंत मंद स्वर से बोले, "हंस को फिर से निकालने का विचार है, नहीं तो कैसे चलेगा?"

मेरी आँखें छलछला आयीं। सँभलकर कहा, "आप चिंता न कीजिए। आपकी किताबें हैं और ईश्वर।"

प्रेमचंदजी ने 'हंस' के लिए लेख, कविता इत्यादि देने के लिए कहा। कुछ देर तक उन्हें प्रबोध देता हुआ, उनके आराम का समय जानकर मैं विदा हुआ। प्रेमचंदजी के बड़े लड़के की अभी पढ़ाई पूर्ण नहीं हुई। अभी दो-तीन साल एम.ए. करने में लगेंगे। शायद बी.ए. फाइनल है। उसकी दृष्टि में अभी संसार काव्य है, जहाँ जीविका का प्रश्न नहीं। बिलकुल नया जीवन, जब तरुण सदा धोखा खाता है, छला जाता है। छोटा लड़का तो निरा बच्चा है। मैंने सोचा—अगर जैनेंद्रजी आ जाएँगे तो अच्छा होगा, 'हंस' को सहायता देंगे। मन-ही-मन शिवरानीजी की सेवा याद करता हुआ 'प्रसाद' जी के यहाँ आया। मैं प्रेमचंदजी को देखने जब-जब गया, शिवरानीजी को उनके लिए कुछ-न-कुछ करते देखा, सदा संयत, सदा दत्तचित्त।

डॉक्टर मुखर्जी काशी के प्रसिद्ध होमियोपैथ प्रेमचंदजी के चिकित्सक हैं। रोग जलोदर है। पानी की जगह दूध दिया जाता है। डॉक्टर को अभी उनके अच्छा हो जाने का विश्वास है। केवल बढ़ती हुई कमजोरी से घबराते हैं। कुछ भय उम्र से भी है। प्रेमचंदजी 60 के होंगे। दुर्बल पहले से थे। इतनी उम्र में प्राकृतिक शक्ति के घट जाने के कारण, दुस्साध्य रोगों के लिए चिंतावाली बात रहती है। मरीज अपनी ही प्रकृति से जल्द अच्छा नहीं हो पाता।

कुछ दिन और बीते। नंददुलारे वाजपेयी के हाथ एक गीत मैंने 'हंस' कार्यालय भेज दिया। बड़ी कविता लिख रहा था, वह तैयार न हुई थी, फिर भेजने के लिए कहला भेजा। नंददुलारेजी अपना लेख लेकर जानेवाले थे, प्रेमचंदजी को देखने के उद्देश्य से। इसके कुछ दिन बाद वाचस्पतिजी पाठक और पद्मनारायण आचार्य के साथ, काशी छोड़ने से पहले प्रेमचंदजी के दर्शनों के लिए चला। पद्मनारायणजी 'गीता धर्म' के संपादक हैं, अभी तक प्रेमचंदजी से व्यक्तिगत रूप से परिचित नहीं हो सके। 'मैथिलीमान' के लिए उनकी कुछ आज्ञा है। हम लोग इक्के से चले। रास्ते-भर गुप्तजी के अभिनंदन की बातें होती रहीं। मुझे बार-बार प्रेमचंदजी की याद आती रही। गुप्तजी को आदर की दृष्टि से देखता हूँ, इसके अनेक प्रमाण दे चुका हूँ। सोच रहा था, प्रेमचंदजी को न तो मंगलाप्रसाद पारितोषिक मिला न कोई अभिनंदन। वह हिंदी साहित्य-सम्मेलन के सभापति भी नहीं चुने गये। मन ने कहा—"तुम्हारे लिए भी यही फैसला है, जिसने जैसा दिया वैसा पाया।" "मैंने कहा—"मैं इसी तरह गुजारूँगा। अगर कुछ काम कर सका तो नाम-यश मुझे नहीं चाहिए।"

अब तक प्रेमचंदजी का मकान आ गया। हम लोग इक्के से उतरकर भीतर चले। मकान के सामने जब पहुँचे तब दो नवागंतुक बैठे हुए दीख पड़े। पर ऐसे बैठे थे, जैसे घर के आदमी हों। मैंने सोचा, ये भय्याचार होंगे या रिश्तेदार। साथियों के साथ भीतर गया। सन्नाटा था। बड़ी धीमी आवाज में एक आगंतुक ने कहा,

"बैठिए।" मैं चप्पल उतारकर चारपाई पर बैठ गया। इधर-उधर देखा, पहचान का कोई न दीख पड़ा। तब उन्हीं महाशय से कहा, "हम लोग प्रेमचंदजी को देखने के लिए आये हैं।"

नवागंतुक ने मेरा नाम पूछा। मैंने अपना नाम बतलाया। इस समय देवी शिवरानीजी बाहर आयीं। प्रेमचंदजी वहीं चारपाई पर थे। रस्सी बाँधकर पर्दा कर रखा गया था। पर्दा हटाने लगीं। मैं जब प्रेमचंदजी के सामनेवाली चारपाई की ओर बढ़ा, तब आगंतुक महोदय ने कहा, "ज्यादा बातचीत करना मना है।"

मैं अपने लक्ष्य पर चलकर बैठ गया। देखते ही मेरे होश उड़ गये। प्रेमचंदजी ने हाथ जोड़कर कहा, "अब तो अंतिम विदा है।"

हे ईश्वर! केवल दस वर्ष।

**['आज', दैनिक, काशी, 1 अक्तूबर, 1936। असंकलित।]**

□□□